Religionsbuch

2

Neue Ausgabe für den evangelischen Religionsunterricht

Herausgegeben von
Prof. Dr. Ulrike Baumann
und Prof. Dr. Michael Wermke

Erarbeitet von
Prof. Dr. Ulrike Baumann
Bernhard Böttge
Dr. Cordula Grunow
Torsten-Philipp Hubel
Udo Marenbach
Wolfgang Piechota
Hans Jürgen Rundnagel †
Margret Schoenborn
Anita Schröder-Klein
Prof. Dr. Michael Wermke
Dr. Tobias Ziegler
und Jan Zimmermann

Cornelsen

1

Wenn du dieses Kapitel bearbeitet hast, kannst du:

... verschiedene Möglichkeiten, aber auch Grenzen menschlichen Erkennens bestimmen.

... erklären, warum wir Menschen nach Erkenntnis und Orientierung suchen.

... an Beispielen erläutern, dass Gott sich von sich aus uns Menschen zu erkennen gibt.

2

Wenn du dieses Kapitel bearbeitet hast, kannst du:

... Geschichten vom Leben und Denken des Paulus erzählen.

... verstehen, was Paulus von Gott erfahren hat.

... aufzeigen, wie der Gottesglaube Menschen für ihr Leben stärken kann.

... Stilleübungen durchführen.

3

Wenn du dieses Kapitel bearbeitet hast, kannst du:

... Mascha Kalékos Gedichte, Träume und Ängste deuten.

... eigene Träume und Hoffnungen zum Ausdruck bringen.

... verstehen, weshalb der Gottesglaube in Hoffnungen und Enttäuschungen tragen kann.

... kreativ kurze Texte schreiben.

4

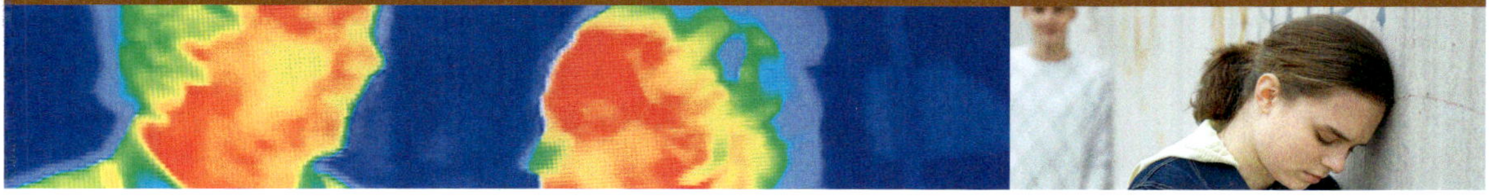

Wenn du dieses Kapitel bearbeitet hast, kannst du:

... Gedichte zum Thema Liebe erläutern und eigene schreiben.

... das biblische Verständnis des Verhältnisses von Mann und Frau darstellen.

... begründet Position zur Frage der Sexualität vor der Ehe beziehen.

... Stellung zu Homosexualität und Homophobie nehmen.

5

Wenn du dieses Kapitel bearbeitet hast, kannst du:

... nachvollziehen, wie Christen sich die Frage nach Gott und dem Bösen in der Welt beantworten.

... am Beispiel der Kindersoldaten und der Kindheit im Krieg beurteilen, wie bedroht und wie wichtig die Grundrechte der Kinder sind.

... absolute und relative Armut unterscheiden und erkennen.

... Werbeplakate und Poster gestalten.

6

Wenn du dieses Kapitel bearbeitet hast, kannst du:

... erläutern, wie Bilder und Bekenntnisse den Glauben an Jesus zum Ausdruck bringen.

... erklären, was Wundergeschichten und Gleichnisse über das Reich Gottes aussagen.

... schildern, warum Menschen Jesus nachfolgen und was Nachfolge ist.

... dazu Stellung nehmen, was Jesus heute noch für uns bedeutet.

7

Wenn du dieses Kapitel bearbeitet hast, kannst du:

... das Symbol Hand entschlüsseln.
... ein zentrales Gebet der Christenheit – das Vaterunser – verstehen.
... erläutern, was Vergebung und Versöhnung in unterschiedlichen Situationen bedeuten.
... erkennen, dass Menschen Versuchungen ausgesetzt sind und ihnen standhalten können.
... dich damit auseinandersetzen, was die Bitte um Erlösung vom Bösen umfassen kann.
... eine Andacht planen und mitgestalten.

8

Wenn du dieses Kapitel bearbeitet hast, kannst du:

... darlegen, wie Menschen versuchen, aus Ereignissen der Gegenwart auf zukünftige Entwicklungen schließen.
... bewerten, welche Möglichkeiten und Gefahren in okkulten Praktiken zur Voraussage der Zukunft liegen können.
... die wichtigsten Anliegen der biblischen Propheten und den Unterschied zu okkulten Praktiken beschreiben.
... beschreiben, wie die Propheten dazu ermahnen, nach dem Willen Gottes zu fragen.

9

Wenn du dieses Kapitel bearbeitet hast, kannst du:

... beschreiben, auf welche Weise Menschen ein Leben in der Nähe Gottes suchen.
... Lebensstationen des Bernhard von Clairvaux, Martin Luther und seiner Frau Katharina von Bora benennen und historisch einordnen.
... die Bedeutung der Lehre Luthers für die Menschen seiner Zeit und heute verstehen.
... Gemeinsamkeiten und Unterschiede zwischen der katholischen und evangelischen Kirche begründen.

10

Wenn du dieses Kapitel bearbeitet hast, kannst du:

... erklären, welche Bedeutung die religiösen Feste für junge und erwachsene Juden haben.
... wichtige Inhalte der muslimischen Glaubensvorstellungen erklären und mit den christlichen vergleichen.
... die Bedeutung geschichtlicher Ereignisse für das heutige Verhältnis zwischen Juden, Christen und Muslimen nachvollziehen.
... Ursachen für den heutigen religiösen Fundamentalismus verstehen.

11

Wenn du dieses Kapitel bearbeitet hast, kannst du:

... Meinungen zur Bibel beurteilen und eine eigene Haltung entwickeln.
... die Entstehungsgeschichte der biblischen Schriften und den Zusammenhang von Altem und Neuem Testament verdeutlichen.
... die Bilder- und Symbolsprache der Bibel an Beispielen erfassen und entschlüsseln.
... die Bedeutung Jesu und die Botschaft des Glaubens im Zusammenhang der ganzen Bibel erklären und darstellen.

METHODEN

1

Fragen
Ich stelle mir Gott groß vor.
Ist er so groß wie du?
Oder wie das Universum?

Ich stelle mir Gott wie einen Professor vor.
Er weiß alles, kann sich sicher nicht um alles kümmer
Weiß er von dir?
Kümmert er sich um dich?

Es heißt: Gott ist die Liebe im Getriebe dieser Welt.
Was macht dann der Sand im Getriebe?

Liebe deinen Nächsten wie dich selbst!
So wenig?
Oder so stark?

Jeder kann das glauben, was er will.
Was will er denn glauben?

Ich gehe meinen eigenen Wege.
Mit wem?

Fragen, Wahrnehmen, Erkennen

1. Beschreibt, was ihr in diesem Bild seht. Vergleicht jeweils mit eurem Nachbarn/eurer Nachbarin und erklärt euch, wie die optische Täuschung* zustande kommt.
2. Setzt das Bild zu den Fragen über Gott und den Glauben in Beziehung. Schreibt den inneren Dialog über Gott und den Glauben weiter.

Stufen des Erkennens

Wie wir erkennen

Um zu verstehen, was sich der Künstler dabei gedacht haben mag, als er in einer Fotomontage die Landkarte auf dem Stier erscheinen ließ, muss man eine bestimmte Sage aus der Antike kennen. Sie handelt von Zeus, dem höchsten Gott der Griechen, und einem Mädchen:
Der König Phoinix hatte eine Tochter namens Europe. Dieser Name bedeutet »die mit den weiten Augen«, und ihr Gesicht, aber auch ihre Gestalt waren von so großer Schönheit, dass sich der mächtige Zeus in sie verliebte. Um sich ihr zu nähern, verwandelte er sich in einen weißen Stier und begegnete ihr, als sie nahe dem Meer Blumen pflückte. Es gelang ihm, durch seine geschmeidigen Bewegungen und sein prächtiges Aussehen die junge Königstochter so zu bezaubern, dass sie sich auf seinen Rücken setzte, um auf ihm zu reiten. Schnell stürzte sich der Stier in die Fluten des Meeres und entführte Europe auf die Insel Kreta. Dort gebar sie dem Gott einen Sohn, den Minos, der später König von Kreta wurde.

Timm Ulrichs, 1970

METHODE **Eine Fotomontage herstellen**
Fotos kannst du am Computer mit einem Bildbearbeitungsprogramm verändern. Du kannst neuartige Wahrnehmungen oder eigene Bilderrätsel gestalten. Vergrößere z. B. einen Gegenstand so stark, dass man ihn nicht sofort erkennt. Drucke das Bild aus und lass andere raten.

- Überlege dir ein Thema und fertige dazu eine Fotomontage an.
- Eine Fotomontage ist aus mindestens zwei Bildern zusammengesetzt. Suche mindestens zwei zum Thema passende Bilder, die du neu montieren willst.
- Am Computer lassen sie sich beschneiden und neu montieren.

Wir können feststellen:

- Wer das Rind als Stier erkannte, hat Recht.
- Wer in den Flecken auf dem Fell Europa wahrnahm, hat auch Recht.
- Recht hat auch, wer die Sage von Europe und Zeus kannte und damit eine weitere Deutung des Werkes geben konnte.

Mehrere Betrachter nehmen also das Bild richtig, zugleich aber unterschiedlich intensiv und umfassend wahr. Wir können von unterschiedlichen Stufen des Erkennens sprechen.

Dieses Mosaik ist etwa 1800 Jahre alt und stammt aus Arles in Südfrankreich.

1. Durch welche Merkmale unterscheiden sich die Stufen des Erkennens? Wovon hängt es ab, dass jemand eine weitere Erkenntnisstufe erreicht?
2. Nenne Beispiele für solche Stufen aus anderen Gebieten: Welche hast du bereits bewältigt, welche würdest du gern erreichen?
3. Beschreibe deine Gedanken, wenn du dir Gott vorstellen willst. Gibt es dabei ähnliche Stufen wie bei der Erfassung des Europabilds?

Möglichkeiten des Wahrnehmens

5 Gott hat der Sonne ein Zelt am Himmel gemacht.
7 Sie geht auf an einem Ende des Himmels und läuft um
bis wieder an sein Ende, und nichts bleibt vor ihrer Glut verborgen.
8 Das Gesetz des Herrn ist vollkommen und erquickt die Seele.
Psalm* 19,5.7.8

Ihn sehen

»Man guckt jemanden an, wenn man mit ihm spricht«, sagte Anne unwillig. »Ich will sehen, ob er nickt oder den Kopf schüttelt oder mich anlacht.« »Genau und warum tust du es nicht?«, fragte ihr Opa freundlich. »Es ist Gott«, erwiderte Anne traurig, »er lässt sich nicht sehen. Ich weiß ja noch nicht einmal, ob er überhaupt da ist.«

Der Großvater schwieg. Er musste eine ganze Weile nachdenken. »Komm, lass uns ein paar Schritte gehen«, sagte er schließlich.

Es war ein wunderschöner Frühlingstag. Die Wärme der Sonnenstrahlen ließ die jungen Pflanzen aus der Erde sprießen, und das Licht gab ihnen ihr Grün. Anne wurde immer fröhlicher – wie die meisten Menschen, denen sie begegneten. Was das Wetter doch ausmacht! Auf einer kleinen Brücke blieben sie stehen und sahen in die Wellen und Strömungswirbel eines Baches, und es blitzte und funkelte zu ihnen herauf, sodass sie die Bewegungen der kleinen Forellen kaum verfolgen konnten.

»Die Sonne«, sagte ihr Opa, und Anne folgte mit ihren Blicken seiner Hand, die gerade auf den Himmel wies. Doch musste sie geblendet die Augen schließen.

»Schade, dass du sie nicht sehen kannst«, murmelte der Großvater, »vielleicht taugen deine Augen nichts?«

Anne protestierte heftig: »Kein Mensch kann die Sonne so sehen, wie sie ist. Man kann sie eigentlich nur sehen, wenn man sie nicht richtig sehen kann.« Ehe ihr Opa hier nachfragen konnte, sprudelte es aus ihr heraus: »Ich meine, beim Auf- und Untergang und bei Wolken und so. Und außerdem: Ich habe sie gesehen – im Bach, in den Pflanzen, und ich habe sie gespürt, die Wärme und in der Freundlichkeit der Menschen, die uns begegneten, in meiner guten Laune und ...«

Sie brach ab, weil ihr Großvater sie so nachdenklich ansah und langsam sagte: »Die Sonne kann man nicht sehen und doch sehen und sogar spüren. Und das liegt wohl daran, dass die Sonne so ist, wie sie ist, und wir so sind, wie wir sind. Aber wie ist das mit Gott?«

1. Was könnte Anne auf die letzte Frage des Großvaters antworten? Überlegt dabei, inwiefern ihr die Erfahrungen mit der Sonne helfen können.
2. Beschreibt die Szene des Bildes. Warum hat man später dieses Kunstwerk dem König mit ins Grab gegeben?
3. Vergleicht, welche Bedeutung die Sonne für die Ägypter, für den Beter des 19. Psalms und für Anne und ihren Großvater hat.

Der Gott der Sonne

Etwa im 14. Jahrhundert v. Chr. gibt es für die alten Ägypter nur noch einen Gott, den Sonnengott Aton. Als Schöpfer oder Schöpferin ist Aton Vater und Mutter zugleich, der Pharao versteht sich als Abbild des Göttlichen.
Aton selbst erscheint als Sonnenscheibe.
Er nimmt mit seinen Strahlenhänden Opfergaben entgegen und spendet zugleich Leben. Dabei strömt Lebenskraft durch die Nase in den Menschen ein.

Rückenlehne vom Thronsessel des Königs Tutenchamun aus seinem Grab (1340 v. Chr.). Das junge Königspaar wird von Gott Aton beschienen.

Verborgen und offenbar

13 Ihr werdet mich suchen und finden; denn wenn ihr mich von ganzem Herzen suchen werdet,
14 so will ich mich von euch finden lassen, spricht der Herr.
Jeremia 29,13–14

Moses Gottessuche

Mose hatte es mit seinen Leuten nicht leicht. Auf Gottes Aufforderung hin hatte er sein Volk aus Ägypten geführt, und oft dachte er an die göttliche Stimme, die ihn aus dem brennenden Dornbusch erreicht und ihm den schweren Auftrag erteilt hatte. Das war lange her, eine Zeit, in der Mose immer wieder gegen die Mutlosigkeit und Flucht seiner Gefährten weg von dem rettenden Gott kämpfen musste.

Mose suchte Gott immer wieder, abseits vom Lager. Und in der Einsamkeit von Sanddünen, Felsen, Wind, Sternen erfragte, erbat und erträumte er sich seinen Beistand. Es war ihm eine große Beruhigung, dass Gott mit ihm und dem Volk ziehen wollte. Das bedeutete Schutz, Hilfe und Hoffnung für die Zukunft. Und Mose dachte sich: »Unseren Herrn in seiner ganzen Großartigkeit möchte ich sehen. Und wenn ich ihm in die Augen schaute, wie etwa meinem Bruder Aaron, dann wäre ich ihm näher als je ein Mensch zuvor.« Und er bat Gott: »Bitte, ich möchte dich in deiner ganzen Größe und Herrlichkeit sehen.«

Gott antwortete ihm: »Ich will, dass du meine Freundlichkeit und Zuneigung erfährst. Ich werde an dir vorüberziehen, du wirst meinen Namen hören und spüren, was er bedeutet: Ich-werde-dir-nahe-sein. Mein Gesicht aber muss dir verborgen bleiben, denn eine Begegnung von Angesicht zu Angesicht kann niemand aushalten und lebend überstehen. Hier auf dem Felsen kannst du neben mir sein.

Wenn aber meine Nähe übergewaltig wird, werde ich dich in einem Felsspalt bergen und meine Hand schützend über dir halten. Und wenn ich vorübergezogen bin und meine Hand weggenommen habe, kannst du mir nachschauen.«

Und Mose erlebte es so. Er sah genug von Gott, mehr als er sich je erhofft hatte, als er ihm hinterhersah. Beim jahrelangen Zug durch die Wüste behielt er diesen Blick: Er hielt Ausschau nach dem vorangegangenen Gott und suchte nach dessen Spuren.
Nach Exodus 33,18–23

Schlüsselwissen **Offenbarung**
Ein Geschehen, bei dem sich uns plötzlich etwas erschließt, nennen wir Offenbarung. Diese Erkenntnis füllt nicht nur unseren Kopf aus, sondern erfüllt unser Herz und schenkt einen neuen Blick für die Dinge. Offenbarung im biblischen Sinn bedeutet, dass Gott sich uns erschließt und wir uns dadurch selbst in einem neuen Licht sehen. Wir können Gott niemals vollständig sehen oder ganz begreifen. Manchmal fühlen Menschen sich so ergriffen, dass sie sagen können, wo Gott Spuren in ihrem Leben hinterlassen hat.

1. Wann möchtet ihr jemandem ins Gesicht, in die Augen schauen? Wann vermeidet ihr den Blickkontakt? Von welchen Situationen erzählt das Bild?
2. Klärt, ob Mose mit seiner Gottessuche Erfolg gehabt hat.
3. Moses Erlebnis – Annes Erkenntnis → S. 12: Besprecht Gemeinsamkeiten und Unterschiede.
4. Malt ein Bild zu der Erzählung von Moses Begegnung mit Gott in der Wüste. Stellt eure Bilder einander vor und erklärt, warum ihr gerade diese Szene für eure Darstellung ausgewählt habt.

Eva Degenhardt, 1987

Sich orientieren

Willem van de Velde d. J., um 1680

Jesus sagt von sich: Ich bin das Licht der Welt. Wer mir nachfolgt, der wird nicht wandeln in der Finsternis, sondern wird das Licht des Lebens haben.
Johannes 8,12

Leuchtfeuer

Es war zu der Zeit, als die Schiffe noch nicht mit einer Vielzahl nautischer Instrumente ausgerüstet waren. Die Seeleute orientierten sich an den Sternen und in Küstennähe an Leuchtfeuern, die ihnen eine Standortbestimmung ermöglichten, vor Untiefen warnten, eine Fahrrinne anzeigten. In stockdunkler, stürmischer Nacht hielten sie von manchem Schiff aus sehnsüchtig nach dem Lichtpunkt Ausschau, der Orientierung und damit Einfahrt in den sicheren Hafen bot.

Man darf nicht verschweigen, dass auf den Inseln, die dem Festland vorgelagert waren, oft genug die Leuchtfeuer absichtlich verstellt wurden. Das fehlgeleitete Schiff fuhr sich dann fest und wurde – manövrierunfähig und hilflos – von der wilden Brandung zerschlagen. Die verzweifelte Erkenntnis der Seeleute, bei ihrer Orientierung getäuscht worden zu sein, half ihnen nichts mehr: Sie mussten elend ertrinken. Wer sich an den Strand retten konnte, wurde von den verbrecherischen Bewohnern der Insel oftmals erschlagen, weil es ihnen um die Ladung des Schiffes ging. Das an den Strand gespülte Gut durfte rechtmäßig in Besitz genommen werden.

Trotz aller Gefahren, trotz aller Unzulänglichkeiten dieser optischen Zeichen: Auf die Möglichkeit, sich von den Leuchtfeuern an Land unabhängig zu machen, kam keiner, solange die Männer aus Schilda nicht zur See fuhren. Dabei wäre es doch so einfach gewesen:

Hätte man das Leuchtfeuer als kleinen Turm vorn auf den Bug des eigenen Schiffes gebaut, wäre der Orientierungspunkt nie aus dem Blickfeld geraten. Die große Nähe hätte das Licht auch durch größte Finsternis und dichtesten Nebel dringen lassen. Auch hätte man sich nie über Kursabweichungen erschrecken müssen, da das Feuer nicht zu verfehlen gewesen wäre. Keine nachlässige Wartung Fremder hätte seine Funktion beeinträchtigen, kein Verbrecher täuschend eingreifen können.

Seefahrt in dunkler Nacht mit diesem Schiff hätte ein sicheres Ende gefunden.

1. Ist es euch schon einmal passiert, dass ihr euch nicht zurechtgefunden habt? Was habt ihr in dieser Situation unternommen?
2. Erschließt aus den Texten: Welche Bedingungen müssen erfüllt sein, damit die Orientierung gelingt? Welche Gefahren lassen sie scheitern?
3. Begründet, welche von Annes möglichen Entscheidungen ihr für richtig haltet. Schreibt euren Schluss der Geschichte.

Sich entscheiden – welche Richtung?

»Donnerwetter«, sagte der Großvater, als er die geometrischen Zeichnungen betrachtete, »das ist wirklich eine starke Leistung. Heute Morgen hast du mir noch gesagt, diese Aufgabe schafftest du nie im Leben. Wie lange hast du daran gesessen?« »Vier Stunden«, murmelte Anne geistesabwesend. Sie schien mit ihren Gedanken woanders zu sein und wirkte eher bedrückt. »Wie eine strahlende Siegerin wirkst du nicht gerade«, stellte ihr Opa fest. »Was ist los?« »Kevin hat angerufen, er kommt gleich vorbei. Er will die Aufgabe.« Sie schwieg eine Weile, bis sie plötzlich sagte: »Ich finde es so unfair. Das ist Diebstahl. Ich quäle mich den ganzen Nachmittag mit dieser blöden Aufgabe herum, und er will sie haben, ganz einfach so. Und morgen in der Schule haben dann eben mindestens zwei die Lösung: neben der fleißigen Anne der so ungeheuer schlaue Kevin. Toll!« »Es kann dich keiner zwingen«, bemerkte ihr Großvater ganz ruhig.

Nach längerem Nachdenken brach es aus ihr heraus: »Andererseits ist er ja auch sehr nett, und ich möchte ja auch keine Streberin sein, und außerdem ist Klassenkameradschaft ganz wichtig, und er könnte ja auch eine Eins ganz gut gebrauchen – und«, setzte sie zaghaft hinzu, »vielleicht kann er mir ja auch mal helfen.« Da musste ihr Großvater denn doch ein bisschen lächeln. Wann sollte Kevin ihr wohl helfen? Von ihm hatte Anne schon mehrfach erzählt: »Guter Sportler, nett, überhaupt nicht dumm, aber unglaublich faul.« So fragte ihr Opa zweifelnd: »Was willst du tun?«

Bevor Anne antworten konnte, wurde ihr Gespräch durch das kräftige Schnarren der Klingel unterbrochen.

SCHLÜSSELWISSEN **Orientieren**
Das Verb ist aus dem Französischen ins Deutsche übernommen worden und gehört zu »orient«, was Sonnenaufgang, Osten, Orient bedeutet. Mit dem Orient werden die Länder östlich von Europa bezeichnet, wie die Türkei, der Iran, der Irak, die Staaten Nordafrikas. Während im Orient die Sonne aufgeht (Morgenland), geht sie im Abendland unter (Okzident). Ursprünglich wurde »Orientieren« geografisch verstanden: die Bestimmung der Himmelsrichtung nach dem Aufgang der Sonne. Erst im 19. Jahrhundert wird das Wort im übertragenen Sinn gebraucht: eine bestimmte Einstellung, einen Standpunkt, eine Ausrichtung gewinnen.

Das Sehen und Erkennen prüfen

In diesem Kapitel habt ihr gelernt, dass wir Menschen nach Gott und der Welt fragen. Wir wollen andere Menschen erkennen. Wir sehen ihnen ins Gesicht, um zu erkennen, ob wir ihnen vertrauen können. Wir wollen uns im Leben und im Glauben orientieren. Doch ihr wisst, dass uns unsere Sinneswahrnehmung und unsere Erkenntnis täuschen können. Ihr habt erfahren, dass Menschen sich auch danach sehnen, Gott zu erkennen. Wir suchen Gott, aber wir können ihn nicht so einfach finden wie einen verlorenen Schüssel.

Nach einer alten indischen Erzählung rief ein Herrscher mehrere Männer zusammen, die nicht sehen konnten. Er forderte sie auf, einen Elefanten zu betasten und zu beschreiben, was sie denn erspüren. Die Männer berührten den Bauch, die Ohren, die Beine, die Stoßzähne des Elefanten und glaubten, eine dicke Wand, einen Fächer, einen Baum oder einen Speer vor sich zu haben. Keiner wollte nun der Erklärung des anderen glauben.

1. Erklärt, warum jeder der Männer von seiner »Ansicht« so überzeugt war.
2. Was sagt die Geschichte über die menschliche Erkenntnisfähigkeit aus?
3. Könnte man sagen, dass wir wüssten, wer Gott ist, wenn wir alle unsere Vorstellungen über ihn zusammentragen? Begründet eure Meinung.

Ein Offenbarungserlebnis beschreiben

Albert Schweitzer (1875–1965) war ein anerkannter Mediziner und Theologe. Er gab jedoch seine Karriere auf und ging nach Afrika, um in Lambaréné (Gabun) ein Urwaldkrankenhaus zu gründen. Seine aus heutiger Sicht moderne Ansicht war, dass der Mensch nicht nur gegenüber dem Mitmenschen, sondern auch gegenüber der Natur, den Pflanzen und den Tieren Verantwortung und Mitgefühl zu tragen habe.

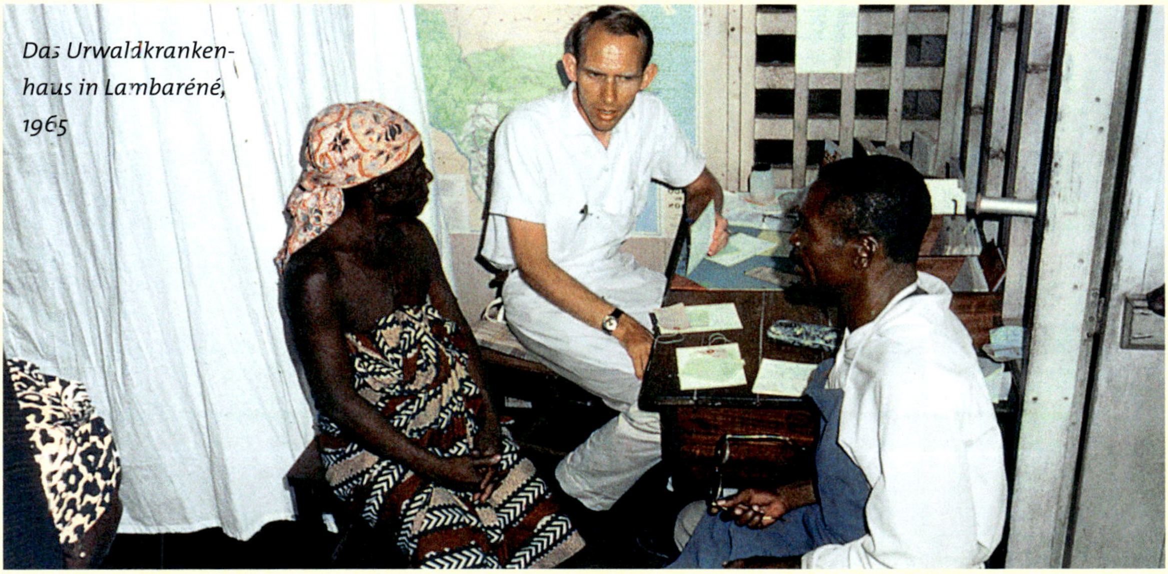

Das Urwaldkrankenhaus in Lambaréné, 1965

Einen tiefen Eindruck machte mir ein Erlebnis aus meinem siebenten oder achten Jahre. Heinrich Bräsch und ich hatten uns Schleudern aus Gummischnüren gemacht, mit denen man kleine Steine schleuderte. Es war im Frühjahr, in der Passionszeit*. An einem Sonntagmorgen sagte er zu mir: »Komm, jetzt gehen wir in den Rebberg und schießen Vögel.« Dieser Vorschlag war mir schrecklich, aber ich wagte nicht zu widersprechen, aus Angst, er könnte mich auslachen. So kamen wir in die Nähe eines kahlen Baumes, auf dem die Vögel, ohne sich vor uns zu fürchten, in den Morgen hinaus sangen. Sich wie ein jagender Indianer duckend, legte mein Begleiter einen Kiesel in das Leder seiner Schleuder und spannte dieselbe. Seinem Blick gehorchend, tat ich unter furchtbaren Gewissensbissen dasselbe, mir fest gelobend, daneben zu schießen. In demselben Augenblicke fingen die Kirchenglocken an, in den Sonnenschein und in den Gesang der Vögel hineinzuläuten. Es war das Läuten, das dem Hauptläuten zu Beginn des Gottesdienstes eine halbe Stunde voranging. Für mich war es eine Stimme aus dem Himmel. Ich tat die Schleuder weg, scheuchte die Vögel auf, dass sie wegflogen und vor der Schleuder meines Begleiters sicher waren, und floh nach Hause. Und immer wieder, wenn die Glocken der Passionszeit in Sonnenschein und kahle Bäume hinausklingen, denke ich ergriffen und dankbar daran, wie sie mir damals das Gebot »Du sollst nicht töten« ins Herz geläutet haben.

Von jenem Tage an habe ich gewagt, mich von der Menschenfurcht zu befreien. Wo meine innerste Überzeugung mit im Spiele war, gab ich jetzt auf die Meinung anderer weniger als vorher. [...]

Albert Schweitzer, 1924

4. Erläutere die Bedeutung dieses Erlebnisses für Albert Schweitzer.

5. Versuche mithilfe dieser Geschichte zu beschreiben, was bei menschlicher Erkenntnis und beim Empfangen einer göttlichen Offenbarung geschieht.

2

Nicht, dass ich es schon begriffen hätte …

1. »Da habe ich die Welt in einem anderen Licht gesehen!« – Überlege, welcher Mensch das sagen könnte.
2. Denke dir eine Geschichte dazu aus und halte sie schriftlich fest. Beziehe das Bild in deine Überlegungen ein.

Eine überraschende Begegnung

Apostelgeschichte 28,16 erzählt, dass Paulus in Rom allein unter Hausarrest leben durfte. Er wurde von einem Soldaten bewacht.

Rechte Seite: Lovis Corinth, 1911

Der Gefangene

Claudius lief die gepflasterte Straße entlang bis zu dem Haus am Rand der Kaserne. »Sei gegrüßt«, rief sein Vater, als der Junge das Haus betrat. »Schön, dass du mich besuchst.« Claudius war stolz auf seinen Vater Fabius. Er gehörte zu den Prätorianern, der Leibwache des römischen Kaisers. Claudius war dreizehn Jahre alt und hatte seinem Vater schon öfter geholfen. Jetzt bewachte der Vater einen Häftling, der unter Hausarrest auf seinen Prozess wartete. »Bring dem Gefangenen nebenan das Essen.« Fabius zeigte auf die Tonschüssel mit der heißen Suppe. »Du brauchst keine Angst zu haben. Er gehört zu diesen Christen. Er ist ein Gelehrter und tut keinem Menschen etwas zu Leide.«

»Ein junger Römer bringt mir die Speise!« Der Gefangene blickte von einer Schriftrolle auf und lächelte, als Claudius die Schüssel auf seinen Tisch stellte. »Wie heißt du?« »Claudius.« »Mein Name ist Paulus.« Eine Weile sah Claudius Paulus beim Essen zu; dann musste er einfach fragen: »Hast du keine Angst, zu den Christen zu gehören? Dein Prozess in Rom kann schlecht enden.«

»Ich habe oft Angst gehabt, als ich zu den Menschen ging«, sagte Paulus. »Aber meistens bin ich ihnen freundlich begegnet. Hätte ich sonst so viele christliche Gemeinden gründen können? Allerdings habe ich Hunger, Durst und Obdachlosigkeit ertragen müssen. Manche Menschen haben mich ausgelacht, weil ich ihnen schwächlich erschien. Doch ich glaube, dass bei all meiner Schwachheit Gottes Kraft mich leitet.« »Unsere Götter sind stark.« Claudius hatte sich mittlerweile auf einen Hocker gesetzt. »Mars und Victoria, die Götter des Krieges und des Sieges. Sie können auch meinem Vater und mir Stärke geben. Möchtest du nicht stark sein und einen mächtigen Gott haben?«

Paulus schob die Schüssel beiseite und strich sich über das Haar. »Stark fühlte ich mich schon als kleiner Junge, besonders wegen meines Namens. Paulus ist mein römischer Name, den ich bekam, weil ich in Tarsus in der römischen Provinz Cilicia aufwuchs. Aber in meiner jüdischen Familie wurde ich Saul genannt, nach dem ersten König der Juden. Als ich ein Kind war, dachte ich wie ein Kind: Ich war stolz auf meinen Königsnamen. Gern erinnere ich mich an das Passah*fest, wenn mein Vater die Geschichte von Gott erzählte, der unser Volk mit seiner Macht aus Ägypten geführt hat. Ich fühlte mich bei unserem Gott geborgen. Eifrig lernte ich von meinem Vater die Regeln, die für ein Leben mit Gott wichtig sind. Nach jedem Passahfest wünschten wir uns: ›Nächstes Jahr in Jerusalem!‹ Ich wollte endlich wirklich dorthin, in die Stadt, wo der Tempel unseres Gottes steht.« »In die entlegene Provinz?« Claudius wies durch das kleine Zimmerfenster auf die Stadt hinaus. »Ich bin froh, in Rom zu leben, im Zentrum der Welt.«

Schlüsselwissen Paulus

Paulus wurde zwischen 0 und 10 n. Chr. in Tarsus (heutige Türkei) geboren. Er war Jude. Die Berufung durch Jesus Christus veränderte sein Leben radikal. Als Apostel* predigte er die christliche Botschaft in Kleinasien und Griechenland. Auf seinen Reisen hat Paulus zahlreiche Gemeinden gegründet. Bei einem Aufenthalt in Jerusalem geriet er in Unruhen und wurde verhaftet. Als römischer Bürger hatte er das Recht, vor einem kaiserlichen Gericht in Rom gehört zu werden. Paulus starb vermutlich dort als Märtyrer*.

1. Auf welche Weise hat Paulus in seiner Kindheit von Gott erfahren? Versucht euch zu erinnern, was ihr vor einigen Jahren über Gott gedacht habt.
2. Beschreibt, wie der Maler Lovis Corinth Paulus dargestellt hat. Betrachtet das Bild auch unter den Aspekten »Schwachheit« und »Stärke«.
3. »Da ging mir ein Licht auf!« Was könnte Paulus in dem im Bild dargestellten Moment zu dem Motto sagen?

Gott ist bei den einen und bei den anderen

Auf den Stufen zum Jerusalemer Tempel sprachen zur Zeit des Paulus wichtige Gesetzeslehrer. Sicher hat der junge Paulus sie gehört.

Paulus verändert sich

»In Jerusalem leben kluge Rabbiner, die Gottes Gesetze auslegen. Sie sammeln Schüler um sich, und ich wurde einer der eifrigsten«, erzählte Paulus. Claudius nickte: »Ich gehe zu einem Privatlehrer. Die meisten seiner Schüler stammen aus vornehmen Familien. Wir lesen bei ihm die Schriften unserer berühmten Dichter und Philosophen. Und was hast du in Jerusalem gelernt?«

Paulus stand auf und ging im Zimmer umher. »Wie man nach Gottes Willen lebt, das wollte ich dort besser verstehen. Deshalb schloss ich mich der Gruppe der Pharisäer* an, die alle Bestimmungen der Tora sehr ernsthaft auslegten. Mein Gegner war die Gruppe, die Jesus folgte. Für Jesus war eine neue Zeit angebrochen. Er machte keine Unterschiede mehr zwischen den Menschen, sondern wollte verdeutlichen, dass die Liebe Gottes für alle gilt. Diesem Grundsatz sollten alle Gesetze dienen. Es gab viel Aufregung, denn er brachte unsere heiligsten Ordnungen durcheinander. Er wurde gekreuzigt, und einige Zeit sprach kaum noch jemand von ihm.« »Aber hier in Rom wird viel gemunkelt über den gekreuzigten Gott der Christen. Es muss also doch weitergegangen sein«, vermutete Claudius. »Ja, plötzlich waren da wieder Männer und Frauen, die verkündigten: ‚Jesus Christus lebt, Gott hat ihn nicht dem Tod überlassen. Er ist auferstanden'. Die Jesusanhänger gründeten neue Gruppen, die sich rasch ausbreiteten. Ich wollte diese Jesus-Leute verfolgen. Ich wollte sie vor Gericht bringen mit dem, was sie von Gott behaupteten, und sie mundtot machen.

Mit der Gemeinde in Damaskus in Syrien wollte ich beginnen. Also ließ ich mir alle Vollmachten geben und begab mich auf den Weg dorthin. Doch auf diesem Weg wurde alles anders.« »Erzähl!« Claudius war gespannt. »Ich kann meine Erfahrung nur schwer in Worte fassen.« Paulus setzte sich wieder an seinen Tisch. »Gott hat mir alles neu gezeigt. Ich spürte auf einmal, dieser Jesus ist Gottes Sohn und Gott ist auf der Seite der Menschen um Jesus Christus. Es galt, unsere Regeln und Begriffe neu zu verstehen. Als Kind hatte ich unter Juden, Griechen und Römern gelebt. Warum sollte Gottes Liebe nicht ihnen allen gelten? Ich spürte, Christus ist lebendig und er lebt auch in mir. Ihm wollte ich von nun an mit meinem ganzen Leben dienen.« »So plötzlich konntest du dich ändern?« Claudius zweifelte.

»Nicht dass ich damals schon alles Neue begriffen hätte«, antwortete Paulus. »Ich jagte ihm aber nach. Ich vergaß alles, was hinter mir lag, und hatte nur ein Ziel: In der ganzen Welt wollte ich von dem Gott erzählen, der in Jesus Christus zu den Menschen gekommen war. Mein Leben nach Gottes Willen hatte eine völlig neue Richtung erhalten.«

»Ich muss jetzt gehen«, Claudius erhob sich »Meine Freunde erwarten mich zu einem Spiel, zum Hahnenkampf.« Als er auf die Gasse trat, dachte er: »Ich komme bestimmt zurück. Dieser Paulus hat noch viel zu erzählen.«

Thomas Zacharias, 1993

1. »Das hat mich umgehauen«, sagen wir von überraschenden Ereignissen. Vergleicht diese Wendung mit der Radierung von Thomas Zacharias und der Erzählung des Paulus.
2. Auf der Radierung gibt es viel zu entdecken: Licht und Schatten, Bewegungen, Gesichter. Kopiere das Bild und schneide es an den Stellen auseinander, wo sich etwas verändert. Gestalte die Übergänge. Sind sie hart oder weich? Vergleiche deine Bearbeitung mit der Erzählung des Paulus.
3. Juden und Christen misstrauten Paulus zunächst. Lest Apg 9,19–31. Arbeitet heraus, in welche Konflikte Paulus geriet und wie sein Freund Barnabas ihm geholfen hat.

Der Gott des neuen Lebens

Ist jemand in Christus, so ist er eine neue Kreatur; das Alte ist vergangen, siehe, Neues ist geworden.
2 Korinther 5,17

Gottes Kinder

»Du scheinst ein wichtiger Mann für die Christen zu sein.« Fabius, der Soldat, lehnte sich an die Zimmertür und blickte zu Paulus hinüber. »Du hast viele Freunde unter ihnen hier in Rom.« »Ich habe auch Freunde in anderen Städten und Ländern«, antwortete Paulus. »Mit manchen unternahm ich zur Verkündigung des Evangeliums weite Reisen. Wir waren meistens zu Fuß unterwegs und gelegentlich mit dem Schiff. Auf dem Meer konnte uns plötzlich ein gefährlicher Sturm überraschen.«

»So erging es meinen Kameraden und mir bei der Überfahrt in die Provinz Macedonia«, erinnerte sich Fabius. »Wir waren dort als Legionäre stationiert, mussten Lager errichten und Straßen bauen, harte Arbeit, und das weit fort von unseren Familien.«

»In Macedonia begann der christliche Glaube mit einer Frau.« Paulus schob den Stuhl vom Tisch und lehnte sich zurück. »Lydia hieß sie. Wir begegneten ihr, als ich mich in der Stadt Philippi mit zwei Freunden zum Fluss Angites begeben hatte. Lydia war Purpurhändlerin.« »Das ist der Stoff für die Mäntel unserer Kaiser.« »Aber dieser Stoff muss erst einmal hergestellt werden, und dabei geht es gar nicht kaiserlich zu. Die Wolle wird purpurrot gefärbt. Das ist eine harte, schmutzige und stinkende Arbeit. Lydia wohnte in ihrem Haus mit einer Gruppe von Frauen zusammen, die diese schwere Arbeit verrichteten.« »Natürlich Sklavinnen«, vermutete Fabius. »Nein, die Frauen waren frei und verdienten ihren Lebensunterhalt selbst.« Fabius war überrascht.

»Lydia, eine Griechin, war zur jüdischen Gebetsstätte am Fluss gekommen«, erklärte Paulus. »Sie glaubte schon an den einen Gott. Wir erzählten ihr von Jesus Christus, Gottes Sohn, und sie glaubte an ihn. Sie ließ sich taufen zum Zeichen, dass sie ganz zu Christus gehörte. Ich tauchte sie im Fluss unter und hob sie wieder herauf zum Zeichen: Jesus ist gestorben und von Gott in ein neues Leben auferweckt worden. So ist auch unser altes in ein neues Leben verwandelt, wenn wir an den Gott Jesu Christi glauben.«

»Aber Lydias Leben ging doch weiter mit der harten Arbeit.« »Trotzdem war es neu.« Paulus sah Fabius ins Gesicht. »Du kannst dich von den Dingen des Alltags und den Sorgen beherrschen lassen. Dann erdrücken sie dich, und du fühlst dich sehr klein.« »Wohl wahr«, seufzte Fabius. »Seit ich bei den Prätorianern bin, reicht mein Sold für das Leben meiner Familie einigermaßen aus. Aber als Wachsoldat habe ich in der Kaserne nicht viel zu sagen.« Paulus nickte: »Ich verstehe dich. Doch neues Leben in Christus bedeutet, ich bin Gottes Kind wie er. Ich bin für Gott einmalig, und er kennt mich. Deshalb brauche ich mich nicht mehr klein zu fühlen.« »Das sagst du so einfach!« »Gott schickt uns Menschen, durch die wir etwas vom neuen Leben erfahren.« Paulus schien froh zu werden bei diesem Gedanken. »So war es bei Lydia. Auch die anderen Frauen ließen sich taufen, und bald kamen weitere Menschen hinzu. Lydia lud die Gemeinde in ihr Wohnhaus ein. Wenn wir zusammen waren, spürten wir das Neue. Wir wussten: Ob jemand jüdischer oder griechischer Herkunft ist, frei ist oder als Sklave leben muss, Mann ist oder Frau, wir sind gleich vor Gott und gehören zusammen in Christus. Ja, er war bei uns, der Gott des neuen Lebens.«

Ikone aus einer griechisch-orthodoxen Taufkapelle in Philippi*

Schlüsselwissen

Frauen im frühen Christentum

An der Ausbreitung des Evangeliums waren in den Anfängen des Christentums viele Frauen aktiv beteiligt. Gerade sie wurden von der Botschaft des Paulus angezogen. Manche stellten den rasch wachsenden Gemeinden ihre Wohnhäuser zur Verfügung. Ob Lydia oder Phöbe, Evodia oder Syntyche, alle waren für Paulus gleichwertige Mitstreiterinnen für das Evangelium. Frauen und Männer legten in den Gemeinden das Wort Gottes aus, leiteten Gottesdienste und feierten Abendmahl*. Sie versorgten in ihren Häusern Arme und Kranke.

1. Paulus hat beschrieben, wie Menschen in Lydias Haus trotz harter Arbeit neues Leben spürten. Was könnte euch heute helfen, wenn ihr euch klein und niedergeschlagen fühlt?
2. Der goldene Hintergrund einer Ikone soll Gottes Gegenwart andeuten. Auf dieser Ikone ist Lydia dargestellt. Welchen Eindruck habt ihr von dieser Frauengestalt? Tragt Eigenschaften zusammen, die zu ihr passen.

Der unbekannte Gott

Paulus in Athen

Es war Abend geworden. Draußen zirpten die Grillen. Paulus trat an das kleine Fenster seines Zimmers und blickte im Dämmerlicht auf die Gasse hinaus. »In diese Stadt bin ich gebracht worden, um vor Gericht gehört zu werden«, dachte er. »Andere berühmte Städte habe ich als freier Mann betreten. Vielleicht war Athen die wichtigste. Aber im Grunde verlief der Aufenthalt dort enttäuschend für mich. Ich fand wenig Beachtung und konnte keine Gemeinde gründen. Hätte ich von vornherein damit rechnen sollen? Immerhin befindet sich auf dem Marktplatz von Athen die Säulenhalle, in der die berühmten Denker und Philosophen unserer Zeit ihre Ideen diskutieren. Dass sie sich für die Botschaft von Jesus Christus interessieren, ist nicht so schnell zu erwarten.«

Es kann noch andere Gründe gegeben haben, weshalb die Bürger von Athen die Botschaft des Paulus nicht hören wollten. Mitten in der Stadt steht ein prachtvoller Tempel, in dem Athene, die Göttin der Kriegskunst und der Weisheit, verehrt wurde. Man erzählte, sie habe den Menschen den Ölbaum gebracht, mit dessen Früchten die Athener Handel trieben. Deshalb wurde die Stadt nach ihr benannt.

Die Athener glaubten auch noch an andere Göttinnen und Götter, denen sie herrliche Statuen errichten, oft größer als die Menschen selbst. Paulus sah, wie sie vor ihnen opferten und beteten.

Paulus ging ins Zimmer zurück und setzte sich auf den Rand seines schmalen Bettes. »Das alles hat schon einen Sinn«, sagte er zu sich selbst. »Die Menschen wollen mit den Kräften umgehen, die unser Leben bestimmen: Glück und Unglück, Liebe und Hass. Deshalb schreiben sie diese Kräfte Göttern zu, die sie um Hilfe für ihr Leben bitten. Aber nach meinem Glauben gibt es nur einen Gott, der größer ist als alle Vorstellungen, die wir uns machen. Er lässt sich nicht in einer Statue aus Gold oder Stein festhalten oder an einem bestimmten Ort. Er hat alles geschaffen, und doch ist er uns Menschen persönlich nahegekommen in Jesus Christus. Dabei trat er nicht wie ein ferner Held auf, sondern als unser Bruder. Er hat sogar den Tod erlitten.

Ich glaube, wir können unsere Erfahrungen mit dem einen Gott in vielen Bildern zum Ausdruck bringen. Ich nenne Gott gern ›Vater‹, um auszudrücken, dass Jesus Gottes Sohn und wir alle seine Kinder sind. Aber schon in den heiligen Schriften Israels wird von Gott wie von einer Mutter gesprochen, die uns liebt und nie vergisst.« Doch wie sollte er das den klugen Leuten in Athen sagen? Sie dachten darüber nach, wie man den Staat vernünftig lenken und das Leben vernünftig genießen kann. Aber Paulus ging es um etwas anderes: »Gott ist mehr als eine Idee, nach der wir mit unserem Verstand streben. Damit wir ihm begegnen können, ist er selbst zu uns gekommen, in Jesus Christus. Doch Jesus starb am Kreuz, und so ein Gott ist für viele ein Skandal oder eine Dummheit.

Aber Jesus Christus ist stärker als der Tod, und er lebt weiter unter uns. Für alle, die daran glauben, ist das eine große Kraft. Ich spüre diese Kraft, wenn mich selbst hier im Arrest Grüße der Christinnen und Christen aus ganz Rom erreichen.«

Ich schäme mich des Evangeliums nicht;
denn es ist eine Kraft Gottes; die selig macht
alle, die daran glauben, die Juden zuerst und
ebenso die Griechen.
Römer 1,16

Die Statue der Göttin Athene (hier eine Nachbildung) besteht aus Gold und Elfenbein. Sie wurde im Parthenon aufgestellt, einem im 5. Jahrhundert v. Chr. auf dem Akropolishügel in Athen gebauten Tempel. Die Griechen und Römer glaubten an zahlreiche Göttinnen, Götter und Halbgötter. Von ihrem Verhältnis zu den Menschen erzählen Mythen und Sagen.

Aphrodite war die Göttin der Schönheit und der Liebe. Sie wurde aus dem Schaum des Meeres geboren. Wohlgesonnene Winde trugen sie auf Zypern an Land. Aphrodite konnte bei Göttern und Menschen die Kräfte der Sehnsucht und Liebe wecken. Deshalb war der Gott Eros ihr ständiger Begleiter. Auf diesem Bild spielen beide mit dem gewitzten Hirtengott Pan.

1. Spielt folgende Szenen:
   - Zwei Philosophen treffen sich auf dem Athener Marktplatz und sprechen über Paulus.
   - Ein Olivenhändler hat die Rede des Paulus gehört. Zu Hause erzählt er seiner Frau von dieser Begegnung.
2. Stars aus dem Sport und der Popkultur werden manchmal als moderne Götter bezeichnet. Überprüft diese Aussage anhand von Postern und Bildern aus Zeitschriften.

Die Weisheit Gottes

In der Antike war Korinth (⇢ Karte im Umschlag) eine berühmte Handelsstadt. Schiffe aus allen Ländern legten in ihrem Hafen an. Prächtige Häuser, Theater und berühmte Tempel standen in der Stadt. Aber es gab auch schmutzige Viertel in den Vorstädten. Dort lebten arme Menschen.

Wie dieses römische Ehepaar könnten Prisca und Aquila ausgesehen haben. Sie waren schon vor der Begegnung mit Paulus Christen geworden.

Unordnung in Korinth

Als es Nacht wurde, musste Paulus die Öllampe in seinem Zimmer löschen. Er lag auf seinem Bett, schlief aber lange nicht ein. Er dachte an Prisca und Aquila, zwei seiner besten Freunde, die er in Korinth kennengelernt hatte. »Es war eine glückliche Zeit damals«, erinnerte sich Paulus. »Prisca und Aquila unterstützten mich bei meiner Predigt des Evangeliums. In nur zwei Jahren entstand in der Stadt eine große Gemeinde. Sie erschien uns bald so stark, dass sie ohne unsere Hilfe zurechtkommen würde.«

Doch durch die Christin Chloë und einige andere Frauen erreichten ihn beunruhigende Nachrichten aus der Stadt, gerade als er weit entfernt in Kleinasien war. Der Zusammenhalt der Gemeinde erschien gefährdet. In Korinth hatten sich mehrere Gruppen gebildet, zwischen denen es immer öfter Streit gab.

In der Stille der Nacht fielen Paulus wieder Einzelheiten ein: Zu der Gemeinde in Korinth gehörten nur wenige reiche Leute, aber viele Hafenarbeiter, Witwen und Sklaven, die kaum das Nötigste zum Leben hatten. Bei den Gemeindeversammlungen ließen die wohlhabenden Kaufleute und angesehenen Beamten köstliche Speisen auftragen. Doch den duftenden Lammbraten, die Oliven und Früchte teilten sie nicht mit den anderen. Paulus erfuhr von Abendmahlsfeiern*, zu denen die Reichen schon satt kamen, während die Armen Hunger hatten. Noch jetzt stieg der Ärger in ihm auf, wenn er an dieses Verhalten dachte. Wie sollte er den Korinthern zeigen, dass im Glauben an Jesus Christus alle zusammenleben können?

»Unter euch gibt es wenige berühmte Leute oder Prominente«, schrieb Paulus ihnen in einem Brief. »Aber dafür wisst ihr inzwischen viel über Gott: wie er uns nahe gekommen ist, wie er Leiden und Sterben am Kreuz ertrug und uns ein Bruder geworden ist. Wenn wir uns daran halten, werden wir etwas Besonderes: Menschen, die im Glauben zusammenstehen. Alle bringen in diese Gemeinschaft ihre Fähigkeiten ein. Der eine ist ein guter Organisator, die andere kann Menschen mit ihren Worten überzeugen, andere verstehen sich auf die Krankenpflege oder können Speisen für ein Fest zubereiten. Was Gottes Weisheit bedeutet«, sagte er den Korinthern, »soll man an eurem Leben ablesen können. Habt immer auch die anderen Menschen im Blick. Helft mit euren Stärken den Schwächeren. Keiner von euch soll meinen, er sei etwas Besseres. Gott ist nicht ein Gott der Unterordnung, sondern des Friedens.« Er hatte sich viele Gedanken gemacht um das Zusammenleben in der Gemeinde. »Man muss Geduld haben mit den Menschen, auch mit den Christen.« Paulus wurde ruhiger. Er drehte sich zur Seite und schlief bald ein.

Paul Klee, 1930

1. Für Paulus ist der Körper mit seinen verschiedenen Teilen ein Bild für die Gemeinde als Gemeinschaft, wie Gott sie will. Lest dazu 1 Kor 12,12–27 und erklärt diesen Zusammenhang mit eigenen Worten.

2. Betrachtet das Bild von Paul Klee und beschreibt möglichst genau, was ihr erkennt. Übertragt die einzelnen Teile des Bildes in vergrößerter Form auf feste Pappe. Schneidet sie aus, sodass ihr sie mit den Händen bewegen könnt. Spielt den biblischenText ⇢ A1 mit diesen Figuren nach.

Gott und Geld

Aufstand in Ephesus

Amulette aus unserer Zeit

»Deine Freunde aus der Stadt melden sich wieder«, rief Fabius am Morgen und überreichte Paulus ein Dokument. »Ihr Christen scheint eifrige Briefeschreiber zu sein.« »So verständigen wir uns über große Entfernungen hinweg über den Glauben und unser Leben«, antwortete Paulus. »Meine Mitarbeiter Timotheus und Titus schickte ich mit drei Briefen allein in die unruhige Gemeinde von Korinth. Ich selbst wohnte damals mit Prisca und Aquila in Ephesus.« »In dieser Stadt dreht sich doch alles um den riesigen Tempel, ein Wunderwerk, der Göttin Artemis geweiht. Was konntest du da mit deinem Gott erreichen?«, überlegte Fabius.

»Die Gemeinde von Ephesus wurde zwei Jahre lang das Zentrum meiner Arbeit. Viele Mitarbeiter gingen bei mir aus und ein. Aber es gab auch Ärger.« »Das kann ich mir vorstellen«, Fabius lächelte. »Wenn ich durch die Straßen der Stadt ging«, erzählte Paulus, »sah ich überall die Läden der Silberschmiede. Sie boten versilberte Statuen der Artemis und Nachbildungen ihres Tempels an. Die zahllosen Besucher der Stadt kauften sie begierig als Amulette, die man aufstellt oder bei sich trägt. So soll die Göttin für jeden präsent sein, ihn schützen und Erfolg garantieren. Unweigerlich entfuhren mir die Worte: ‚Ich brauche das nicht. Meinen Gott kann ich überall anrufen und um Hilfe bitten.' Die Silberschmiede fühlten sich bedroht. Demetrius, ihr Anführer, entfesselte einen spektakulären Aufstand gegen mich. ‚Dieser Paulus gefährdet nicht nur unser Gewerbe, sondern auch den Tempel der großen Göttin. Er behauptet, was mit Händen gemacht ist, das seien keine Götter. Der Weltruhm der göttlichen Majestät und unserer Stadt ist in Gefahr.' Mit einer riesigen Menschenmenge stürmten sie das Theater und riefen: ‚Hoch lebe die Artemis der Epheser!' Aber war das alles nicht scheinheilig? Ging es ihnen wirklich um das Göttliche oder um Geld und Geschäft?« Paulus blickte skeptisch aus dem Fenster. »Wie wir alle brauchen sie Geld zum Leben«, bemerkte Fabius. »Doch Geld sollte nicht das Leben bestimmen«, entgegnete Paulus. »Für uns Christen steht der eine Gott im Mittelpunkt.

Gute Freunde hielten mich vom Theater fern und ein kluger Stadtverwalter hat schließlich den Aufstand beruhigt. Aber die Gefahr war nicht vorüber. Später hielt man mich monatelang im Gefängnis fest und ich fürchtete um mein Leben. In dieser Zeit kümmerte sich Prisca treu um die Gemeinde und stand auch mir bei. Sie riskierte ihr Leben um mich zu retten. So war Gott für mich da. Die Stadt jedoch habe ich fluchtartig verlassen.«

Artemis war eine Fruchtbarkeitsgöttin. Nach dieser Statue scheint alle Kreatur aus ihr zu leben und sie zu verehren.

SCHLÜSSELWISSEN **Die Paulusbriefe**
Die jungen christlichen Gemeinden brauchten den Rat des Paulus, um den neuen Glauben besser verstehen und leben zu können. Paulus war oft weit entfernt. Deshalb hat er ihnen Briefe geschrieben.
Die meisten hat er zwischen 52 und 55 in Ephesus verfasst. Sie waren zunächst an einzelne Gemeinden gerichtet. Später tauschte man sie aus und sammelte sie. Die Paulusbriefe wurden für die Gesamtkirche sehr bedeutsam und gingen in das Neue Testament ein. Von Paulus selbst stammen der Römerbrief, die beiden Briefe an die Korinther, die Briefe an die Galater und die Philipper, der erste Brief an die Thessalonicher und der Brief an Philemon. Andere Briefe wurden in seinem Namen vermutlich von Schülern verfasst.

1. Bis heute tragen Menschen Amulette. Findet im Gespräch oder im Internet heraus, was sie damit verbinden. Vergleicht diese Einstellungen mit dem ersten der Zehn Gebote und mit der Auffassung des Paulus in der Erzählung.
2. Streit um Geld und Geschäft – warum kommt es dazu? Malt euch eine Welt ohne Geld aus. Fertigt Bilder oder kurze Texte dazu an.
3. Lest nach, wie die erste Gemeinde mit dem Geld umging (Apg 4,32–37). Diskutiert, ob diese Lösung heute noch Einfluss haben sollte.

Die Gerechtigkeit Gottes

Früh gelangte das Christentum nach Rom. Juden, die von einer Pilgerreise nach Jerusalem zurückkehrten, brachten wohl die Botschaft vom Messias Jesus mit. Als Paulus den Brief an die christliche Gemeinde in Rom schrieb, bestand sie aus gebürtigen Juden und Nicht-Juden.

Vor solchen Statuen wurde der römische Kaiser Claudius (10 v. Chr. bis 54 n. Chr.)als Gott angebetet.

Anerkennung finden

Die Mittagshitze hatte sich in der Stadt ausgebreitet, als Claudius das Haus betrat. Er traf seinen Vater an der offenen Tür zum Zimmer des Gefangenen Paulus. »Was ist los?«, fragte der Vater, als er das missmutige Gesicht seines Sohnes erblickte. »In der Schule haben sie mich ausgelacht.« Claudius lehnte mit hängendem Kopf an der Wand. »Jeder Schüler sollte ein Gedicht aufsagen, aber ich brachte nichts als Stottern heraus. ‚Claudius ist ein Dummkopf', hat Gaius später auf der Gasse gerufen, und alle haben laut gelacht.« »Wer ist Gaius?«, wollte der Vater wissen. »Der Streber, den alle bewundern«, erzählte Claudius. »Sein Vater ist ein reicher Händler. Zu allen Zirkusspielen wird er eingeladen, und Gaius ist immer dabei. Sicher darf er auch beim großen Pferderennen zuschauen. Gaius verachtet mich, weil ich nicht zu den vornehmen Leuten gehöre.« Der Vater schwieg und nickte. Plötzlich rief Paulus den Jungen zu sich.

»Wer ist dein Freund?«, fragte Paulus. »Julius, der nach der Schule den Arm um mich legte, um mich zu trösten, ist mein Freund.« »Dass mich jemand mag, kann ich nämlich nicht kaufen«, bemerkte Paulus. »Stell dir die Christinnen und Christen hier in Rom vor. Als ich noch frei war, habe ich an sie einen ausführlichen Brief geschrieben. Ich habe ihnen meinen Besuch angekündigt und dabei meine Gedanken über den Glauben mitgeteilt. Die Christen sehen reiche und mächtige Leute in dieser Stadt. Der Kaiser wird als göttlich verehrt und von angesehenen Bürgern umworben. Natürlich haben die Christen wenig Reichtum und keinen Einfluss. Aber sie erleben um sich herum Neid und Eifersucht. Deshalb schrieb ich ihnen: ‚Ich glaube, dass alle die Regeln unserer Welt vor Gott nicht gelten. Ihr seid ihm wichtig, allein weil ihr ihm vertraut.« »Du meinst, so wie mein Freund Julius zu mir hält?«, fiel Claudius ein. »Ja, und in Jesus Christus ist unser Gott selbst zu uns gekommen. Deshalb muss kein Mensch göttlich werden, um Gott nahe zu sein.« »Was du sagst, ist gefährlich«, flüsterte Claudius.

»Aber es ist die Wahrheit«, sagte Paulus. »Schließlich gibt es Christen in Rom, die früher Juden waren. Sie meinen, vor Gott nur bestehen zu können, wenn sie den Vorschriften der Tora folgen. Deshalb wurden sie streng gegenüber anderen und vor allem gegen sich selbst. Ihnen schrieb ich: ‚Kein Mensch ist perfekt in allen Dingen. Gott weiß das und nimmt uns Menschen so an. Wir brauchen uns seine Liebe nicht zu verdienen. Natürlich machen Menschen Fehler. Sie können sich trotzdem angenommen fühlen, Claudius.« »Also, euer Gott verzeiht den Menschen, was sie falsch machen, weil er sie sehr liebt?« Paulus stimmte zu: »So soll es sein zwischen Gott und den Menschen.«

Freundschaften

»Könntest du notfalls
das letzte Hemd vom Leib weggeben?
Dich eher in Stücke reißen lassen,
als ein Geheimnis verraten?
Lieber schwarz werden,
als jemanden im Stich lassen?
Pferde stehlen oder durchs Feuer gehen?«
»Ja.«
»Auch für mich?«
»Ja«
»Dann bist du mein Freund.«
»Und du? Könntest du notfalls verzeihen?«
»Es kommt darauf an, was.«
»Dass ich vielleicht einmal nicht
das letzte Hemd hergebe,
mich nicht immer in Stücke reißen lasse,
ausnahmsweise nicht schwarz werden will,
nicht in jedem Fall Pferde stehle
oder durchs Feuer gehe?«
»Ja.«
»Dann bist auch du mein Freund.«
Hans Manz

1. Stell dir vor, du begegnest den Jugendlichen, die auf dem Foto zu sehen sind. Was werden sie über dich denken? Wie verhältst du dich? Stellt eine Begegnung im Standbild dar.
2. Was heißt »Anerkennung finden«? Betrachte dazu das Gedicht von Hans Manz und die Überlegungen des Paulus.

Ein Gott, mit dem man sprechen kann

Wann genau Paulus starb, konnte bisher nicht festgestellt werden. Es geschah wahrscheinlich einige Jahre vor der Christenverfolgung, die Kaiser Nero 64 n. Chr. in Rom anordnete. Paulus wurde zum Tod durch Enthaupten mit dem Schwert vor den Mauern der Stadt verurteilt. Das Grab des Paulus befindet sich wahrscheinlich auch vor der Stadtmauer des antiken Rom. Schon im 1. oder 2. Jahrhundert wurde über dem Grab eine kleine Kirche gebaut.

Die Stille suchen

Was Paulus von den Christen und ihrem Gott erzählte, hatte Claudius in Rom noch nirgendwo gehört. Das machte ihn neugierig. »Wir haben viel über Gott gesprochen«, sagte Paulus schließlich. »Das Wichtigste ist für mich aber, dass ich mit Gott sprechen kann.«

»Du meinst beten.« Claudius nahm eine Schreibfeder vom Tisch und strich mit dem Finger darüber. »Ich weiß oft gar nicht, zu wem ich beten soll. Vor ein paar Tagen bin ich mit meinem Freund Julius zum Forum Romanum in der Mitte der Stadt gegangen. Schon auf dem Weg dorthin kamen wir am Tempel des Mars vorbei. Auf dem Forum selbst stehen viele Tempel. In jedem kann man zu einem anderen Gott beten. Einer ist dem Saturn, dem Gott des Ackerbaus, geweiht, ein anderer der Vesta, der Göttin des Feuers, ein dritter dem Romulus, dem Gründer unserer Stadt. An wen soll ich mich denn wenden?« »Niemand kann dir hier etwas vorschreiben. Ein Gebet kommt aus dem Herzen. Ich glaube an den einen Gott, und ich bin sicher, dass er meine Gebete hört.« Paulus betrachtete den Jungen mit ruhigen Augen.

»Hast du dir manchmal etwas von deinem Gott gewünscht?«, wollte Claudius wissen. »Mein größter Wunsch war, dass er mich bis Spanien kommen und auf diesem Weg die Gemeinde in Rom besuchen lässt. Aber bei meinem letzten Aufenthalt in Jerusalem bin ich in einen Tumult geraten und von den Römern dort verhaftet worden. Auf einer beschwerlichen Schiffsreise wurde ich tatsächlich nach Rom gebracht, aber als Gefangener. Gott muss nicht alle Wünsche nach unseren Vorstellungen erfüllen«, hielt Paulus fest, »doch er weiß, wie es um uns steht. Das war in vielen Traurigkeiten ein großer Trost für mich.«

Claudius legte die Feder zurück und blickte durch das Fenster zum Himmel. »Bekommen wir überhaupt Antwort auf unsere Gebete?«, fragte er. »Ich glaube, dass Gott mir geantwortet hat«, sagte Paulus, »durch all die Menschen, die ich gewonnen und zu einer Gemeinde zusammengeführt habe, so verschieden sie auch waren. Am Anfang meiner Briefe musste ich zuerst Gott danken, dass die Sache Jesu Christi so stark geworden ist in der Welt und dass ich so viele Freunde gefunden habe. Diese Menschen sind Gottes Antwort an mich und ein Reichtum seiner Güte.«

»Auf dem Forum ist es oft sehr laut«, erzählte Claudius. »Zwischen den Tempeln haben die Wechsler ihre Läden und tauschen ausländisches Geld in römische Münzen ein. Händler verkaufen teure Waren. All die Menschen machen viel Lärm. Wie soll mir da einfallen, was ich beten will? Ich bin froh, wenn ich überhaupt irgendwo einen ruhigen Platz finde.« »Ja, geh nur öfter dorthin, wo Ruhe herrscht. Die Stille kann uns helfen«, meinte Paulus. »In ihr fallen uns manchmal neue Worte ein, mit denen wir zu Gott sprechen können.«

Vor der Abenddämmerung machte sich Claudius auf den Heimweg. Aber er musste noch lange nachdenken über das Beten, über die Christen und über den einen Gott.

Bild links:
Diese große Hallenkirche, die wir heute besuchen können, stammt aus dem 19. Jahrhundert. Sie heißt Sankt Paul vor den Mauern. Man hat sie in Rom zu Ehren des Apostels Paulus errichtet. Menschen kommen hierher, um seiner zu gedenken, aber vor allem, um still zu werden und mit Gott zu sprechen.*

METHODE **Stilleübungen durchführen**

In der Stille kann ich mich selbst wahrnehmen und für Gottes Nähe öffnen. Durch die folgenden Übungen gebt ihr der Stille und Besinnung in eurer Klasse Raum.

- Sprecht nicht und versucht aufrecht zu sitzen. Schließt die Augen und lasst den Atem ruhig fließen.
- Jemand schlägt eine Klangschale an. Lausche dem Ton so lange nach bis er vollständig verklungen ist.
- Öffnet ein Fenster. Im Klassenraum ist es völlig still. Konzentriere dich eine oder zwei Minuten auf das, was durch das Fenster hereinkommt. Tauscht euch über eure Wahrnehmungen aus.
- Malt auf ein Blatt mit vorgezeichnetem Rahmen in Einzelarbeit Bilder zum Thema »Die Stille«. Sprecht dabei nicht. Bindet die fertigen Bilder zu einem gemeinsamen Stillebuch. Legt es in der Klasse aus, so dass einzelne es für sich betrachten und zur Ruhe kommen können.
- Übt meditative Lieder aus Taizé* ein. Unterstützt die Atmosphäre durch ein Kerzenlicht.

1. Überlegt, welche Gedanken dem Mädchen in dem Kirchenraum wohl durch den Kopf gehen.
2. Kann auch in eurer Schule ein Raum oder ein kleiner Bereich der Stille eingerichtet werden? Fertigt Entwürfe an, wie ihr diesen Raum ausstatten möchtet. Versucht, ihn nach euren Vorstellungen zu gestalten.

Sich in Gottes Geist verständigen

In den Erzählungen dieses Kapitels habt ihr viel aus dem Leben des Apostels Paulus erfahren. Die plötzliche Bekehrung zum Christen war die entscheidende Wende in seinem Leben. Ihr habt gelernt, dass Paulus auf weiten Reisen durch Kleinasien und Griechenland christliche Gemeinden gründete, mit denen er in enger Verbindung blieb. Ihr wisst, dass dabei Briefe eine entscheidende Rolle spielten. Gerade wenn es zu Schwierigkeiten und Konflikten kam, hat Paulus den Gemeinden geschrieben. Er wollte sie zu einer Verständigung in Gottes Geist ermutigen. Ihr habt Menschen kennengelernt, die ihm dabei zur Seite standen.*

Barnabas, der Paulus bei den Christen in Jerusalem geholfen hat → S. 25

Lydia aus der Gemeinde in Philippi → S. 26

Prisca und Aquila, die Paulus bis Ephesus begleitet haben → S. 30

Chloë, Christin aus Korinth → S. 30

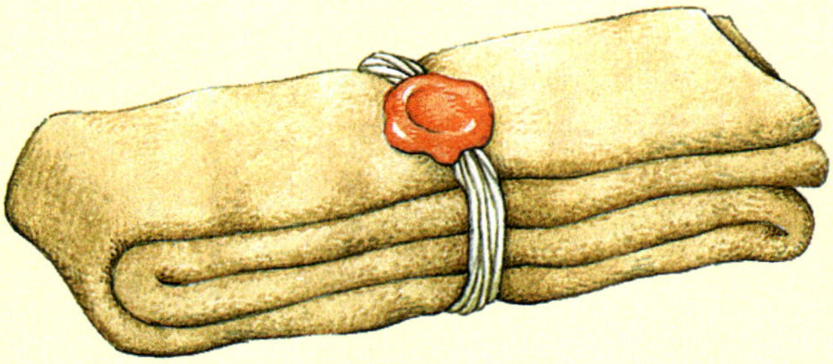

So verschickte man damals Briefe.

Titus, Mitarbeiter des Paulus in Ephesus → S.32

14 Welche der Geist Gottes treibt, die sind Gottes Kinder.
15 Denn ihr habt nicht einen knechtischen Geist empfangen, dass ihr euch abermals fürchten müsstet; sondern ihr habt einen kindlichen Geist empfangen. [...]
16 Der Geist gibt Zeugnis unserem Geist, dass wir Gottes Kinder sind.
17 Sind wir aber Kinder, so sind wir auch Erben, nämlich Gottes Erben und Miterben Christi.
Römer 8,14–17a

1. Im Römerbrief spricht Paulus von einem knechtischen und einem kindlichen Geist. Vergleicht beide miteinander. Gebt mit eigenen Worten wieder, was Gottes Geist nach Paulus bewirkt.
2. Stellt euch vor, die Personen auf dieser Seite schreiben Briefe an Paulus. Sie verständigen sich auch untereinander. Dabei kommen Probleme und Konflikte zur Sprache. Sie wollen sie im Geist Gottes lösen. Fertigt in kleinen Gruppen solche Briefe an und lest sie euch gegenseitig vor.

Was Menschen heilig ist, verstehen

Bis heute bekennen Christen ihren Glauben an Gottes Geist und sein Wirken in der christlichen Gemeinde. Im Apostolischen Glaubensbekenntnis heißt es:*

Ich glaube an den Heiligen Geist, die heilige christliche Kirche, Gemeinschaft der Heiligen.

Ein Bekenntnis aus unserer Zeit lautet:

Ich glaube an den Heiligen Geist.

Ich glaube, dass er meine Vorurteile abbauen kann.

Ich glaube, dass er meine Gewohnheiten ändern kann.

Ich glaube, dass er meine Gleichgültigkeit überwinden kann.

Ich glaube, dass er mir Fantasie zur Liebe geben kann.

Ich glaube, dass er mir Warnung vor dem Bösen geben kann.

Ich glaube, dass er mir Mut für das Gute geben kann.

Ich glaube, dass er meine Traurigkeit besiegen kann.

3. Plant eine kleine Ausstellung aufgrund der beiden Bekenntnistexte:
- Eine Erklärung des Begriffs »heilig« findet ihr auf ⇢ S. 167. Geht dem Begriff nach.
- »Das ist mir heilig« – überlegt, worauf diese Aussage bei euch selbst zutrifft: ein Spielzeug aus Kindertagen, eine Musik-CD, eine Tageszeit, ein Fest ... Was wollt ihr davon präsentieren?
- In den christlichen Kirchen werden nicht nur besondere Menschen als Heilige bezeichnet, sondern alle, die sich zu Jesus Christus bekennen. Stellt in eurer Ausstellung zwei Personen vor.
- Eure Ausstellung soll für Menschen, die sie besuchen, attraktiv sein. Legt eine Reihenfolge für die Exponate fest und beschriftet sie. Stellt sie nicht zu dicht gedrängt auf.
- Plant in die Ausstellung einen Ort der Ruhe ein. Dort können Besucherinnen und Besucher ihre eigenen Gedanken sammeln und aufschreiben.

3

Gesucht: Ein Irgendwo von dazumal ...

Irgendwo, in diesem vom Lärm erdrosselten Leben,
Muß es, so träume ich dann und wann, ein schweigendes Wärterhaus geben.
Mit ein paar Bäumen davor, und einem Vogel, der singt.
Von fern, das Gebirg. Man meint, in den Wolken zu schweben.
Und die Stille ringsum! Es ist eine Stille, die klingt.

Wieder beglückt mich der Duft der blühenden alten Kastanien,
Den ich, unvergessen, so lang über Länder und Meere hin trug ...
Rosen zieh ich mir nicht, auch keine verwöhnten Geranien.
Feldblumen frisch auf den Tisch im bäuerlich irdenen Krug!

Nachbarlich grüßt mich vom Dorf zur Vesperstunde das Läuten.
Das Eichhorn erkennt meinen Gang. Und es flieht vor mir nicht mehr das Reh.
Vier Mal spiegelt der Bach mir das wechselnde Antlitz der Zeiten.
Mein Kompaß: Sonne und Wind. Meine Zeitungen: Spuren im Schnee.

– Wie seltsam: der erste Tag, und ich fühle mich selig zuhause!
Vertraut ist die Landschaft mir längst. Sah alles so oft schon im Traum:
Den Brunnen, den Urväterrat und den offnen Kamin in der Klause;
Petroleumlampe zur Nacht und Bänke aus knorrigem Baum.

... Irgendwo, in diesem vom Fortschritt zertretenen Leben,
Muß es – ich träume es gar zu oft – ein solches Wärterhaus geben.
Dort sitze ich öfters, im Geist, an dem himmlischen Frieden mich labend,
Und blicke, schweigend zumeist, in den sinkenden Lebensabend.

Mascha Kaléko [R]

Vergiss das Träumen nicht

In diesem Kapitel werdet ihr mehr über die Dichterin Mascha Kaléko erfahren, über ihr Leben in Berlin, ihre Vertreibung aus Deutschland, ihre Zeit in New York und Jerusalem.

1. Vergleicht das Foto von New York und das Gedicht miteinander.
2. Stellt Vermutungen über Mascha Kalékos Wünsche und Hoffnungen an.

Träume vor dich hin

Erste Gedichte

Jetzt bin ich groß. Mir blüht kein Märchenbuch.
Ich muß schon oft ›Sie‹ zu mir selber sagen.
Nur manchmal noch, an jenen stillen Tagen,
Kommt meine Kindheit heimlich zu Besuch.

Über ihre Kindheit hat Mascha Kaléko selten gesprochen. Sie wurde 1907 in Chrzanów, einem Städtchen westlich von Krakau geboren. Es lag in einer Gegend, über die vornehme Leute zu Beginn des letzten Jahrhunderts nur die Nase rümpften: Dort lebten die Menschen in ärmlichen Verhältnissen. Wer eine Wohnung mit einer Küche und einem Zimmer besaß, galt schon als reich. Mascha stammte aus einer jüdischen Familie, die zu diesen wohlhabenderen Menschen gehörte. Trotzdem konnten sie zu Beginn des Ersten Weltkriegs in ihrer Heimatstadt nicht in Sicherheit leben. Mit ihren Eltern und ihrer Schwester Lea wanderte Mascha 1914 nach Deutschland aus. Schon mit sieben Jahren lernte sie so Flucht und Heimatlosigkeit kennen.

Aber in der deutschen Schule in Marburg ging es Mascha gut. Die Lehrerin mochte sie sehr, und deshalb durfte Mascha sie häufig nach der Schule begleiten. Auf manchen dieser Spaziergänge kramte sie kleine Zettel hervor. Kurze Gedichte standen darauf, die Mascha selbst geschrieben hatte. »Gefallen Ihnen meine Gedichte?«, fragte sie einmal. »Oh ja, sehr«, antwortete die Lehrerin lächelnd. Da zog Mascha aus der Tasche ihres Kleides ein Stück Kuchen mit den Worten: »Das ist alles, was ich habe. Es hat Ihre Zeit gekostet.« Früh hatte sie begriffen, dass Zeit etwas Kostbares im Leben eines Menschen ist.

Als Mascha elf Jahre alt war, siedelte ihre Familie nach Berlin über. In der Mitte der Stadt lag das jüdische Viertel mit kleinen Geschäften und Lokalen und einer prächtigen Synagoge für die jüdische Gemeinde. Dort fand Maschas Vater eine Anstellung. Sie war gern mit den Menschen in ihrer Umgebung zusammen, teilte ihre kleinen Freuden und Sorgen, und sie wollte vor allem eins: dazugehören. Man gehört zu den Menschen, deren Sprache man spricht. Deshalb übernahm Mascha rasch die Berliner Mundart, sagte »ick« und »oll« und schrieb kleine berlinernde Gedichte.

Obwohl ihre Lehrer sie für begabt hielten, musste Mascha mit sechzehn Jahren die Schule verlassen. Die Eltern konnten eine längere Ausbildung ihrer Tochter nicht mehr bezahlen. Jetzt musste sie selbst Geld verdienen. Mascha wurde Bürolehrling im »Arbeiterfürsorgeamt der jüdischen Organisationen Deutschlands«, und sie mochte diese Tätigkeit ganz und gar nicht. Vom Montag bis zum Wochenende acht Stunden täglich die immer gleichen Arbeiten verrichten, das war nicht ihre Sache. Doch was blieb ihr übrig? Immerhin, sie war eine Dichterin: Sie brachte ihre Wünsche in Versen zu Papier. So blieben ihre Träume lebendig.

Mascha interessierte das pulsierende Leben der Stadt auch außerhalb des jüdischen Viertels. Weil sie noch so viel wissen und Neues kennenlernen wollte, besuchte sie Abendkurse an der Berliner Universität. Wahrscheinlich lernte sie dort den jüdischen Gelehrten Dr. Saul Kaléko kennen. Als Mascha einundzwanzig Jahre alt war, heirateten beide. Der Alltag im Büro war endlich vorüber.

METHODE Elfchen schreiben
Eine einfache Form des kreativen Schreibens ist das Elfchen. Es besteht aus elf Wörtern, die auf fünf Zeilen verteilt werden.
- Schreibe in die erste Zeile ein Wort,
- in die zweite Zeile zwei Wörter,
- in die dritte drei und in die vierte vier Wörter.
- Mit einem Wort bringst du das Elfchen in der letzten Zeile zum Abschluss.

Die junge Mascha

Interview mit mir selbst

Ich bin vor nicht zu langer Zeit geboren
In einer kleinen, klatschbeflissenen Stadt,
Die eine Kirche, zwei bis drei Doktoren
Und eine große Irrenanstalt hat.

Mein meistgesprochenes Wort als Kind war »nein«.
Ich war kein einwandfreies Mutterglück.
Und denke ich an jene Zeit zurück:
Ich möchte nicht mein Kind gewesen sein.

Im letzten Weltkrieg kam ich in die achte
Gemeindeschule zu Herrn Rektor May.
– Ich war schon zwölf, als ich noch immer dachte,
Daß, wenn die Kriege aus sind, Frieden sei.

Zwei Oberlehrer fanden mich begabt,
Weshalb sie mich – zwecks Bildung – bald entfernten;
Doch was wir auf der hohen Schule lernten,
Ein Wort wie ›Abbau‹ haben wir nicht gehabt.

Beim Abgang sprach der Lehrer von den Nöten
Der Jugend und vom ethischen Niveau –
Es hieß, wir sollten jetzt ins Leben treten.
Ich aber leider trat nur ins Büro.

Acht Stunden bin ich dienstlich angestellt
Und tue meine schlecht bezahlte Pflicht.
Am Abend schreib ich manchmal ein Gedicht.
(Mein Vater meint, das habe noch gefehlt.)

Bei schönem Wetter reise ich ein Stück
Per Bleistift auf der bunten Länderkarte.
– An stillen Regentagen aber warte
Ich manchmal auf das so genannte Glück ...

Mascha Kaléko R

1. In dem Gedicht »Interview mit mir selbst« blickt Mascha auf ihre Vergangenheit zurück. Beschreibt den Eindruck, den dieses Mädchen auf euch macht. Auf welche Weise versuchte sie dazuzugehören?
2. Tragt zusammen, wie ihr selbst in Zukunft leben möchtet. Schreibt Elfchen zu den Stichworten »Traum, Glück« und »Ich«.

Träume von einer besseren Welt

Freiheit und Erfolg

Eine bewegte Zeit erlebten viele Menschen Ende der 1920er Jahre in der Großstadt Berlin. Sie hatten erfahren, wie sinnlos ein mörderischer Krieg ist; jetzt sollte ein neues Leben beginnen. Dass es eine neue politische Ordnung mit mehr Rechten für Frauen und Männer gab, ließ viele hoffen. Vor allem die Künstler träumten von einer besseren Welt. Maler, Schauspieler und Dichter trafen sich in Berlin im »Romanischen Café«. Hier diskutierten und dichteten sie bei Kaffee oder Wein. Sie wollten sich nicht bei Politikern und Bürgern einschmeicheln. Deshalb schrieben sie viele freche, witzige Lieder gegen Dummheit und stumpfsinnige Disziplin. »Freiheit für Fantasie« war ihre Parole.

Wenn Mascha das Romanische Café betrat und sich kess berlinernd in die Diskussion einschaltete, waren alle ganz begeistert. Endlich gehörte sie dazu. Sie veröffentlichte ihre ersten Gedichte, und bald schon brachte der Zeitungsjunge ins Romanische Café einige Zeitungen, in denen regelmäßig ihr Name zu finden war.

»Sie sind doch noch so schrecklich jung. Sind Sie es denn wirklich?«, fragte erstaunt der Chefredakteur einer Zeitung, der sie persönlich eingeladen hatte. Ein anderer wollte jeden Montag ein neues Gedicht von ihr in seiner Zeitung abdrucken.

Mascha zögerte. Sie hatte Sorge, ob ihr regelmäßig etwas Ordentliches gelingen könnte. Doch später sagte sie selbst: »Dieser Zwang wurde mir zum Segen, ich verlor die Furcht und schrieb eine ganze Menge in jenem Jahr. Zeitgedichte und Großstadtlyrik.« 1933 erschien ihr erstes Buch, das »Lyrische Stenogrammheft«. Die Menschen liebten ihre Gedichte. Sie konnten Berliner Witz und jüdische Weisheit zugleich darin wiederfinden. Mascha wurde getragen von einer Woge des Erfolgs. Sie las im Radio, und ihre Texte wurden im »Kü-Ka«, einem bekannten Künstlerkabarett, vorgetragen.

Irgendwo dort begegnete Mascha schließlich Chemjo Vinaver, dem wichtigsten Menschen in ihrem Leben. Er war Musiker und leitete einen Chor, mit dem er auch in der jüdischen Gemeinde auftrat. Als Musikwissenschaftler beschäftigte er sich mit den Gesängen der Synagogen*gottesdienste. Mascha verliebte sich so sehr in ihn, dass sie sich von ihrem Ehemann trennte. Den Namen Kaléko allerdings behielt sie bis an ihr Lebensende. Chemjo und Mascha heirateten, und sie bekamen einen Sohn. »... wir drei sind wohl die glücklichsten Menschen auf der Welt. Es ist Frühling, der Flieder blüht uns ins Fenster hinein«, schrieb Mascha ins Tagebuch.

1. Mascha Kaléko hatte erste Erfolge. Schreibt einen Tagebucheintrag, in dem sie einen Tag ihres Lebens schildert.
2. Eine belebte Straße in der Stadt hat der Maler August Macke dargestellt. Wie hat er die Parole »Freiheit für Fantasie« in seinem Bild umgesetzt?
3. Überlegt, welche Vorstellungen ihr heute von einer besseren Welt habt. Schreibt eure Gedanken auf.

Schlüsselwissen Träume

Träume sind eine mit vielfältigen Bildern und starken Gefühlen verbundene Form des Erlebens. Sie üben eine große Faszination aus, gerade weil sie mehrdeutig sind. Träume können Wünsche und Ängste einer Person oder für sie wichtige Themen widerspiegeln. Nicht nur im Schlaf, sondern auch im wachen Erleben träumen Menschen. Mithilfe ihrer Fantasie können sie Vorstellungen von einer neuen, vielleicht besseren Wirklichkeit entwickeln. Nicht selten spornen solche Bilder zum Handeln an. In biblischen Geschichten spielen Träume eine große Rolle, z. B. als Mitteilungen Gottes oder Hinweise auf zukünftige Ereignisse. Träume und Visionen* drücken Warnungen, aber auch starke Hoffnungen aus.

August Macke, 1914

Ich will meinen Geist ausgießen über alles Fleisch, und eure Söhne und Töchter sollen weissagen, eure Alten sollen Träume haben, und eure Jünglinge sollen Gesichte sehen.
Joel 3,1

Die Angst war übermächtig

Die Katastrophe der Vertreibung

In dieser Straße lebte die Dichterin von 1936 bis 1938.

»Walter, schnell fort«, kurz und energisch drang Maschas Schrei durch das Romanische Café. Der Dichter Walter Mehring sah von seinem Stammtisch hoch und erkannte sofort die Gefahr. Ein Trupp uniformierter Männer betrat das Café. Mutig stellte Mascha sich ihnen in den Weg. Sie tat naiv und unwissend: »Guten Tag, meine Herren! Wenn Sie ablegen möchten, die Garderobe ist dort hinten. Sicher wird gleich am Fenster ein Tisch für Sie frei.« Mascha kokettierte und lenkte ab, um für ihren Freund Zeit zu gewinnen. Sie hatte sofort erfasst, was auf dem Spiel stand.

Überall in Berlin waren in diesen Jahren Hakenkreuze zu sehen. Die Nationalsozialisten* und ihr Führer Adolf Hitler hatten 1933 in Deutschland die Macht ergriffen. Auch hier hatte eine allgemeine Wirtschaftskrise zu Armut und Arbeitslosigkeit geführt. Viele Menschen gaben dafür der neuen politischen Ordnung nach dem Kaiserreich die Schuld und wählten die radikalen Nationalsozialisten.

In einem solchen System war für Dichter wie Walter Mehring und seine Freunde kein Platz mehr. Wer in witzigen Liedern die Mächtigen entlarvte, musste mit dem Schlimmsten rechnen. Im letzten Augenblick konnte Walter Mehring entkommen: Er verließ das Romanische Café und sofort darauf das Land. Mascha hatte ihm mit ihrem forschen Auftreten das Leben gerettet.

Doch ihr eigenes Leben und das ihrer Familie waren genauso in Gefahr. Sie waren Juden und damit in Deutschland unerwünscht. Als eine neue Auflage der Gedichte Mascha Kalékos erscheinen sollte, wurden die Bücher bereits in der Druckerei beschlagnahmt. Ihre Gedichte fanden nur noch Verbreitung, weil Menschen sie mit der Hand abschrieben und auf losen Blättern heimlich weiterreichten. Am 8. August 1935 wurde das Verbot ausgesprochen: Mascha Kaléko durfte in Deutschland nichts mehr veröffentlichen. Ihre Arbeiten standen auf der »Liste des schädlichen und unerwünschten Schrifttums«. Ihre Eltern und Geschwister waren nach Palästina ausgewandert. Gab es für die 31-jährige Mascha, den 42-jährigen Chemjo und ihren kleinen Sohn in Deutschland überhaupt noch eine Zukunft? Die Angst wurde immer größer. In letzter Minute verließ die Familie Kaléko-Vinaver 1938 Deutschland und entkam mit dem Schiff nach Amerika. Später schrieb Mascha:

»Am 23. Oktober 1938 sind wir in New York angekommen. Nach Monaten angestrengtester Arbeit und täglichen Umherrasens nach den Papieren. Es ist ein Wunder, dass wir noch den schrecklichen Hitler-Pogromen* vom 9. November entronnen sind. Die Nachrichten aus Deutschland sind entsetzlich ... Das wirft einen langen Schatten auf uns, die diesem Schicksal um Haaresbreite Entronnenen.«

Charlotte Salomon, um 1940

Überfahrt

Wir haben keinen Freund auf dieser Welt.
Nur Gott. Den haben sie mit uns vertrieben.
Von all den Vielen ist nur er geblieben.
Sonst keiner, der in Treue zu uns hält.

Kein Herz, das dort am Ufer um uns weint,
Nur Wind und Meer, die leise uns beklagen.
Laß uns dies alles still zu zweien tragen,
Daß keine Träne freue unsern Feind.

Sei du im Dunkel nah. Mir wird so bang.
Ich habe Vaterland und Heim verlassen.
Es wartet so viel Weh auf fremden Gassen.
Gib du mir deine Hand. Der Weg ist lang.

Und wenn das Schiff auf fremder See zerschellt,
Wir sind einander mit dem Blut verschrieben.
Wir haben keinen Freund auf dieser Welt.
Uns bleibt das eine nur: uns sehr zu lieben.

Mascha Kaléko R

1. Sucht in Zeitungen und Zeitschriften nach Fotos, die zu den einzelnen Strophen des Gedichts »Überfahrt« passen. Arbeitet heraus, wie in dem Gedicht über Gott gesprochen wird.
2. Charlotte Salomon war eine jüdische Kunststudentin aus Berlin. Auch sie musste 1939 die Stadt verlassen. Das Bild hat sie im Rückblick auf ihren letzten Abend in Deutschland gemalt. Welche Gedanken mögen ihr an diesem Abend durch den Kopf gegangen sein?

Schlüsselwissen **Bücherverbrennungen 1933**
Am 10. Mai 1933 ließen die Nationalsozialisten* in deutschen Universitätsstädten sogenannte »schädliche und unerwünschte« Literatur verbrennen. Es handelte sich um Bücher jüdischer und politisch unliebsamer Autorinnen und Autoren. Dies war der Auftakt zur Verfolgung vieler Künstlerinnen und Künstler. Wer fliehen konnte, wurde später ausgebürgert und damit staatenlos. Das in Deutschland verbliebene Vermögen beschlagnahmte der nationalsozialistische Staat.

In der neuen Welt

New York 1939

Pihi

Vom Vogel Pihi hab ich einst gelesen,
Dem Wundertier im Lande der Chinesen.
Er hat nur einen Fittich: Stets in Paaren
Sieht man am Horizont der Pihi Scharen.
Zu zweien nur kann sich das Tier erheben;
Im Singular bleibt es am Boden kleben.
– Dem Pihi gleich, gekettet an das Nest,
Ist meine Seele, wenn du mich verläßt.

Mascha Kaléko

Steven 13 Jahre, New York 1949/50

Wird Gott uns poor machen?

»Alles ist anders, als wir es uns in Europa vorgestellt haben – vieles besser, manches böser«, schrieb Mascha über New York. Wenn man überlebt hatte, fingen die Schwierigkeiten erst an; das musste sie mit ihrer Familie erfahren. Mehrfach zogen sie in den nächsten Jahren um, bis sie endlich in Greenwich Village eine Wohnung fanden, zu der ein winziger Garten gehörte – umgeben von Fabriken und hohen Häuserwänden. Zunächst waren sie in Amerika freundlich aufgenommen worden. Doch bald begann die Härte und Unerbittlichkeit des alltäglichen Lebens. In allen Ländern sind Flüchtlinge unbequem und werden manchmal so behandelt, als seien sie an ihrem Schicksal selbst schuld. Mascha hörte fremdenfeindliche Parolen auf der Straße, spürte die Angst vor Überfremdung und die Kluft zu den Alteingesessenen. Als Deutschland 1941 Amerika den Krieg erklärte, sprach man in der Öffentlichkeit besser kein Deutsch mehr. Schon ihrem Sohn Steven zuliebe sprach Mascha nur Englisch. Sie schrieb über ihr *»Emigrantenkind«:*
Das lernt das Wörtchen »alien« buchstabieren Und spricht zur Mutter: »Don't speak German, dear.« Muss knapp acht Jahr alt Diskussionen führen, Dass er »alright« ist, wenn auch nicht von hier.

Steven stellte seiner Mutter viele Fragen: »Mami, wie hat Gott mich gemacht? Wird Gott uns poor machen, wenn ich das Lambchop ausspucke? Wie kriegt man Geld? Hat money wings?« Ja, das Geld fehlte immer, für die Schule, für den Bus, für die Medizin. Zwar konnte Chemjo Vinaver weiter in seinem Beruf arbeiten. Er gründete den Vinaver-Chor, der sich als einer der ersten in den USA jüdischer Musik widmete. Trotzdem musste Mascha wieder ungeliebte Jobs annehmen.

»Abends von sieben bis neun, hundertzwanzig Minuten täglich, hab' ich einen neuen Beruf. Ich bin ›Minute-Man‹, beziehungsweise: ›-woman‹.« Das bedeutete, Mascha musste in ihrem Wohnbezirk von Haus zu Haus gehen. Sie musste die Leute auffordern, dem Staat Geld zu leihen, damit dieser den Krieg bezahlen konnte. Und sie scheint in diesem Job erfolgreich gewesen zu sein. »You've got a charming accent«, sagten die Leute. Doch die Dichterin Mascha Kaléko konnte nur in ihrer Muttersprache schreiben. Dafür gab es in Amerika kaum ein Publikum. Einige Gedichte veröffentlichte sie im »Aufbau«, einer deutschsprachigen Zeitschrift für Emigranten. Maschas Heimweh nach Berlin war in diesen Versen deutlich spürbar. Im November 1944 erhielt die Familie Kaléko-Vinaver die amerikanische Staatsbürgerschaft. Mascha kümmerte sich in jenen Jahren um ihren Mann und das Glück ihres Sohnes. Auch sie war glücklich, wenn Steven in seinem noch fehlerhaften Englisch sagte: »Mammy, I love you so! I love you even more than God, I hope he do not mind.«

Central Park, New York

Frühlingslied für Zugereiste

Liebes fremdes Land; Heimat du, wievielte.
Park so grün wie dort, wo als Kind ich spielte.
Erster Duft im Strauch. Schüchterne Platanen.
Müßt ihr immer mich an daheim gemahnen?
Alles um mich her blüht im Sonnenlicht.
Doch der Frühling hier ist mein Frühling nicht.

Sagtest du: daheim? Räuber sind gekommen,
Haben Licht und Luft und Daheim genommen.
Amsel, Fink und Star sitzen eingefangen.
Hör noch, wie daheim Küchenmädel sangen:
„Wenn der weiße Flieder –
wieder blüht ..."
Ach, er blühet leider nur im Lied.

Lieber fremder Baum. Weiß nicht deinen Namen,
Weil wir von weither, aus dem Gestern, kamen.
Wenn bei uns daheim dunkle Weiden weinen,
Junge Birke lacht, weiß ich, was sie meinen.
Fremder Vogel du, – sangest süß, verzeih,
Ist so trüb mein Herz. Wartet auf den Mai.

Träumt der Tor vom Mai: Alle Glocken klingen.
Schwalben ziehn im Blau. Kerkermauern singen.
Seht, die Bäume blühn, wo sie Wurzel schlugen.
Mütter, wo sie einst ihre Kinder trugen,
Wiegen sie zur Nacht. Väter kehren heim.
Und der Frühlingswind rauscht den alten Reim.

Mascha Kaléko R

1. In ihren Gedichten und Tagebuchnotizen schildert Mascha Kaléko, wie sie selbst und ihr Sohn Steven sich in Amerika einlebten. Vergleicht die Gedanken und Gefühle der beiden miteinander.
2. Gibt es in eurer Klasse Jungen und Mädchen, die aus anderen Ländern kommen? Wie erleben sie unser Land? Welche Zukunft erträumen sie sich?

Verse für Zeitgenossen

5 Leite mich in deiner Wahrheit und lehre mich!
Denn du bist der Gott, der mir hilft;
täglich harre ich auf dich.
17 Die Angst meines Herzens ist groß;
führe mich aus meinen Nöten!
20 Bewahre meine Seele und errette mich:
lass mich nicht zuschanden werden,
denn ich traue auf dich!
Psalm 25,5,17,20*

Das Comeback

Mascha Kaléko 1958

Briefe von berühmten Leuten erhielt Mascha Ende der 1940er Jahre. »Haben Sie Dank für Ihren Gruß und Ihre ausdrucksvollen Gedichte ... Gewiss haben sie vielen Tausenden aus der Seele gesungen hier draußen«, schrieb ihr Thomas Mann. Der große Dichter lebte damals ebenfalls im amerikanischen Exil. »Ich habe Ihre Gedichte mit wirklicher Bewunderung gelesen. Sie haben mir solchen Eindruck gemacht wie Weniges aus unserer Zeit«, grüßte sie Albert Einstein. Der geniale Mathematiker hatte später viel Freude an Maschas Kindergedichten. Anlass für diese Briefe waren die »Verse für Zeitgenossen«, Exilgedichte, die Mascha 1945 veröffentlichte. Sie hatte das Büchlein an für sie wichtige Zeitgenossen geschickt und endlich wieder mit der Arbeit als Autorin begonnen. Halbe Tage verbrachte sie in Bibliotheken, las und fand neue Anregungen. Oft wurde sie von ihrem Sohn Steven begleitet. Kaufen konnten sie sich all die Bücher nicht, denn ein kleines Gedichtbändchen brachte nicht viel Geld ein. Aber Mascha gewann wieder Anerkennung – auch in Deutschland.

Der Rowohlt Verlag legte ihre Gedichte erneut auf, und nach achtzehn Jahren der Emigration kam Mascha 1956 deshalb nach Berlin zu Besuch. »Na, wie finden Sie denn Berlin so mit den Bombenruinen?«, wurde sie in einem Interview gefragt. »Von finden kann keine Rede sein, ich suche es immer noch«, war Maschas Antwort. Was sie suchte, war die vertraute Umgebung, in der sie zu Hause gewesen war. Sie hatte in zahlreichen deutschen Städten viel Erfolg. Überall traf sie Menschen, die sagten: »MK – na klar kenn ich die.« Mascha gab Rundfunk- und Presseinterviews und konnte in vollen

Berlin – Potsdamer Platz 1930 und 1946

Sälen aus ihren Gedichten lesen. Ihr spritziger Charme kam dabei zur Geltung, und Mascha war glücklich, in Deutschland nicht vergessen worden zu sein. »Warum lernen wir Mascha Kalékos Gedichte erst heute kennen?«, fragten junge Leute in Deutschland und den USA. Sie mochten diese zierliche, lebendige Frau und suchten das Gespräch mit ihr. Sie habe doch so viel erlebt und könne ihnen sicher das Wichtigste nennen, was in dieser Zeit zu tun sei. Manchmal erinnerte sie Mascha dann an eine jüdische Geschichte:

Bald nach dem Tode des Rabbi Mosche von Kobryn wurde einer seiner Schüler gefragt: »Was war für deinen Lehrer das Wichtigste?« Der Schüler besann sich und gab zur Antwort: »Womit er sich gerade abgab.«

1960 wurde Mascha in Deutschland ein Literaturpreis zugesprochen, der mit 4000 DM (ca. 2000 Euro) dotiert war. Sie lehnte den Preis ab: Ein Jurymitglied war jahrelang aktives Mitglied der Nationalsozialistischen Partei gewesen. Aus seiner Hand konnte sie keinen Preis annehmen.

Mascha wollte nur sich selbst treu bleiben. Nach dieser Ablehnung war ihr Comeback in Deutschland vorbei. Preise erhielten andere Dichter. Für Mascha stand eine neue Wende in ihrem Leben bevor.

1. Was mag es für Mascha Kaléko bedeutet haben, den Literaturpreis in Deutschland abzulehnen? Überlegt, was ihr noch wichtiger war als die Anerkennung in ihrer alten Heimat.
2. Verfasst kurze Geschichten, in denen ihr selbst gefragt werdet: »Was ist für dich das Wichtigste?«

Wem sollte ich meine Träume erzählen?

Im Volkston
Nun bin ich worden fünfzig Jahr
Und muß bald scheiden. Schon?
Wie kurz das liebe Leben war.
Was lieb ist, eilt davon.

Herr, der du unsre Herzen zwei
Gefügt zu einem Stück,
Ist meines Liebsten Zeit vorbei,
So nimm auch mich zurück.
Mascha Kaléko R

Blick auf den Jüdischen Friedhof vor den Mauern der Altstadt von Jerusalem

Schattenseiten

Seit 1962 lebten Mascha und Chemjo in der King George Street 33 in Jerusalem. Ihre kleine Wohnung lag im siebten Stock des Hauses mit einem weiten Blick über die Altstadt. Steven, ihr Sohn, war in Amerika und Europa als Autor für das Revuetheater sehr erfolgreich.

Chemjos Arbeit zuliebe waren seine Eltern nach Israel übergesiedelt. Hier konnte Chemjo sein Lebenswerk vollenden, eine umfangreiche Veröffentlichung über die Musik jüdischer Gottesdienste. Mascha liebte ihren Mann sehr, der all seine Gelehrsamkeit und Künstlerschaft zum Ruhme Gottes einsetzen wollte. Aber sie fand nicht mehr die Kraft, um erneut in einem fremden Land heimisch zu werden. In Jerusalem, der Stadt, mit der sich so viele Hoffnungen der Juden verbinden, wurde sie zur Außenseiterin. Weil sie kaum Hebräisch lernte, konnte sie sich in ihrer Umgebung nur schwer verständigen, geschweige denn Freunde finden. Gespräche fehlten ihr sehr, denn sie unterhielt sich doch so gern. Mit der Zeit wollten sich auch keine Reime mehr einstellen. »Bin meist so müde, dass das Leben-Schwänzen nicht schwerfällt – leider«, schrieb Mascha an eine Freundin in Europa. Plötzlich wurde sie nach Amerika gerufen. Steven war auf einer Feier zusammengebrochen. Noch vier Tage konnte Mascha an seinem Krankenbett sitzen, dann starb ihr Sohn, nur einunddreißig Jahre alt.

Mascha und Chemjo blieben fassungslos zurück. Sie waren wie gelähmt und sollten sich von dem Verlust nie wieder erholen. Von nun an hatte einer Angst um den anderen. Noch waren sie alljährlich nach Europa unterwegs. Chemjo saß meist schweigend neben seiner Frau, mit ihrer Lebhaftigkeit liebevoll einverstanden. Mascha brauchte seine Begleitung und menschliche Wärme. Doch im Dezember 1973 starb Chemjo Vinaver nach langer Krankheit in Jerusalem. Einsam und allein blieb Mascha nach dem Tod ihrer liebsten Menschen.

Aber aus dem Schmerz und der Traurigkeit heraus kehrten die Verse zurück. In einem Jahr schrieb sie mehr Gedichte als jemals zuvor in Jerusalem. Freunde in Zürich und Berlin luden sie zu Lesungen ein, und noch einmal erlebte sie glückliche Tage in der alten Heimat. Die Schauspielerin Gisela Zoch-Westphal hatte im Radio Zürich Maschas Gedichte vorgetragen, und beide wurden enge Freundinnen. So hatte Mascha eine treue Begleiterin, als sie in ein Züricher Krankenhaus eingeliefert werden musste. Mascha wusste, dass ihr Leben zu Ende ging, und nahm das Ende an. Eine letzte Sorge war ihr genommen, als man Chemjos Lebenswerk der Jerusalemer Universität übergeben hatte. Jetzt konnte sie friedlich sterben.

Mascha Kaléko wurde am 21. Januar 1975 auf dem Israelitischen Friedhof in Zürich beigesetzt. Die schlichte Trauerfeier begleitete ein Vorsänger mit den religiösen Gesängen des jüdischen Volkes.

Mascha Kaléko 1967

Ich träume nicht mehr

Ich träume nicht mehr,
Seit du nicht mehr aufwachst am Morgen,
Wenn die Morgenlandsonne glühend schreit
In deinem Balkonzimmer.

Kann keiner meine Träume deuten.
Nur der das Lächeln aufkeimen sah
In meinem Herzen
Und die Träne reifen
Hinter meinem Auge.

Du hörtest mein Gras wachsen.

Schon fast dreihundert
Morgenlandsonnen –
Und du wachtest nicht auf.

Ich träume nicht mehr.
Wem sollte ich meine Träume erzählen?
Mascha Kaléko

1. Suche dir aus den Gedichten oder aus dem Lied auf dieser Doppelseite einen Vers oder eine Zeile aus, die dich besonders anspricht. Schreibe diesen Text auf weißes oder farbiges Papier. Durch das Schriftbild soll etwas vom Sinn des Textes zum Ausdruck kommen. Du kannst z. B. Buchstaben und Wörter farbig hervorheben oder kleine Zeichnungen anbringen.
2. Stellt die gestalteten Texte in der Klasse vor.

Gedanken zwischen Erde und Himmel

Gebet

Es wohnen drei in meinem Haus –
Das Ich, das Mich, das Mein.
Und will von draußen wer herein,
So stoßen Ich und Mich und Mein
Ihn grob zur Tür hinaus.

Stockfinster ist es in dem Haus,
Trüb flackert Kerzenschein.
– Herr: laß dein Sonnenlicht herein!
Dann geht dem Ich, dem Mich, dem Mein
Das fahle Flämmchen aus.

Mascha Kaléko R

Eine Freundin erzählt

Gisela Zoch-Westphal sollte alles, was Mascha geschrieben hatte, aus Jerusalem holen und musste deshalb die Wohnung in der King George Street 33 aufsuchen. Diesen Besuch beschreibt sie als eindrückliches Erlebnis:

»Ich stieg die hohen Steinstufen des verwohnten Treppenhauses hinauf. Im ersten Stock ein Kosmetiksalon, im zweiten ein Dentist, im dritten ein Anwalt, im vierten ein Künstler: Blum, Artist. Im fünften und sechsten waren die Namen nur hebräisch geschrieben. Im siebten Stock, Wohnung Nr. 18, stand in Iwrith*: Vinaver-Kaléko; darunter war ein Ausschnitt aus einer Visitenkarte geklebt: Mascha Kaléko. In der Tür ein Guckloch. Eine Treppe höher schlug die Tür zum Dach hin und her. Hamsin, der heiße Wüstenwind, fegte über die Stadt. Ich zwang mich, die Tür aufzuschließen, ging nach dem von Mascha gezeichneten Plan in ihr Zimmer und betrat einen schlichten Raum, einer Mönchsklause nicht unähnlich. Die Möbel – ein Tisch, ein Schrank, ein Feldbett, zwei Stühle – waren mit Zeitungspapier abgedeckt, um Sonne und Staub abzuhalten, die Teppiche aufgerollt. Ein großer metallener Karteischrank, wie ich ihn nur aus Arztpraxen kenne, barg ihre Korrespondenz; private in einem Kasten, Verlagsdinge im anderen, darunter Veröffentlichtes, daneben Unveröffentlichtes. Penibelste Ordnung, wohin ich sah. Was immer ich in die Hand nahm, war bezeichnet. Die einzelnen Vorgänge hatte Mascha in schmalen Ordnern verwahrt. Der Verzicht auf jede Bequemlichkeit, das Sichbeschränken auf absolut Notwendiges, ist Ausdruck einer Lebenseinstellung ... der unfreiwillig-freiwilligen Ankömmlinge, die ... unauslöschlich den Stempel der Verfolgung tragen und nirgends mehr eine Heimat fanden.

›Zur Heimat erkor ich mir die Liebe.‹ Dies ist für mich die schönste Verszeile Mascha Kalékos. Mit Liebe will ich meine Arbeit fortsetzen und ihre Gedichte weiter Lesern und Hörern nahebringen.«

G. Z.-W.

1. In ihrer letzten Wohnung in Jerusalem hat Mascha Kaléko das Gedicht »Sozusagen grundlos vergnügt« verfasst. Hier spricht sie von einer Leiter zwischen Erde und Himmel. Fertigt Bilder von einer Himmelsleiter an, die zu diesem Gedicht passen.
2. Beschreibt das Bild von Joan Miró möglichst genau. Setzt folgenden Textanfang schriftlich fort: »Die Nacht ist dunkel und klar. Ich sitze am Fuße der Himmelsleiter ...« Lest anschließend die Geschichte von Jakobs Traum (Gen 28,10–22).

Joan Miró, 1926

Sozusagen grundlos vergnügt

Ich freu mich, daß am Himmel Wolken ziehen
Und daß es regnet, hagelt, friert und schneit.
Ich freu mich auch zur grünen Jahreszeit,
Wenn Heckenrosen und Holunder blühen.
– Daß Amseln flöten und daß Immen summen,
Daß Mücken stechen und daß Brummer brummen.
Daß rote Luftballons ins Blaue steigen.
Daß Spatzen schwatzen. Und daß Fische schweigen.

Ich freu mich, daß der Mond am Himmel steht
Und daß die Sonne täglich neu aufgeht.
Daß Herbst dem Sommer folgt und Lenz dem Winter,
Gefällt mir wohl. Da steckt ein Sinn dahinter,
Wenn auch die Neunmalklugen ihn nicht sehn.
Man kann nicht alles mit dem Kopf verstehn!
Ich freue mich. Das ist des Lebens Sinn.
Ich freu mich vor allem, daß ich bin.

In mir ist alles aufgeräumt und heiter:
Die Diele blitzt. Das Feuer ist geschürt.
An solchem Tag erklettert man die Leiter,
Die von der Erde in den Himmel führt.
Da kann der Mensch, wie es ihm vorgeschrieben,
– Weil er sich selber liebt – den Nächsten lieben.
Ich freue mich, daß ich mich an das Schöne
Und an das Wunder niemals ganz gewöhne.
Daß alles so erstaunlich bleibt, und neu!
Ich freu mich, daß ich ... Daß ich mich freu.

Mascha Kaléko R

Sich auf den Stufen des Lebens bewegen

In diesem Kapitel habt Ihr die Dichterin Mascha Kaléko mit ihren Träumen und ihrer Sehnsucht näher kennengelernt. Ihr habt erfahren, wie sie als junges Mädchen dafür kämpfte, ihre Begabung zu entfalten. Sie fand die Liebe ihres Lebens und wurde kurz darauf aus ihrer Heimat vertrieben, die sie nie mehr zurückbekam. An ihrem Leben habt ihr gelernt, was es für einen Menschen bedeutet, sich für immer heimatlos zu fühlen. In ihren Gedichten konntet ihr nacherleben, was es bedeutet, Heimweh und Trauer zu empfinden, aber auch das Glück, die Liebe und die Freude am Leben. Gedichte stehen für alle Stufen ihres Lebens.

Manchmal benutzen wir das Bild einer Leiter, wenn wir vom Leben erzählen wollen. Es gibt immer ein »Auf und Ab«. Wir bewegen uns auf dieser Leiter, aber wir bauen sie nicht selbst. Es gibt Überraschungen und Ungewissheiten. Wer den nächsten Schritt macht, geht auch ins Offene und Ungesicherte. Die Leiter kann von der Erde in den Himmel führen, aber auch auf den Boden zurück. Mit unserer Lebensleiter sind Lebensstufen verbunden. Wer sie betreten hat, weiß wie die Welt aus diesem Blickwinkel aussieht. Manchmal wünschen wir uns die Aussicht aus luftiger Höhe, manchmal die Sicherheit am festen Grund. Gibt es auch einen Durchblick durch die einzelnen Teile der Lebensleiter?

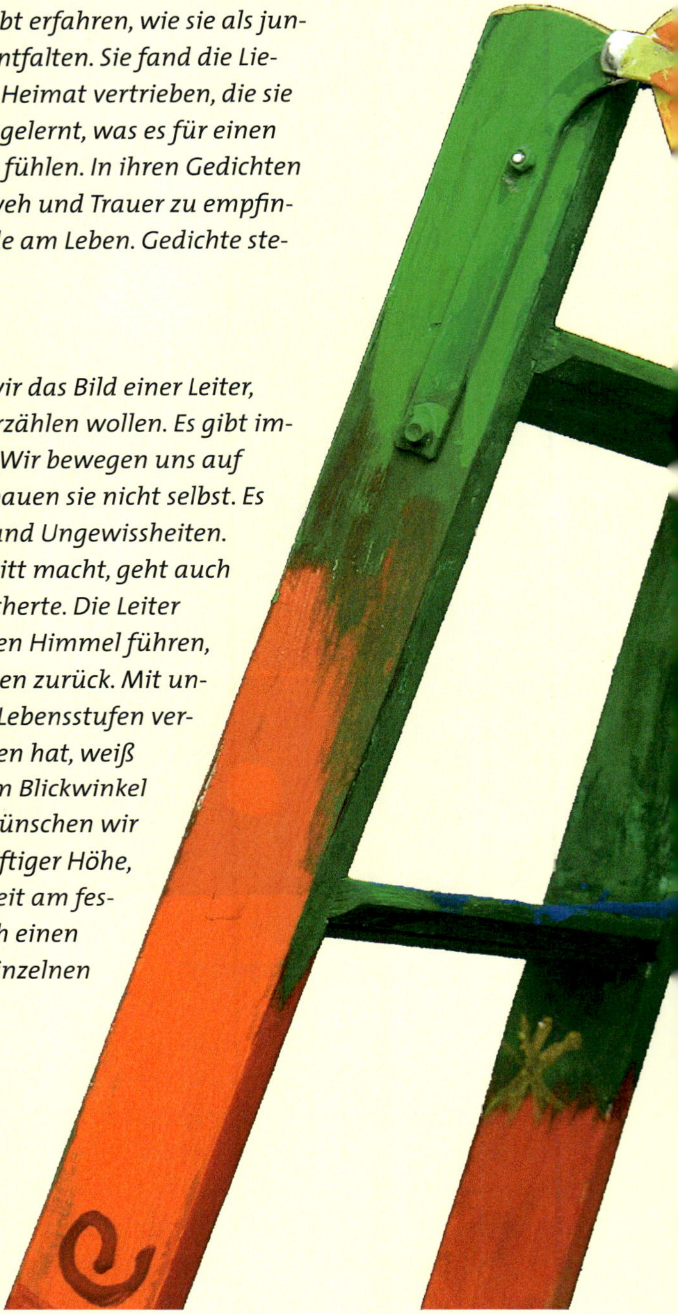

1. »Auf und Ab – Vom Leben erzählen.« Führt unter diesem Motto eine Lesung zu Mascha Kaléko durch. Verwendet dabei eine Leiter als Requisite. Gestaltet sie farbig nach euren Vorstellungen.
2. Erzählt aus Mascha Kalékos Leben. Bewegt euch dabei auf der Leiter – mal auf einer Stufe stehend, mal zwischen den Sprossen hindurchschauend, mal ganz oben sitzend. Die Leiter wird zur Bühne des Lebens. Tragt die zu den Lebensstufen passenden Gedichte vor.
3. Bezieht eure eigenen Gedichte, Wünsche und Träume in die Lesung ein.

Unbescheiden träumen

Glaubende Menschen haben manchmal die Kraft zu großen Träumen. Betende, Dichter und nicht selten Kabarettisten wagen es, über solche Träume zu sprechen. Hans Dieter Hüsch (1925–2005) war einer von ihnen. Obwohl er sich als »Kleinkünstler« verstand, erreichte er ein großes Publikum. Auf den Evangelischen Kirchentagen und bei liturgischen Festen hat er seine Träume zum Ausdruck gebracht, z. B. durch moderne Nachdichtungen von Psalmen.*

Ich stehe unter Gottes Schutz

Ich stehe unter Gottes Schutz
Er lässt mich nicht ins Leere laufen
Und macht aus mir keinen Kriegsknecht
Sondern so wie ich bin bin ich sein Mensch
Ich suche den Frieden und will mich nicht ausruhen
Auch nicht mit denen die noch unter Waffen stehen
Anzünden die Erde die nicht hohl ist
Sondern Gottes Herz.
[...]
Ich stehe unter Gottes Schutz
Ich weiß das seit geraumer Zeit
Er nahm die Gram und das Bittere aus meinem Wesen
Und machte mich fröhlich
Und ich will hingehen
Alle anzustecken mit Freude und Freundlichkeit
Auf dass die Erde Heimat wird für alle Welt:
Durch seinen Frieden
Und unseren Glauben
Shalom in Dorf und Stadt.

Hanns Dieter Hüsch nach Psalm 18

4. Unter http://twitter.com findet ihr eine Internetplattform, auf der ihr euch austauschen könnt. Twitter verlangt die Konzentration auf Wesentliches in Kurzbotschaften, die nicht mehr als 140 Zeichen verwenden.

5. Richtet einen Account für die Klasse und euch selbst ein. Diskutiert die Frage: Gottes Schutz – bloß ein schöner Traum oder eine Kraftquelle für Menschen?

6. Den Frieden suchen, Trauer und Freude teilen, mit Freude anstecken – diskutiert, ob und wie das möglich ist. Druckt die wichtigsten Aussagen aus.

4

1. Betrachtet die Bilder auf der Doppelseite. Wählt für beide Bilder einen Titel aus und begründet eure Wahl.
2. Lest das Gedicht von Erich Fried. Welche Erfahrungen beschreibt er in seinem Gedicht? Tauscht euch darüber in einem Schreibgespräch aus.

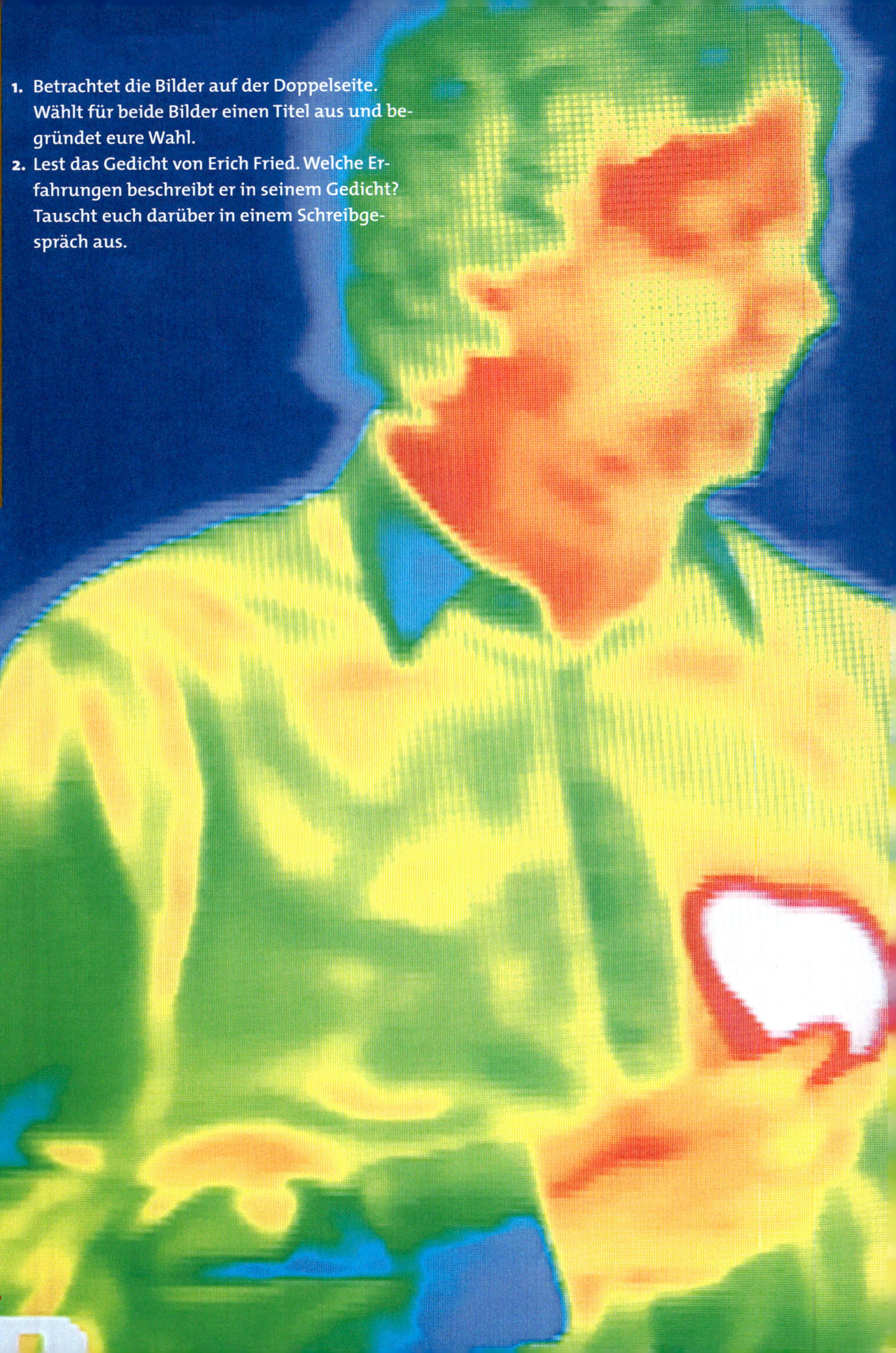

Und Gott schuf sie als Mann und Frau

Was es ist

Es ist Unsinn
sagt die Vernunft
Es ist was es ist
sagt die Liebe

Es ist Unglück
sagt die Berechnung
Es ist nichts als Schmerz
sagt die Angst
Es ist aussichtslos
sagt die Einsicht
Es ist was es ist
sagt die Liebe

Es ist lächerlich
sagt der Stolz
Es ist leichtsinnig
sagt die Vorsicht
Es ist unmöglich
sagt die Erfahrung
Es ist was es ist
sagt die Liebe

Erich Fried

»Lass mich dein Labello sein« – Fundgrube zur Liebe

Sofortlieferungen nur in Notsituationen
Verwirrte Gedanken,
zitternde Hände,
schlaflose Nächte,
weiche Knie
und aufgepeitschte Gefühle.
So gebe ich den Antrag auf sofortige Belieferung
bei dir auf.
Auf meinem Bestellschein steht:
1 kg Liebe
+ 0,5 kg Glück
+ 0,9 kg Harmonie
+ 1 kg Verständnis
+ 1 kg Zärtlichkeit
+ 1 kg Vertrauen
+ eine extra Portion gemeinsamer Träume
Bitte, beliefere mich bald!!!
I. P.

'nen Kerl wie den,
den müsst ihr seh'n:
grüne Augen,
rote Socken,
freches Lachen,
braune Locken
und mit Witz,
'nen herzlich frischen.
Den lass ich
doch nicht entwischen!
S. L.

Tief in meinem Herzen
brennt ein Feuer.
Es wird auflodern,
wenn du da bist.
Es wird warm glühen,
wenn ich an dich denke.
Es wird tiefe Wunden brennen,
wenn du mich verletzt.
Was wird sein, wenn es erlischt?
N.

Spruch
Willst du mich retten so
Reihe meine tränen auf
Einen seidenfaden und
Schenk sie dem wind.
Sag ihm,
Sie seien zum spielen.
H.K.

Träume nicht dein Leben,
sondern lebe deinen Traum.
Nimm's leicht, nimm mich.

Morgens kann ich nichts essen,
weil ich dich liebe.
Mittags kann ich nichts essen,
weil ich dich liebe.
Abends kann ich nichts essen,
weil ich dich liebe.
Nachts kann ich nicht schlafen,
weil ich Hunger habe.

Liebe ist ...
warmer Regen auf meiner Haut
gemeinsam bis zum Mond fliegen
etwas, das jedem Menschen zusteht
die beste Medizin, die es gibt
wie die Urkraft des Meeres
ein Dieb, der alle anderen Gedanken raubt
barfuß im Sand gehen

Riech ich dein Aroma,
fall ich gleich ins Koma.

Ich mag dich, denn du bist ...
... der Stern in meiner Nudelsuppe
... das große Los in meinem Leben
... das Aroma in meinem Lieblingseis

Wenn du die Träne
in meinem Auge wärst,
würde ich nie weinen,
um dich nicht zu verlieren.

Ich hab dich so lieb,
ich würde dir ohne Bedenken
eine Speiche aus meinem Rennrad
schenken.

1. Welches Gedicht oder welchen Spruch aus der »Fundgrube« würdet ihr gern einmal jemandem sagen oder schreiben?
2. Welches Gedicht oder welchen Spruch würdet ihr selbst gern erhalten?
3. Versucht eigene Gedichte/Sprüche über das Thema »Liebe« zu schreiben oder sucht andere Texte zu diesem Thema und stellt sie einander vor.

Von der Schwierigkeit zu lieben

Das Buch »... zu spüren, dass es mich gibt« ist das Ergebnis des Projekts »Schüler schreiben«. Darin haben Schülerinnen und Schüler beschrieben, was sie bewegt. Im folgenden Text versucht der Schüler Andreas die Selbsttötung seines Freundes Klaus zu verarbeiten. Er berichtet davon, wie Klaus nach Liebe sucht, sich zunächst in Anette und zwei Jahre später in Claudia verliebt.

Klaus' Story

[...] Klaus lebt nicht mehr; vor wenigen Monaten beging er Selbstmord [...]. Viele Menschen nahmen seit seinem Tod für sich den Ruhm in Anspruch, Klaus in den Selbstmord getrieben zu haben, aber ich glaube, dass es keine einzelne Person gibt, die schuld an seinem Tod ist [...], sondern dass wir alle, die wir uns als zivilisiert bezeichnen [...] schuld sind, weil wir verlernt haben, zu lieben und diese Liebe weiterzugeben, weil wir da kalt sind, wo wir Wärme geben müssten.

Klaus war einer der wenigen Menschen, die noch Liebe leben können, und vielleicht traf ihn deshalb die Kälte seiner Umwelt besonders hart. Aber ich möchte die ganze Geschichte erzählen.

1. Kapitel

Klaus Depaillier war 17 Jahre alt, als sie ihn mit einer Überdosis Schlaftabletten fanden. Obwohl er sofort mit dem Notarztwagen in die nächste Klinik gebracht wurde, war es zu spät. Klaus starb 20 Minuten nach der Aufnahme in die Intensivstation [...].

Wenige Tage später fanden Passanten in einem Loch der Mauer links vom Eingang der ehemaligen Kirche drei Briefumschläge, auf denen »Familie Depaillier«, »Claudia« und mein Name standen. Es waren Klaus' Abschiedsbriefe. Meinen habe ich heute noch:

Du, Ole, ich bin zum dritten Mal abgestürzt, und alle haben geschossen, sogar Claudia, obwohl ich sie so lieb hatte. Bitte, macht ihr keine Vorwürfe, sie ist nicht allein schuld.

Schalom, dein Klaus!

Schalom – Friede sei mit dir! Das traf mich damals am meisten.

2. Kapitel

Diese alte Kirchenruine musste es ihm angetan haben. Hier saß er oft und schrieb seine Gedanken und Träume auf. Ja, Klaus schrieb Gedichte, und ich verstehe nicht, warum er sie nie an einen Verlag schickte, denn seine Stücke waren gut, besser als so manches, was ich bis dahin gelesen hatte.

An eines seiner Stücke erinnere ich mich noch besonders gut, wohl, weil es mich persönlich sehr traf, aber sicher auch, weil Klaus sich in seinem Abschiedsbrief an mich darauf bezog, als er vom Absturz sprach:

Ihr dachtet,
ihr könntet mir
die Flügel stutzen,
verhindern, dass ich fliege.
Ich stieg auf
und stürzte
mit eurer Hilfe
wieder ab.
Wieder stieg ich auf,
und wieder stürzte ich ab.
Ihr tatet alles,
um mir das Fliegen
unmöglich zu machen,
arbeitetet
mit Verrat und Lüge.
Doch ich ließ mich nicht abhalten:
Ich stieg auf
und blieb oben.
Denn ihr wisst,
dass der nächste Absturz
tödlich sein wird.
Deshalb:
Lasst mich fliegen!

Klaus ist abgestürzt und mit ihm wohl eines der letzten Fragmente der menschlichen Liebe, die Nächstenliebe.

4. Kapitel

Ich weiß nicht genau, was in der Zeit zwischen unserem Gespräch auf der Schlossmauer und Klaus‘ Selbstmord passierte, aber ich kann es aus Klaus‘ Sicht wiedergeben, durch Passagen aus seinem Tagebuch, das ich an seinem Todestag bekam.

20. 05. Ich habe Anette heute gesagt, dass ich in sie verliebt bin. Sie hat zunächst gar nichts gesagt, kam dann aber heute Nachmittag vorbei und brachte mir einen Briefumschlag, in dem ein Text stand, der mir sehr zu denken gibt.

‚Könnte ich alle Sprachen der Menschen oder sogar der Engel sprechen, hätte aber keine Liebe, wäre ich wie eine laute Glocke oder eine lärmende Schelle. Alles, was ich könnte, wäre nichts, wenn ich keine Liebe hätte. Die Liebe ist geduldig und freundlich, sie regt sich nicht auf und spielt nicht mit Menschen, sie gibt nicht an.

Die Liebe stellt sich nicht wegen Kleinigkeiten an, versucht nicht, zu bekommen, was sie will, sie lässt sich nicht ärgern, sie übersieht das Böse, was man ihr antut. Die Liebe freut sich nicht, wenn der andere etwas falsch macht, sie freut sich aber, wenn er das Richtige tut.

Die Liebe erträgt alles, glaubt alles, hofft alles und duldet alles. Die Liebe hört niemals auf.‘ […] Ich bin nachdenklich geworden. Ich will versuchen, dass ich diese Liebe, die kein Gefühl, sondern ein Lebensstil ist, lebe, obwohl ich glaube, dass ich das letztendlich nicht schaffen kann!

Ich glaube, dass diese Eintragung am besten wiedergibt, warum Klaus so lebte, wie er lebte, und gleichzeitig wird klar, dass Klaus so lebte, wie er lebte.

3. Kapitel

[…] Irgendwann fiel mir auf, dass Klaus sich verändert hatte. Jedes Mal, wenn die Rede auf Claudia kam, fingen seine Augen an zu leuchten. ›Tja, mon dear ami!‹, lachte ich, ›du bist verliebt, und zwar mindestens bis zu den Schuppen!‹ Er lachte zunächst mit, dann wurde er plötzlich ernst: ›Verliebt? Ich weiß nicht. Ich habe Claudia echt gerne, aber ob das Verliebtsein ist? Und außerdem, ich hab doch eh keine Chance!‹ Ich sah ihn an. Meinte er das ernst? Und dabei übersah ich, dass Klaus regelrecht abhängig war von Claudia, dass es bei ihm […] eine verzehrende Liebe war, die nur das Entweder-Oder kennt und keinen Zwischenweg offenlässt.

... und hätte die Liebe nicht

Zwei Jahre später. 7. Juli

Heute habe ich endlich den Mut gefasst, Claudia einen Brief zu schreiben, in dem ich ihr sage, dass ich in sie verliebt bin und dass ich sie brauche. Ich hoffe, dass sie antwortet, auch wenn ich Angst habe, dass sie mich nicht liebt! Ich bin dieses Herumgetapse in der Finsternis endgültig leid, und ich halte es für besser, dass ich endlich Klarheit habe, auch wenn es wehtun sollte!

Nun, Klaus wartete fast eine Woche, bis er eine Antwort bekam. [...] Klaus saß wie auf glühenden Kohlen. Offenbar war er völlig fertig, als dann doch noch ein Brief von Claudia kam. Klaus schrieb an diesem Abend:

16.07. Mensch, ich bin total aufgedreht. Claudia hat mir geschrieben! Sie liebt mich! Ich kann es noch gar nicht richtig fassen! Mir ist, als stände ich unter Dope! Jetzt ist mir alles egal, Claudia liebt mich!!!!!

Am nächsten Tag war Klaus dann mit Claudia zusammen. Bis zum Abend saßen sie auf seiner Bude zusammen, unterhielten sich, erzählten voneinander. Die ganze nächste Zeit sah man keinen der beiden ohne den anderen. Arm in Arm gingen sie durch den Ort, saßen sie in der Jugendgruppe oder im Schlosspark auf der Wiese.

In sein Tagebuch schrieb er: *...Ich wüsste nicht, was ich ohne Claudia auf dieser Welt noch tun sollte. Die Erde wäre leer und sinnlos, wenn es sie nicht gäbe!*

Klaus genügte es, mit ihr zusammen zu sein; über die üblichen Küsse ging er nicht hinaus, weil Claudia für ihn mehr war als ein Sexobjekt. Claudia half ihm hoch, wenn er traurig war, tröstete ihn, wenn er zu Hause wieder Ärger hatte, und sie hörte ihm zu.

Dann kam der 4. September. An diesem Tag kam es zum großen Knall. Klaus schrieb in sein Tagebuch:

Es ist aus. Claudia hat mir heute einen Brief geschrieben, in dem sie mir sagt, dass die Zeit mit mir sehr schön war; dass sie aber mehr als nur Händchenhalten und Küssen wollte. Sie hat sich in einen Arzt vom Krankenhaus verliebt. Ich weiß nicht, wie es weitergehen soll, es ist, als sei ein Teil von mir gestorben. Es tut so weh, dass ich den ganzen Abend hier sitze und am Heulen bin. Sie schreibt, ich solle sie vergessen, aber wie kann ich das? Aber es geht weiter, es muss weitergehen. Ich fühle mich so leer!

Es ging nicht weiter. Klaus fehlte an den nächsten Tagen, ohne dass seine Mutter es wusste. Als sie ihn zur Rede stellte, lief er aus dem Haus. In sein Tagebuch schreibt er:

Da ist kein Sinn mehr. Dies ist meine letzte Eintragung. Ohne Claudia halte ich diesen Scheiß hier nicht mehr aus.

Klaus Depaillier

Das Leben nach Klaus' Tod

Zu Klaus' Beerdigung kamen fast alle Jugendlichen aus dem Ort – selbst die, die immer mit ihm Streit suchten. Der Pfarrer hielt keine lange Ansprache – was soll die Kirche zum Selbstmord eines Jugendlichen schon sagen, wo es doch Gottes Sache wäre, das gerechte Urteil zu sprechen? An die Einzelheiten erinnere ich mich nicht mehr, ich weiß nur noch, dass fast alle weinten – auch Claudia.

Was weiter geschah? Oft sitzen wir, Silke und ich, zusammen, schweigen einfach nur oder denken gemeinsam an die Zeit zurück, als wir fünf uns bei Klaus trafen. Hin und wieder nehme ich auch Klaus' Gedichte hervor, die alle in seinem Tagebuch stehen, und dann unterhalten wir uns, was er wohl mit diesem oder jenem Text gemeint haben mag. Oft ist auch Thomas dabei. Die beiden (Silke und Thomas meine ich) haben sich ineinander verliebt, und sie passen gut zusammen, finde ich. Ich habe ihnen den Text gegeben, den Anette einst Klaus schenkte.

Und Claudia? Sie ist bald nach Klaus' Tod weggezogen. Die Sache mit dem Arzt war schnell vorbei.

Kürzlich traf ich sie noch mal, sie sah sehr traurig aus. Wir saßen zusammen auf ihrem Zimmer, und dann zeigte sie mir den Brief, den Klaus ihr geschrieben hatte, bevor er starb:

Wenn für dich Liebe nur ein Wort ist, um mit mir zu spielen, dann lass es lieber sein und bring mich direkt um. Denn so ein schneller Tod ist besser, als wenn ich bei deinem Spiel langsam und qualvoll verrecke.

Für wen Liebe nur ein Wort ist, um mit Menschen zu spielen, der muss sich nicht wundern, wenn er aufwacht und feststellt, dass niemand mehr ihn liebt. Ich wünsche euch beiden viel Glück. Mach dir bitte keine Vorwürfe, ich bring mich nicht wegen dir um, sondern weil ich keinen anderen Weg mehr sehe. Überleg mal über diesen Text und über 1. Korinther 13 (Bibel), da steht viel über Liebe!
Klaus

Sie hielt mir eine aufgeschlagene Bibel hin. Ich las: »Könnte ich alle Sprachen der Menschen oder sogar der Engel sprechen ...«

1. Versucht euch in Klaus, Anette und Claudia hineinzuversetzen. Wie handeln sie? Welche Einstellung haben sie zu Liebe und Partnerschaft? Wie beurteilt ihr Verhalten und Einstellungen der Beteiligten?
2. Lest 1 Kor 13. Der Text wird häufig von Paaren als Predigttext zur Hochzeit gewünscht. Was können die Aussagen konkret bedeuten: Die Liebe ist geduldig ... sie erträgt alles, glaubt alles, hofft alles, duldet alles?
3. Andreas beendet seine Aufzeichnungen mit dem Blick in die aufgeschlagene Bibel. Welche Impulse ergeben sich aus dem Bibeltext für ein erfülltes Leben, für einen »Lebensstil«, wie Klaus es genannt hat?

»... und schuf sie als Mann und Frau«

Im ersten Buch der Bibel, Genesis, wird nicht nur von der Schöpfung der Welt erzählt, sondern auch die Schöpfung von Mann und Frau beschrieben. Dabei gibt es zwei Schöpfungsmythen. Der zweite Mythos (Gen 2,4b–25) verwendet den Gottesnamen jhwh. Um Gottes Namen nicht zu missbrauchen, liest man im hebräischen »Adonaj«, was in der deutschen Übersetzung mit »der Herr« wiedergegeben wird.
Der hebräische Text des Alten (ersten) Testaments wurde bereits häufig übersetzt. Die folgende Übersetzung stammt aus der 2006 veröffentlichten »Bibel in gerechter Sprache«.

26 Da sprach Gott: »Wir wollen Menschen
machen – als unser Bild, etwa in unserer Gestalt.
Sie sollen niederzwingen die Fische des Meeres,
die Flugtiere des Himmels, das Vieh, die ganze
Erde, alle Kriechtiere, die auf dem Boden krie-
chen.« 27 Da schuf Gott Adam, die Menschen, als
göttliches Bild, als Bild Gottes wurden sie
geschaffen, männlich und weiblich hat er, hat
sie, hat Gott sie geschaffen.
nach Genesis 1,26–27

4 Am Tage, als Adonaj, das ist der Name Gottes,
Erde und Himmel machte, – 5 noch gab es die
Sträucher des Feldes nicht auf der Erde und das
Grün der Felder war noch nicht aufgesprossen,
denn Adonaj, also Gott, hatte es noch nicht
regnen lassen auf die Erde, und es gab auch
noch keine Menschen, um den Acker zu bearbei-
ten, 6 nur ein Quell stieg aus der Erde auf und
tränkte die ganze Fläche des Ackers, – 7 da
bildete Adonaj, also Gott, Adam, das Menschen-
wesen, aus Erde vom Acker und blies in seine
Nase Lebensatem. Da wurde der Mensch atmen-
des Leben. 8 Nun legte Adonaj, also Gott, einen
Garten in Eden an, das ist im Osten, und setzte
das gerade geformte Menschenwesen dort
hinein. [...]
18 Dann sagte Adonaj, also Gott: »Es ist nicht
gut, dass der Mensch allein ist. Ich will für ihn
eine Hilfe machen, so etwas wie ein Gegen-
über.« 19 Da bildete Adonaj, also Gott, aus
Ackererde alle Tiere des Feldes und alle Vögel des
Himmels und brachte sie zum Menschen, um zu
beobachten, wie er sie nennen würde. Ganz so
wie der Mensch – das atmende Leben – sie
nennen würde, so sollte ihr Name sein. 20 Da
gab der Mensch allem Vieh, den Vögeln des
Himmels und allen Tieren des Feldes Namen.
Aber für das Menschenwesen fand sich keine
Hilfe, die so etwas wie ein Gegenüber wäre.
21 Da ließ Adonaj, also Gott, einen Tiefschlaf auf
das Menschenwesen fallen, dass es einschlief,
nahm eine von seinen Seiten und verschloss die
Stelle mit Fleisch. 22 Dann formte Adonaj, also
Gott, die Seite, die sie dem Menschenwesen
entnommen hatte, zu einer Frau um und
brachte sie zu Adam, dem Rest des Menschen-
wesens. 23 Da sagte der Mensch als Mann:
»Dieses Mal ist es Knochen von meinen Kno-
chen, und Fleisch von meinem Fleisch! Die soll
Ischscha, Frau, genannt werden, denn vom Isch,
vom Mann, wurde sie genommen!« 24 Deshalb
wird ein Mann seinen Vater und seine Mutter
verlassen und sich mit seiner Frau verbinden.
Sie werden ein Fleisch sein. 25 Und obwohl die
beiden nichts anhatten, der Mensch als Mann
und seine Frau, schämten sie sich nicht.
Nach Genesis 2,4b–25 (Auszug)

Edvard Munch, 1897

Schlüsselwissen Mythos
Der Begriff »Mythos« wird häufig im Zusammenhang mit herausragenden Künstlern, Popsängerinnen, Sportlern, Schauspielerinnen usw. verwendet, die als etwas Besonderes gelten. Ähnlich wie von Idolen, Ikonen*, Megastars spricht man auch von Figurenmythen (z. B. Mythos Napoleon, Mythos Kurt Cobain, Mythos Michael Jackson). Mythen entstehen zumeist nach dem Tod der Personen, der häufig unter ungewöhnlichen Umständen eintrat.
Ursprünglich ist der »Mythos« eine Erzählung, die das Verhältnis der Menschen untereinander, zu Gott oder zu Göttern und Dämonen thematisiert. Meist vereinigen sie in sich etwas Widersprüchliches, z. B. Traum und Realität, Lachen und Weinen, Erfolg und Scheitern.

Der Mythos von den Kugelmenschen

Im Werk »Symposion« (Gastmahl) des Philosophen Platon berichtet dieser von einem festlichen Gelage, bei dem einige berühmte Dichter Athens über »Eros«, also den Liebesgott und das Liebesverlangen, reden. Der Dichter Aristophanes erzählt hierbei den Mythos der Kugelmenschen.

Der Zustand, in dem sich die Menschen jetzt befinden, ist nicht ihr ursprünglicher. Früher gab es drei Geschlechter: Doppelmann, Doppelfrau und Mannfrau. Diese Wesen sahen aus wie Kugeln mit vier Armen und zwei Gesichtern. Sie waren viel schneller und stärker als gegenwärtige Menschen. Ihre Kraft machte die Kugelwesen aber sehr übermütig und sie wurden selbst den Göttern gefährlich.

Dies wollte der Göttervater Zeus nicht länger ansehen und teilte die Kugelwesen kurzerhand. Er ließ vom Gott Apoll die Haut über den Schnittstellen zusammenziehen und die Wunden heilen. Seit dieser Zeit erfüllt die getrennten Hälften Sehnsucht nacheinander. Wenn sich nun zwei ursprünglich zusammengehörende Hälften wieder treffen, werden sie von einer unglaublichen Freundschaft, Vertraulichkeit und Liebe ergriffen und können keinen Augenblick mehr voneinander lassen.

Nach Platon

1. Lest die Übersetzung der Textauszüge aus der »Bibel in gerechter Sprache« und vergleicht sie mit der Bibel nach der Übersetzung Martin Luthers. Auf welche Aspekte legen die Autorinnen und Autoren der neuen Übersetzung besonderen Wert?
2. Welche Aussagen machen die Mythen der Bibel und Platons über die Beziehung von Mann und Frau? Welche Folgerungen erwachsen daraus für ein gemeinsames Leben?

»Wahre Liebe wartet«!?

Die in den 1990er Jahren in Amerika gestartete Aktion »True Love Waits« vertritt die sexuelle Enthaltsamkeit vor der Ehe. Sie wurde von evangelikalen Protestanten gegründet. In Deutschland wird die Aktion WLW anders als in den USA von den »Christen für die Wahrheit« durchgeführt. Diese Organisation ist eng mit der wegen sektenähnlicher Praktiken umstrittenen Gemeinschaft »Kwasizabantu« verbunden. In dem Artikel äußern sich Vertreter der Enthaltsamkeit vor der Ehe.*

Auf den ersten Blick unterscheidet sich Elise nicht groß von anderen Frauen Anfang 20. Nur eine Kleinigkeit ist anders. Während deutsche Jugendliche ihr erstes Mal durchschnittlich mit 16,4 Jahren erleben, wartet Elise [...] auf den richtigen Mann. Erst wenn sie ihn gefunden und geheiratet hat, wird sie das erste Mal Sex haben. »Ich möchte mich nicht einer Person hingeben, bei der ich nicht die Sicherheit habe, dass sie mich liebt und mit mir ihr ganzes Leben verbringen möchte«, sagt sie überzeugt.

Wie Elise denken laut einer aktuellen Studie des Kondomherstellers Durex rund ein Prozent aller Deutschen. Doch bei Michael Müller, dem Initiator der Organisation »Wahre Liebe Wartet«, melden sich immer mehr junge Menschen. Seinen Schätzungen zufolge bekennen sich rund 20 000 Jugendliche in Deutschland zur Enthaltsamkeit vor der Ehe.

Mit der Unterschrift auf einer Gelöbniskarte von »Wahre Liebe Wartet« besiegelt man den Wunsch zu warten und schwört: »Durch die Gnade Gottes verpflichte ich mich ab heute vor Gott, mir selbst, meiner Familie, meinen Freunden und meinem zukünftigen Ehepartner, bis zum Tag meiner Heirat sexuell rein zu bleiben.«

Auch der 28-jährige Tobias Brückner hat sich entschieden zu warten. »In erster Linie hat das mit meinem Glauben zu tun. Die Bibel bildet für mich die Grundlage, wie ich mein Leben leben möchte.«

Auch Elise hat sich aus religiösen Gründen für das Warten entschieden. »Natürlich ist es schwierig, sich zu gedulden. [...] Aber wenn der Bund noch nicht von Gott abgesegnet ist, muss man sich disziplinieren.« Wer sich aufspart, so hoffen diejenigen, die warten, hat später eine festere und stabilere Ehe. Denn beide Partner haben ihre eigenen Bedürfnisse zurückgestellt und teilen ihre Sexualität nur miteinander. »Je öfter man Sex hatte, desto schneller vermisst man es und wird begierig danach. Dann wird man egoistisch und denkt an die eigenen körperlichen Bedürfnisse und nicht an den Partner«, befürchtet Elise.

Sex als heiliges Geschenk für den zukünftigen Ehemann? Für viele unvorstellbar. Michael Müller sieht darin aber eine Gefahr. »Der Umgang mit Sexualität ist sehr prägend, dass kann man nicht wieder ausschalten. Ein Teil des Herzens geht für immer verloren.«

Allerdings propagieren »Wahre Liebe Wartet« und die US-amerikanische Mutterorganisation »True Love Waits« sexuelle Abstinenz auch als sichersten Schutz vor AIDS. Ihre Ansicht [...] ist höchst umstritten. Denn wer nichts über Verhütung weiß, kann sich auch nicht vor HIV, anderen Geschlechtskrankheiten und ungewollten Schwangerschaften schützen.

Caroline Rollinger

Die Evangelische Kirche in Deutschland (EKD) gibt regelmäßig Denkschriften zu unterschiedlichen gesellschaftlichen Themen heraus. Im folgenden Text geht es um die Sexualität:

Der Mensch lebt nur als Mann oder als Frau; er ist also durch seine Sexualität bestimmt. Das geschlechtliche Gegenüber und die Begegnung von Männern und Frauen haben ihren Sinn in sich selbst. Deshalb dient die Sexualität nicht in erster Linie der Fortpflanzung. Mann und Frau sind aneinander gewiesen, um ihre Beziehung zu gestalten. […]

Eine die ganze Person umfassende Partnerschaft, in der Mann und Frau sich in freier Zuwendung schenken, ist eine Form des sexuellen Lebens, die durch die auf Dauer zielende Liebe geleitet wird und intime körperliche Beziehungen einschließt.[…]

Alle Beziehungen zwischen Mann und Frau sind von Geburt an auch sexueller Art. Nach Eintritt der körperlichen Geschlechtsreife gewinnen sie eine neue Qualität, die auf Partnerschaft zielt.

Für eine volle, dauerhafte partnerschaftliche Beziehung aber reicht die körperliche Geschlechtsreife allein nicht aus. Partnerschaftsfähigkeit ist abhängig von der Bereitschaft zur personalen und sozialen Verantwortung füreinander und für sich selbst. Diese wird erst allmählich entwickelt.

Fehlt hierzu die Bereitschaft, so wird die Partnerschaft verfehlt. […]

Es kommt für die jungen Menschen darauf an, […] dass sie weder durch Selbstbefriedigung noch durch das Ausprobieren des Geschlechtsverkehrs ihr eigentliches Ziel, zum anderen Geschlecht in eine tragfähige Beziehung zu treten, erreichen. […]

Gegenwärtig werden geschlechtliche Beziehungen vor der Ehe – wenn auch unter bestimmten Vorbehalten – in der Gesellschaft gebilligt. […] In der christlichen Ethik herrscht die einhellige Überzeugung, dass volle geschlechtliche Partnerschaft ihren Ort in der Ehe hat. Doch wird auch die Notwendigkeit anerkannt, sexuelle Entwicklungsprozesse differenziert zu sehen. Daher wird Geschlechtsverkehr verlobter oder fest befreundeter Paare in einer ganzheitlich-personalen Beziehung, die mit der Absicht auf Dauer verbunden ist, grundsätzlich anders gesehen als das »Ausprobieren« mit wechselnden Partnern. […]

Wenn es zu Geschlechtsverkehr Unverheirateter kommt, besteht ebenso wie in der Ehe die Verantwortung für eine mögliche Elternschaft. Wenn die Bereitschaft zur Übernahme der Verantwortung für ein Kind fehlt, ist die Anwendung empfängnisverhütender Mittel unvermeidlich. Keinesfalls aber sollte im Vertrauen auf die Sicherheit empfängnisverhütender Mittel der Geschlechtsverkehr von der partnerschaftlichen Verantwortung isoliert […] werden.

Evangelische Kirche Deutschland

Methode Einen Text in ein Interview umwandeln

Der Inhalt eines Textes kann durch eine Umwandlung in ein erdachtes Interview mit dem Verfasser deutlich herausgestellt werden.

- Lest euch den Text genau durch und gebt die Aussagen des Autors oder der Personen mit eigenen Worten wieder.
- Versetzt euch nun abwechselnd in die Rolle eines Reporters, der versucht, möglichst viele Informationen von seinem Interviewpartner zu erhalten, und dann wieder in die Rolle des/der Interviewten, der versucht seine Position deutlich zu machen. Dies klappt gut in Partnerarbeit.
- Wenn ihr mehrere Interviewte habt, könnt ihr diese auch miteinander ins Gespräch kommen lassen.

1. Verfasst ein (fiktives) Interview eines Reporters mit einem Vertreter von WLW und einem Mitglied der Evangelischen Kirche in Deutschland zur Frage, ob Jugendliche Sex vor der Ehe haben sollten. Nutze zur Argumentation die beiden Quellentexte.
2. Welcher Position und welchen Argumenten könnt ihr zustimmen? Was haltet ihr für schwierig? Begründet eure Positionen.

Homosexuelle Liebe und Homophobie

»Fußball ist alles – auch schwul«

04. Dezember 2009. In der Zweiten Bundesliga spielt Fortuna Düsseldorf gegen Arminia Bielefeld. Die Fortuna bekommt in der 80. Minute einen Foulelfmeter zugesprochen und siegt dadurch 3:2. Nach dem Abpfiff ist der Co-Trainer Bielefelds so wütend, dass er Schiedsrichter Schalk als »schwul« bezeichnet. Schalk reicht daraufhin Klage wegen einer »homophoben* und grob beleidigenden Äußerung« ein.

Obwohl der DFB sich gerade in den vergangenen Jahren für Toleranz und Respekt gegenüber Homosexuellen einsetzt, kommen solche Beleidigungen recht häufig vor. So sangen gegnerische Fans »Euer Torwart ist ein Homo«, als der Torwart Werder Bremens, Tim Wiese, vor einiger Zeit im rosa Trikot spielte. Der Verein riet ihm daraufhin eine andere Farbe zu wählen, um sich selbst zu schützen. Der dänische Erstligist FC Midtylland entließ seinen Torwart Arek Onyszko im Jahr 2009, nachdem dieser in seiner Biographie geschrieben hatte, dass er Schwule hasse.

Es wird seit langem darüber diskutiert, dass sich kein Spieler der Bundesliga zur Homosexualität bekennt. Dabei ist die Sorge vor Ausgrenzung aufgrund seiner sexuellen Orientierung wohl der Hauptgrund. Das Outing des britischen Fußballprofis Justin Fashanu, dem die Zeitschrift »The Sun« 80 000 Pfund dafür geboten hatte, seine Homosexualität öffentlich zu machen, ist ein abschreckendes Beispiel. Der Fußballer beging 1998 Selbstmord. Es wird vermutet, dass er dem öffentlichen Druck nicht mehr gewachsen war.

Dass ein anderer Umgang mit der Homosexualität möglich ist, zeigt das Beispiel des walisischen Rugby- und Rekordnationalspielers Gareth Thomas. Im Jahr 2006 offenbarte er seiner Mannschaft und dem Trainer, dass seine Ehe nur eine Tarnung gewesen sei und er sich von seiner Frau scheiden lasse. Seine Sorge ausgegrenzt zu werden erwies sich als unnötig, die Mannschaft stand zu ihm. Dennoch machte er seine sexuelle Orientierung erst im Dezember 2009, gegen Ende seiner Karriere, öffentlich.

In Deutschland gibt es inzwischen einige Fanclubs von homosexuellen Fußballfans. Die Erfahrung zeigt, dass es in den Stadien mit solchen Fanclubs zu deutlich weniger diskriminierenden Äußerungen gegen Homosexuelle kommt. Der DFB selbst startete eine Kampagne unter dem Titel »Fußball ist alles – auch schwul«, um gegen Diskriminierungen vorzugehen.

Kirchliche Stellungnahmen zur Homosexualität

Die Kirche sieht sich im Umgang mit der Homosexualität vor ein besonderes Problem gestellt. Denn im Alten und im Neuen Testament gibt es Verse, die Homosexualität verurteilen (Leviticus 18,22 und 20,13; Römer 1,26ff.; 1 Korinther 6,9–11). Vertreter einer wortgetreuen Auslegung sehen in der Homosexualität eine Krankheit und fordern Homosexuelle auf, sich therapieren zu lassen. Der folgende Text stammt von einer evangelischen Gemeinde, die der Meinung ist, dass biblische Texte in einem bestimmten zeitlichen und gesellschaftlichen Umfeld entstanden sind. Daher müssen bestimmte Aussagen der Bibel heute relativiert werden.

Als christliche Gemeinde sind wir ein Leib mit vielen Gliedern [vgl. 1 Korinther 12,12–31). Jeder Teil hat seine besonderen Charismen*, die sich in unterschiedlichen Begabungen und Lebensformen verwirklichen. Durch die Taufe gehören alle Christen und Christinnen ungeachtet ihrer sexuellen Orientierung zum Leib Christi. Deshalb verstehen wir, wenn homosexuelle Christen es als unerträglich empfinden, wenn homosexuelle Frauen und Männer in der Gesellschaft diskriminiert, von der Kirche ausgegrenzt oder totgeschwiegen werden. Als christliche Gemeinde tragen wir Mitverantwortung für die gesellschaftlichen Bedingungen, in denen Menschen miteinander leben. [...]

Zu diesem Zweck erklären wir:

1. Sexualität ist ein Teil der Schöpfung Gottes, die in unterschiedlichen Ausprägungen – Hetero-, Homo-, Bisexualität – existiert.

2. In ihrer jeweiligen Ausprägung kann Sexualität in unterschiedlicher Weise gestaltet werden. Sie ist weder ausschließlich auf Fortpflanzung ausgerichtet, noch hat sie ihren legitimen Ort allein in der Ehe.

3. Jeder Mensch, egal ob homo-, hetero- oder bisexuell, hat das Recht, seine Sexualität in verantwortlicher Partnerschaft zu leben.

4. Schwule und Lesben heißen wir als Mitglieder und ohne Einschränkung auch als Mitarbeiter und Mitarbeiterinnen ausdrücklich willkommen: Wir laden sie ein, sich aktiv am Leben unserer Gemeinde/Gruppe/Kirche zu beteiligen.

5. Wir setzen uns dafür ein, dass dieses Verständnis von Sexualität auch in unserer Gesamtkirche anerkannt wird.

1. Kennt ihr selbst Beispiele eines beleidigenden und ausgrenzenden Verhaltens gegenüber Homosexuellen? Denkt dabei auch an den Sprachgebrauch in eurer Klasse.
2. Ein Fanclub eines bekannten Bundesligavereins hat die Kirchengemeinde gebeten, für ihre Homepage eine Stellungnahme zum Thema Homosexualität und Sport aus kirchlicher Sicht zu verfassen. Schreibt eine Stellungnahme und entwerft auch ein Poster, indem ihr gegen Homophobie* im Fußball Stellung bezieht.

Erklären, was Liebe bewirkt

In diesem Kapitel hast du unterschiedliche Formen von Liebe und Partnerschaft und auch biblische Beschreibungen zur Liebe (am Beispiel des Korintherbriefs) und zur Beziehung der Geschlechter (am Beispiel der Schöpfungsgeschichte) kennengelernt. Dabei hast du auch die Frage, ob man Sex vor der Ehe haben sollte, durchdacht. Du hast ebenfalls versucht, das Gefühl der Liebe in lyrischen Texten darzustellen und gegen die Ausgrenzung Homosexueller Stellung zu nehmen.

Der kleine Prinz und die Rose

Der französische Flieger Antoine de Saint-Exupéry, der 1900 in Frankreich geboren wurde, erzählt in seinem Buch »Der kleine Prinz« von einem kleinen Jungen, der seinen Heimatplaneten verlässt und eine Reise zu einem fremden Planeten unternimmt, wo er einige wunderliche Gestalten trifft. Dabei lernt er auch, wie unterschiedlich die Wahrnehmung sein kann.

»Geh die Rosen wieder anschauen. Du wirst begreifen, dass die deine einzig ist in der Welt. Du wirst wiederkommen und mir Adieu sagen, und ich werde dir ein Geheimnis schenken.«
Der kleine Prinz ging, die Rosen wiederzusehn: »Ihr gleicht meiner Rose gar nicht, ihr seid noch nichts«, sagte er zu ihnen. »Niemand hat sich euch vertraut gemacht, und auch ihr habt euch niemandem vertraut gemacht. Ihr seid, wie mein Fuchs war. Der war nichts als ein Fuchs wie hunderttausend andere. Aber ich habe ihn zu meinem Freund gemacht, und jetzt ist er einzig in der Welt.«

Und die Rosen waren sehr beschämt.

»Ihr seid schön, aber ihr seid leer«, sagte er noch. »Man kann für euch nicht sterben. Gewiss, ein Irgendwer, der vorübergeht, könnte glauben, meine Rose ähnle euch. Aber in sich selbst ist sie wichtiger als ihr alle, da sie es ist, die ich begossen habe. Da sie es ist, die ich unter den Glassturz gestellt habe. Da sie es ist, die ich mit dem Wandschirm geschützt habe. Da sie es ist, deren Raupen ich getötet habe (außer den zwei oder drei um der Schmetterlinge willen). Da sie es ist, die ich klagen oder sich rühmen gehört habe oder auch manchmal schweigen. Da es meine Rose ist.«

Und er kam zum Fuchs zurück: »Adieu«, sagte er ...

»Adieu«, sagte der Fuchs. »Hier mein Geheimnis. Es ist ganz einfach: Man sieht nur mit dem Herzen gut. Das Wesentliche ist für die Augen unsichtbar.«

»Das Wesentliche ist für die Augen unsichtbar«, wiederholte der kleine Prinz, um es sich zu merken.

»Die Zeit, die du für deine Rose verloren hast, sie macht deine Rose so wichtig.«

»Die Zeit, die ich für meine Rose verloren habe ...«, sagte der kleine Prinz, um es sich zu merken.

»Die Menschen haben diese Wahrheit vergessen«, sagte der Fuchs. »Aber du darfst sie nicht vergessen. Du bist zeitlebens für das verantwortlich, was du dir vertraut gemacht hast. Du bist für deine Rose verantwortlich ...«

»Ich bin für meine Rose verantwortlich ...«, wiederholte der kleine Prinz, um es sich zu merken.

1. Erklärt, warum für den kleinen Prinzen seine Rose im Vergleich zu allen anderen Rosen etwas ganz Besonderes ist.
2. Der Fuchs sagt, dass die wesentlichen Dinge im Leben für das Auge unsichtbar seien. Wie meint er das?
3. Was könnt ihr nach euren Erkenntnissen in diesem Kapitel aus dem Textauszug vom kleinen Prinzen über Liebe und Partnerschaft für euch festhalten?

Liebe als Thema in der Popmusik untersuchen

Die Liebe ist in der Popmusik noch immer eines der am meisten behandelten Themen. Dabei werden ganz unterschiedliche Formen der Liebe dargestellt. Es ist auch interessant, wenn man nicht nur Musik und Texte, sondern nach Möglichkeit auch die Musikvideos betrachtet, die es z. B. auf www.viva.tv kostenlos zu sehen gibt. Ein Beispiel für die Thematisierung der Liebe findet ihr im Lied »Dienen« des Duos Ich+Ich, zu dem es auch einen Videoclip gibt.

4. Untersucht in einem Projekt unterschiedliche Vorstellungen und Beschreibungen der Liebe in der Popmusik. Achtet darauf, welche Veränderungen die Liebe bewirkt. Vergleicht eure Erkenntnisse mit den Ergebnissen, die ihr zum biblischen Text 1 Kor 13 gefunden habt.

METHODE: **Ein Musikvideo untersuchen**
Um die tiefere Bedeutung von Musikvideos zu ermitteln und ihre Wirkung zu verstehen, könnt ihr wie folgt vorgehen:
- Gebt nach einer ersten Betrachtung eure Eindrücke wieder und erklärt, was euch besonders beeindruckt hat oder ob ein bestimmtes Bild besonders einprägsam war.
- Überlegt, welche Form der Liebe (romantisch, freundschaftlich, traurig ...) dargestellt wurde.
- Betrachtet den Videoclip nun mehrfach und legt ein »Storyboard« → S. 97 an. Dieses unterteilt den Clip in Szenen (nach Orts- oder Zeitwechseln). Notiert euch auch Besonderheiten. Gibt es Übereinstimmungen oder Gegensätze zwischen Musik, Text und Video?
- Charakterisiert nun die Hauptfiguren des Clips. Klärt, welche Geschichte dargestellt wird und welche Konflikte im Mittelpunkt stehen.
- Werden besondere Farben, Symbole oder bekannte Geschichten aufgegriffen?
- Versucht eine Botschaft des Videos festzulegen. Welche Aussage/n wird/werden über die Liebe getroffen?

5

Lebenswelten

Nach einem Gericht Gottes über Jerusalem verkündet der Prophet Sacharia wieder Hoffnung für die geschlagene Stadt.
In Bildern spricht er davon, wie künftig ein Leben aussehen könnte, das Gott gefällt.

Die Plätze der Stadt sollen voll sein von Knaben und Mädchen, die dort spielen.
Sacharja 8,5

Informiert euch über »Die Arche e.V.«
Stellt einen Zusammenhang zwischen Kapitelüberschrift, Text und Bild her.

Gott und Gerechtigkeit

Vor einigen Jahren wurden für die Zeitschrift »Eltern« 1823 Kinder darüber interviewt, was sie Jesus fragen würden. Die drei wichtigsten Fragen lauteten:
1. Warum lässt du das Böse zu? (68,5 %)
2. Warum gibt es Arm und Reich? (53,4 %)
3. Tu was für Arbeitslose! (45,4 %)

Wieso? Weshalb? Warum?

Frank Mühring, Kindergottesdienstbeauftragter der Bremischen Evangelischen Kirche, versucht Antworten auf einige der Kinderfragen zu finden:

Liebe Kinder,
es überrascht mich nicht, dass bei euch die Frage nach dem Bösen ganz oben auf der Liste steht. Ihr wollt Jesus sagen: Du stehst doch auf der Seite des lieben Gottes! Warum passiert dann so viel Böses in unserer Stadt? »Warum musste mein Vater schon so früh sterben?«, fragte ein Schüler, zwölf Jahre. »Womit haben wir Menschen den Krieg verdient?«, wollte ein Mädchen, 13 Jahre, wissen. Der gute Jesus und das Böse – das passt in euren Augen nicht zusammen. Ihr wollt erfahren: Ist Gott etwa nicht lieb? Vielleicht würde Jesus euch heute antworten: Gott ist gut, echt gut! Aber seine Stärke ist anders als die Macht von Menschen. Wenn Menschen leiden, leidet er mit. Und ich auch. Wie Gott bin auch ich immer auf der Seite derer, denen Leid und Unrecht geschieht. Ich erinnere mich, wie ein Mädchen, zehn Jahre alt, einmal im Kindergottesdienst bei uns sagte: »Wir kriegen von Gott nicht auf jede Frage gleich eine Antwort. Aber in unserem Leben – später – antwortet Gott uns.« Eine bessere Antwort auf die Frage nach dem Übel habe ich seitdem nicht gefunden.

Jesus würde euch vielleicht antworten: In der Welt gibt es Arm und Reich. Fragt ihr warum, so liegt es daran, dass es zwei große Klassen gibt: Die einen haben mehr Essen als Appetit, die anderen mehr Appetit als Essen. Bei euch Christen soll es nicht so sein. Ihr sollt mit jedem Menschen so umgehen wie mit eurem besten Freund: also mit ihm teilen, was ihr besitzt.

Mit vielen Grüßen aus Bremen
euer Frank Mühring

Alejandro, zwölf Jahre, Steinbrucharbeiter

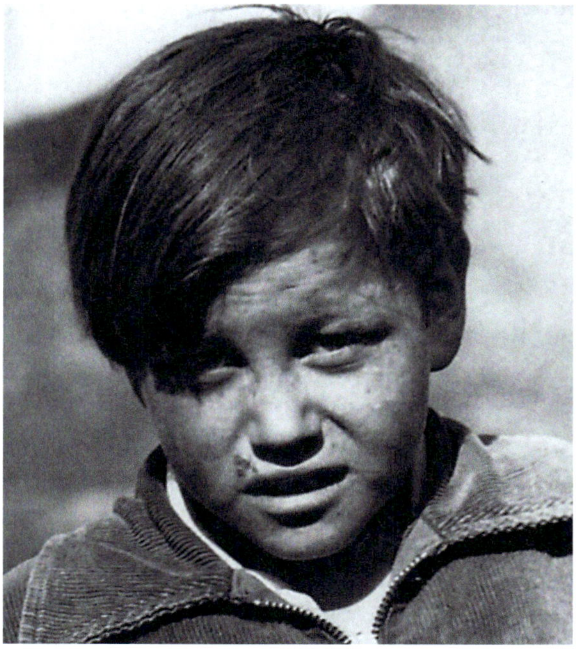

Alejandro zupft sich seine Jacke zurecht und macht ein ernstes Gesicht.

»Ich frage dich, wie du heißt und wie alt du bist?« »Ich heiße Alejandro und bin zwölf Jahre alt.« »Was arbeitest du?«»Ich arbeite im Steinbruch, und manchmal säge ich auch Feuerholz klein zum Verkaufen.« »Das ist Schwerstarbeit.«

[...] »Wann fängst du mit deiner Arbeit an?« »Wir fangen hier alle zwischen sechs und sieben Uhr morgens an und schaffen bis fünf Uhr nachmittags.« [...] »Wie sieht denn ein ganz normaler Tag bei dir aus?« »Ich stehe um fünf Uhr auf, meine Mutter bereitet das Frühstück, so um sechs herum frühstücke ich, und dann gehe ich an die Arbeit.« »Was bekommst du zum Frühstück?« »Manchmal warmes Essen mit einem Ei oder Kakao mit Brot oder schwarzen Kaffee.« »Und dann?« »Dann ziehe ich meine Klamotten an und gehe aus dem Haus an die Arbeit.« »Wie viele Kinder arbeiten so?« »Fast alle hier oben.« »Was denkst du über deine Arbeit?« »Ach, manchmal sind die Steine verdammt hart, und manchmal wieder geht's ganz gut von der Hand.«

»Was gefällt dir besser, Schule oder Arbeit?« »Es ist schon besser, in die Schule zu gehen, weil man viel lernt, was man später gut brauchen kann. Das muss man nutzen! Also, ich würde gerne zur Schule gehen und etwas lernen, um weiterzukommen.«

»Welchen Beruf würdest du dann gern erlernen?« Alejandro schweigt verlegen. Seine Augen sehen hinunter auf die Stadt und schweifen über die grüne Hochebene von Bogotá. Im Westen der Savanne steigt ein Jumbojet vom Flughafen El Dorado steil in den Himmel, fliegt auf die Bergkette zu und stößt in einer weiten Linkskurve, zum Greifen nahe vor uns, in die tief hängenden Wolken. Alejandro träumt. Er verfolgt das Flugzeug, das donnernd über uns verschwindet. Alle Flugzeuge, die bei Ostwind starten, drehen über dem Steinbruch Alejandros ab nach Süden oder Norden und verschwinden zwischen den Wolken. Alejandro schaut mich an: »Also ich, ich wäre gern ... Sehr gern würde ich Kopilot lernen!« »Aber die Schule ist teuer?«

»Leider, das ist ja die Schwierigkeit. Sie wollen Geld für die Bücher, dann für die Hefte und die Schuluniform womöglich, das ist teuer!«

Reinhardt Jung

1. Legt eine Übersicht an, in der ihr Alejandros Tagesablauf und euren eigenen festhaltet!
2. Vergleicht euren Tagesablauf mit dem Alejandros und tauscht euch über eure Beobachtungen aus!
3. Diskutiert die Frage, ob und inwieweit euch der Antwortbrief von Frank Mühring überzeugt!

Kindersoldaten – Täter oder Opfer?

Mehr als 250 000 Kinder unter 18 Jahren kämpfen auf Schlachtfeldern in aller Welt. Sie werden in mehr als 30 Ländern als Soldaten eingesetzt, z. T. in der regulären Armee. Es ist leicht, aus Kindern Kindersoldaten zu machen. Ein Teil der Kinder tut es freiwillig, z. B. um Schutz zu suchen, die eigene Existenz zu sichern oder um Rache zu üben an der Ermordung von Familienmitgliedern. Die meisten werden aber gezwungen. Häufig werden sie entführt und mithilfe von Drogen, Alkohol und erzwungenen Gewalttaten gefügig gemacht. Um eine Rückkehr nach Hause oder eine Flucht zu verhindern, müssen Kindersoldaten häufig zuerst eigene Freunde oder Verwandte töten.

Die kleinen Kinder verlangen nach Brot, und niemand ist da, der's ihnen bricht.
Klagelieder 4,4b

1. Wie wirkt der Junge auf dem Bild auf euch?
2. Überlegt, warum es offenbar so einfach ist, aus Kindern und Jugendlichen Soldaten zu machen.
3. Welche Schwierigkeiten könnten sich bei dem Versuch ergeben, Kindersoldaten wieder ein normales Leben zu ermöglichen? Welche Ziele und Maßnahmen sollten solche Bemühungen umfassen?

Kinder aus Liberia berichten über ihre Anwerbung als Soldaten

In Liberia steht am Anfang oft der Kommandant eines Dorfes oder Gebiets, der die Jugendlichen als Kindersoldaten für eine militärische Splittergruppe anwirbt. Meist werden zuerst die Jungen rekrutiert, die eine Außenseiterrolle spielen und – oft aus Kriegsgründen – keine Familienbande mehr haben.

Der Kommandant sucht einen Jungen aus, der willig und interessiert erscheint. Er nimmt ihn eine Weile überall hin mit, gibt ihm zu essen, bietet ihm vielleicht Zigaretten an und baut so allmählich den Kontakt auf. Danach gibt er dem Jungen sein Gewehr, lässt es ihn polieren und tragen und schließlich ausprobieren. An einem bestimmten Punkt wird der Kleine zu einem Kampf mitgenommen. Seine Freunde im Dorf sehen, wie er mit dem Gewehr umgeht. Sie werden neidisch und kommen auch mit. So wird aus dem einen Jungen eine ganze Gruppe. Alle werden dann gebeten, Informationen über die Leute im Dorf weiterzugeben, die für den Führer nützlich sind, aber auch das Überlegenheitsgefühl der Kinder steigern. Ein solcher Junge hinterfragt nicht, warum dieser Führer da ist. Er möchte ihm nur gleichen und gehorcht deshalb.

Dieser Gehorsam führt dazu, dass es zu terroristischen Einsätzen und Morden kommt, vor denen die Kinder mit Drogen vollgepumpt werden, und dazu, dass die Erfüllung ihrer »Aufgaben« zu einem grotesken Sport wird. Eine Mischung aus Marihuana, Valiumtabletten, »Bubbles«, Rohrzuckersaft im Essen lässt jede menschliche Reaktion und jedes Gefühl wirkungsvoll abstumpfen.

Viele Liberianer können Geschichten von der schockierenden Erfahrung erzählen, an Kontrollpunkten von sieben- bis achtjährigen Kindern mit dem Gewehr bedroht worden zu sein. Diese Kinder üben große Macht aus und würden auch ihre Eltern erschießen, wenn der Kommandant ihnen das befehlen würde. Diese Kindersoldaten werden zum Teil täglich unter Drogen gesetzt und sind sich deshalb der Schwere ihrer Taten oft nicht einmal bewusst.

So wird berichtet, dass eine Truppe von erwachsenen Soldaten eine Gruppe von Jugendlichen warnte, nicht schießend auf sie zuzurennen, denn sie würden zurückschießen und sie töten. Die Jugendlichen ignorierten die Warnung und einige wurden getötet. Plötzlich warf einer der Jungen sein Gewehr weg, lief zu einem Soldaten hin und schrie: »Sie haben gesagt, wenn wir diese Pille nähmen, könnten wir wieder aufstehen, selbst wenn wir erschossen würden.« Der Soldat nahm den Jungen in den Arm und sagte: »Wir werden in einigen Tagen zurückkommen und sehen, ob deine Freunde wieder aufgestanden sind.« Als sie zwei Tage später die verwesenden Leichen seiner Freunde sahen, weinte der Junge.

Nach Gulu – (Über-)leben im Krieg

Nach Gulu
Wer Glück hat, der trägt Flip-Flops,
All die andern laufen barfuß,
So wie Jimmy und Rebekka,
Die mit zwölf längst alles weiß,
Mit einer Decke, einer Matte aus Stroh
Und der Hoffnung auf eine sichere Nacht.

Es sind sieben Kilometer
Von daheim bis nach Gulu,
Ohne Eltern, jeden Abend,
Jimmy kennt das fast nur so,
An der Hand der großen Schwester,
Seit er selber laufen kann, nach Gulu.

Refrain
Nach Gulu, nach Gulu, nach Gulu,
Für eine sichere Nacht.
Nach Gulu, nach Gulu, nach Gulu,
Nur für eine sichere Nacht.

Überall hier, bis nach Kitgum,
Liegen Felder nur noch brach,
Weil aus Angst vor Menschenschlächtern
Mit Macheten keiner wagt,
Was zu pflanzen, was zu säen –
Joseph Kony hat es untersagt.

Durchgeknallte Killerhorden
Geilen sich auf an Gewalt,
Vergewaltigen, brennen, morden
Und entführen Nacht für Nacht Kinder,
die's nicht bis Gulu schaffen,
Um zu schlafen, von Soldaten bewacht.

Refrain
Da, auf der Fensterbank, die Trommel
Mit dem Kuhfell, braun und weiß,
Ist ein Souvenir aus Gulu,
Das tagtäglich zu mir spricht.
Meistens abends in der Dämmerung,
Eh die Nacht kommt, Jimmy, seh ich euch auf
eurem Weg.

Refrain

Gulu ist eine Stadt in Norduganda, einer Region, in der seit mehr als 20 Jahren eine Rebellengruppe Angst und Schrecken verbreitet. Zurzeit ist die Hoffnung auf einen Friedensschluss sehr hoch, trotzdem steht in weiten Teilen der Gegend die wirtschaftliche Entwicklung still, da viele Menschen aus Angst vor Angriffen weiterhin in Flüchtlingslagern leben.

Der Kölner Rocksänger Wolfgang Niedecken von der Gruppe BAP spielt mit einem Kinderchor aus ehemaligen Nachtpendlern den Song »Nach Gulu«.

1. Ermittelt aus dem Songtext und aus anderen Informationen auf dieser und der vorhergehenden Doppelseite, wie das Leben im Krieg für Jimmy und Rebekka verlaufen ist. Ihr könnt die Live-Version des Songs auch unter www.worldvision.de downloaden.
2. Informiert euch auf der Internetseite von World Vision über das Rehabilitationszentrum für ehemalige Kindersoldaten in Gulu und berichtet in einem Vortrag von der Arbeit dort.
3. Erkundigt euch auf der Internetseite www.redhandday.org über den Red Hand Day, einen Aktionstag gegen den Einsatz von Kindern als Soldaten. Überlegt, mit welchen Aktionen eine Beteiligung möglich wäre.

Kinder haben Rechte

1 Und er machte sich auf und kam von dort in das Gebiet von Judäa und jenseits
des Jordans. Und abermals lief das Volk in Scharen bei ihm zusammen, und wie
es seine Gewohnheit war, lehrte er sie abermals. 13 Und sie brachten Kinder
zu ihm, damit er sie anrühre. Die Jünger aber fuhren sie an. 14 Als es aber
Jesus sah, wurde er unwillig und sprach zu ihnen: Lasst die Kinder zu mir
kommen und wehret ihnen nicht; denn solchen gehört das Reich Gottes.
15 Wahrlich ich sage euch: Wer das Reich Gottes nicht empfängt wie
ein Kind, der wird nicht hineinkommen. 16 Und er herzte sie und
legte die Hände auf sie und segnete sie.
Markus 10,1 und 13–16

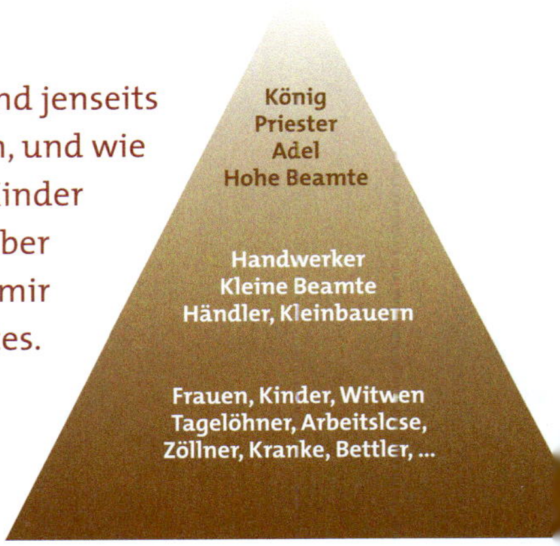

Schlüsselwissen
Kinderrechtskonvention
In der Übereinkunft über die Rechte des Kindes wurden durch die UN-Generalversammlung weltweite Standards für Kinder formuliert, zu deren Einhaltung sich fast alle Regierungen auf der Welt 1990 verpflichteten. Die Konvention besteht aus einem 20 Seiten langen Text mit 54 Artikeln. Die UNICEF, die Kinderrechtsorganisation der UNO, hat diesen Text in 10 Grundrechten zusammengefasst.

Die Zehn Grundrechte der Kinder

1 Das Recht auf Gleichheit
Alle Kinder sind gleich. Niemand darf auf Grund seiner Hautfarbe, Geschlechts oder Religion benachteiligt werden.

2 Das Recht auf Gesundheit
Jedes Kind hat das Recht, die Hilfe und Versorgung zu erhalten, die es braucht, wenn es krank ist.

3 Das Recht auf Bildung
Jedes Kind hat das Recht zur Schule zu gehen und zu lernen, was wichtig ist. Zum Beispiel die Achtung vor den Menschenrechten und anderen Kulturen. Es ist wichtig, dass Kinder in der Schule ihre Fähigkeiten entwickeln können und dass sie dazu ermutigt werden.

4 Das Recht auf Freizeit, Spiel und Erholung
Jedes Kind hat das Recht zu spielen und in einer gesunden Umgebung aufzuwachsen und zu leben.

5 Das Recht sich zu informieren, sich mitzuteilen, gehört zu werden und sich zu versammeln
Jedes Kind hat das Recht, seine Gedanken frei zu äussern. Die Meinung der Kinder soll in allen Dingen, die sie direkt betreffen, beachtet werden. Alle Kinder haben das Recht auf Information und Wissen über ihre Rechte. Jedes Kind hat das Recht, Informationen aus der ganzen Welt durchs Radio, TV, durch Zeitungen und Bücher zu bekommen und Informationen auch an andere weiterzugeben.

METHODE: Plakate für eine Werbekampagne gestalten
Ihr könnt mit Plakaten große Wirkungen erzielen. Sie bestehen fast immer aus Text- und Bildbestandteilen, die aufeinander bezogen sind.
- Dafür müsst ihr euch vor der Gestaltung gut überlegen, welche Wirkungen ihr erzielen wollt.
- Dann sucht ihr passende Bilder und formuliert dazu einen Text, der auf dem Plakat erscheinen soll.
- Fügt nun Text und Bild so zusammen, dass mögliche Adressaten aufmerksam werden und »eure Botschaft« erkennen können.

6 Das Recht auf gewaltfreie Erziehung
Jedes Kind hat das Recht auf eine Erziehung ohne Anwendung von Gewalt.

7 Das Recht auf Schutz vor wirtschaftlicher und sexueller Ausbeutung
Kein Kind soll schlecht behandelt, ausgebeutet oder vernachlässigt werden. Kein Kind soll zu schädlicher Arbeit gezwungen werden.

8 Das Recht auf Schutz im Krieg und auf der Flucht
Ein Kind, das aus seinem Land flüchten musste, hat dieselben Rechte wie alle Kinder in dem neuen Land. Wenn ein Kind ohne seine Eltern oder seine Familie kommt, hat es Recht auf besonderen Schutz und Unterstützung. Wenn es möglich ist, soll es mit seiner Familie wieder zusammengebracht werden.

9 Das Recht auf eine Familie, elterliche Fürsorge und ein sicheres Zuhause
Jedes Kind hat das Recht, mit seiner Mutter und seinem Vater zu leben, auch wenn diese nicht zusammen wohnen. Eltern haben das Recht, Unterstützung und Entlastung zu bekommen.

10 Das Recht auf Betreuung bei Behinderung
Jedes Kind hat das Recht auf ein gutes Leben. Wenn du behindert bist, hast du das Recht auf zusätzliche Unterstützung und Hilfe.

1. Erläutert, warum das Verhalten Jesu von seinen Mitmenschen als außergewöhnlich beurteilt worden ist und bedenkt dabei auch den Vers 15. Überlegt, ob sein Verhalten auch heute noch als außergewöhnlich beurteilt werden würde.
2. Ihr habt von UNICEF den Auftrag bekommen, für eine Werbekampagne Plakate zu einzelnen Grundrechten der Kinder entwerfen. Bildet hierfür Kleingruppen, informiert euch noch einmal im Internet über die Grundrechte der Kinder und sucht für jede Gruppe zwei bis drei Rechte aus, für die ihr je einen Plakatvorschlag entwerfen sollt . Ihr könnt dafür auch Bilder aus diesem Kapitel verwenden. Stellt euch dann die Plakate gegenseitig vor, indem ihr auch erläutert, welche Wirkung ihr mit welchen Mitteln erzielen wollt.

Armut in Deutschland – mitten unter uns?

Planung einer Skifreizeit durch die Klasse 8b

Situation:
Die Klasse 8b hat für das nächste Schuljahr eine Skifreizeit als Klassenfahrt geplant. Sowohl der Zeitraum als auch der Ort sind schon ausgesucht. Bei einer Elternversammlung erfährt die Klassenlehrerin aber, dass eine sehr beliebte Schülerin nicht mitfahren will, weil sie bzw. ihre Familie das Geld für die Klassenfahrt nicht aufbringen kann. Außerdem besitzt die Schülerin auch keine Skiausrüstung, wie z. B. Skischuhe, Ski mit Stöcken, Skihose und Skijacke, Helm, Handschuhe, Brille ... Sie verfügt auch nicht über das nötige Geld, eine solche Ausrüstung vor Ort zu leihen. Die Klassenlehrerin möchte, dass die Schülerin an der geplanten Klassenfahrt teilnehmen kann, und hat deshalb für die nächste Stunde eine Aussprache mit der ganzen Klasse geplant.

Rollenfiguren:
1.) Frau Schmidt: Klassenlehrerin, sehr resolut und herzlich. Sie möchte, dass Christine an der Klassenfahrt teilnehmen kann. Aber sie weiß, dass vom Schulverein nur ein geringer finanzieller Zuschuss möglich ist. Dieser reicht nicht aus, um alle Kosten zu decken.

2.) Christine: Sie möchte natürlich gerne mit auf die Klassenfahrt fahren, weiß aber, dass sie bzw. ihre Familie das Geld dafür nicht aufbringen können und akzeptiert das auch.

3.) Franziska: beste Freundin von Christine. Sie war ganz überrascht, als sie von der Klassenlehrerin erfuhr, dass Christine aus finanziellen Gründen nicht mitfahren kann. Natürlich wünscht sie sich auch, dass noch Lösungen gefunden werden. Sie selbst kann aber nicht helfen, weder mit Geld oder mit Teilen der Ausrüstung.

4.) Paul: bester Sportler der Klasse und begeisterter Snowboarder.

5.) Jessica: Klassensprecherin. Ihre beiden Eltern sind berufstätig und erzielen ein gutes Einkommen.

SCHLÜSSELWISSEN **Absolute und relative Armut**
Um besser beschreiben zu können, was Armut überhaupt bedeutet, unterscheidet man häufig zwischen absoluter und relativer Armut. Von absoluter Armut spricht man, wenn die Betroffenen unter schwerwiegenden Entbehrungen leiden, weil sie täglich um lebenswichtige Grundbedürfnisse wie Essen, Kleidung und Behausung ringen müssen. Unter relativer Armut versteht man demgegenüber, dass die Betroffenen über ein vergleichweise so niedriges Einkommen verfügen, dass sie dadurch innerhalb einer Gesellschaft benachteiligt sind.

Mit einer »Armutsgrenze« auf dem ehemaligen Mauerverlauf in Berlin protestierten 2010 Caritas und Nationale Armutskonferenz gegen die Sparpläne der Bundesregierung.

1. Bereitet euch auf das Rollenspiel vor, indem ihr die einzelnen Rollen vergebt und mithilfe der Methode »Rollenspiel durchführen« ··➝ S. 119 ausgestaltet. Führt dann das Rollenspiel vor, in dem die 5 Personen stellvertretend für die Klasse die geplante Aussprache durchführen. Wertet das Rollenspiel in eurer Klasse aus.
2. Überlegt und sammelt, was man beachten sollte, wenn man sich im eigenen Umfeld mit dem Thema Armut befasst!

Der Kreuzweg des Volkes – La via crucis del pueblo

Das Meditationstuch »Kreuzweg des Volkes« haben sechs Pobladores geschaffen, arbeitslose Frauen aus einer Siedlung im Norden der Hauptstadt Chiles, Santiago de Chile. Mit diesem Tuch wollen sie ihr eigenes Leben mithilfe der Leidensgeschichte Jesu Christi darstellen und deuten.

Der Kreuzweg ist der Leidensweg Jesu, den er vom Haus des Pilatus bis nach Golgata, der Hinrichtungsstätte, zu Fuß zurücklegen musste.
In jeder katholischen Kirche ist dieser Weg durch 14 Kreuzwegstationen nachgestellt, die die Gläubigen zur Erinnerung an die Leiden Jesu, z. B. am Karfreitag, betend abschreiten.

1. Betrachtet das Meditationstuch der Frauen aus Chile. Teilt es in Abschnitte ein und gebt eure Eindrücke und Gedanken dazu wieder.
2. Arbeitet mithilfe des Meditationstuchs Bezüge zu diesem Kapitel heraus, und überlegt, welchen Sinn es für die Frauen gehabt haben könnte, den Bildern aus ihrem eigenen Land die Leidensgeschichte Jesu Christi zugrunde zu legen.
3. Findet heraus, zu welchem Bild des Meditationstuchs der Kanon am besten passt, und begründet eure Meinung.

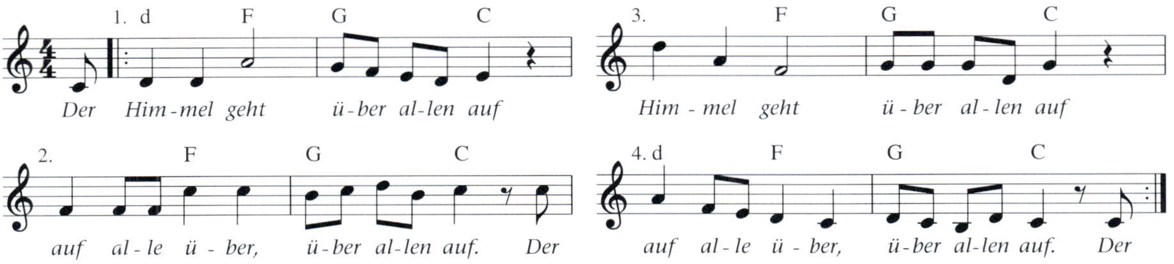

Gerechtigkeit auf der einen Welt nachspüren

In diesem Kapitel habt ihr einiges über das Leben von Kindern und Jugendlichen in vielen Gebieten der Erde erfahren. Oft sind es gerade Kinder und Jugendliche, die von Leid und Ungerechtigkeit in der Welt am meisten betroffen sind. Auch deshalb haben sie besondere Rechte. Ihr habt erfahren, dass fast alle Länder der Erde sich verpflichtet haben, die Grundrechte der Kinder zu schützen. Nach Jesus können Kinder sogar zu Vorbildern werden. Auf der anderen Seite zeigt sich, dass in vielen Ländern der Erde gegen wesentliche Kinderrechte verstoßen wird und auch, dass Armut mitten in Deutschland eine Gefährdung der Grundrechte der Kinder und Jugendlichen darstellt. Deshalb ist es auch wichtig, anhand vieler guter Beispiele Ideen und Hoffnung zu gewinnen.

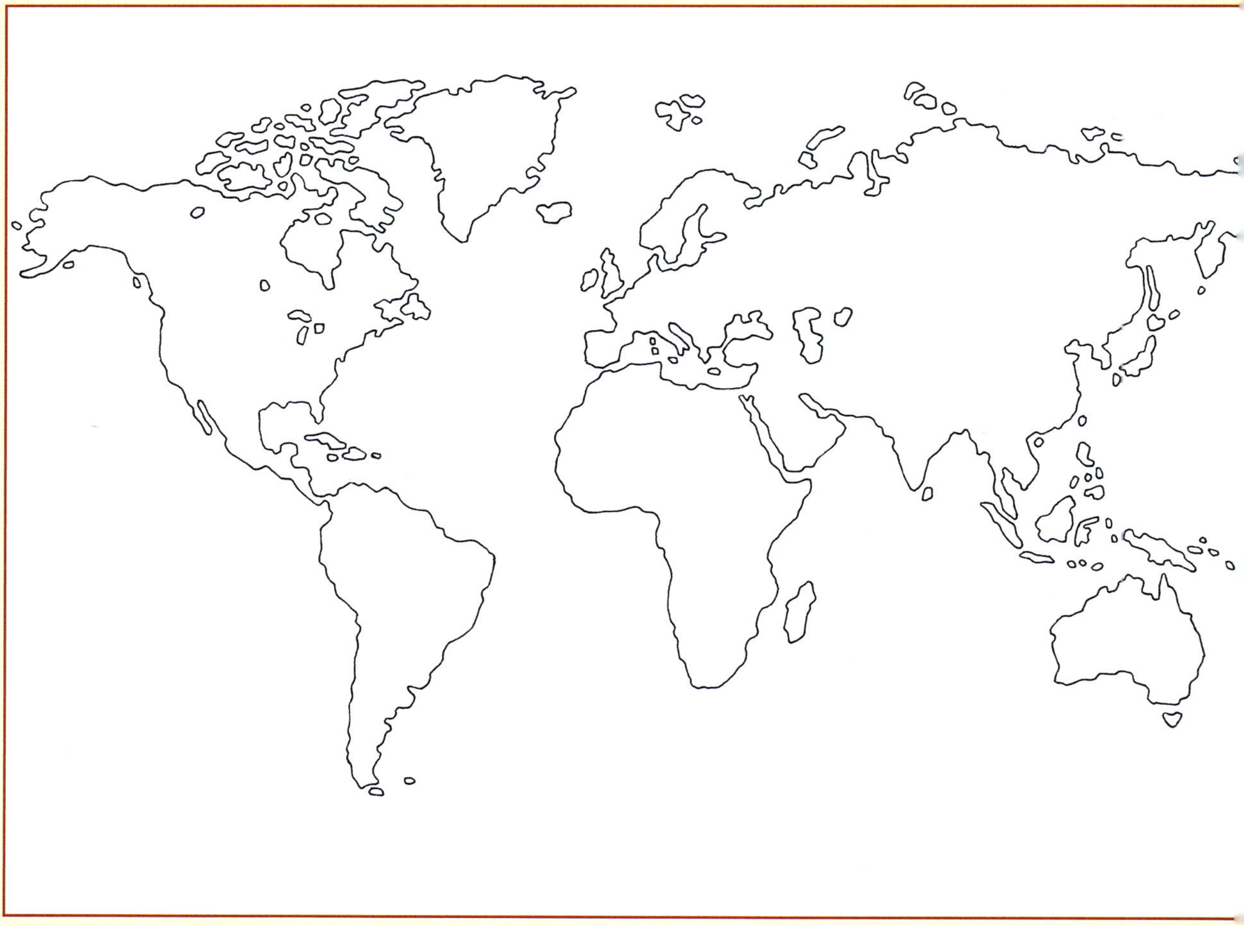

1. Gestaltet mithilfe dieser Weltkarte ein Poster zum Thema Gerechtigkeit, indem ihr die Karte kopiert oder auf einen Karton übertragt und Beispiele dieses Kapitels dort eintragt. Benennt dabei die Grundrechte → S. 82, die in dem Beispiel jeweils bedroht sind, und tragt auch Initiativen ein, die sich in dem jeweiligen Gebiet engagieren.

Visionen* von einer besseren Welt entwickeln

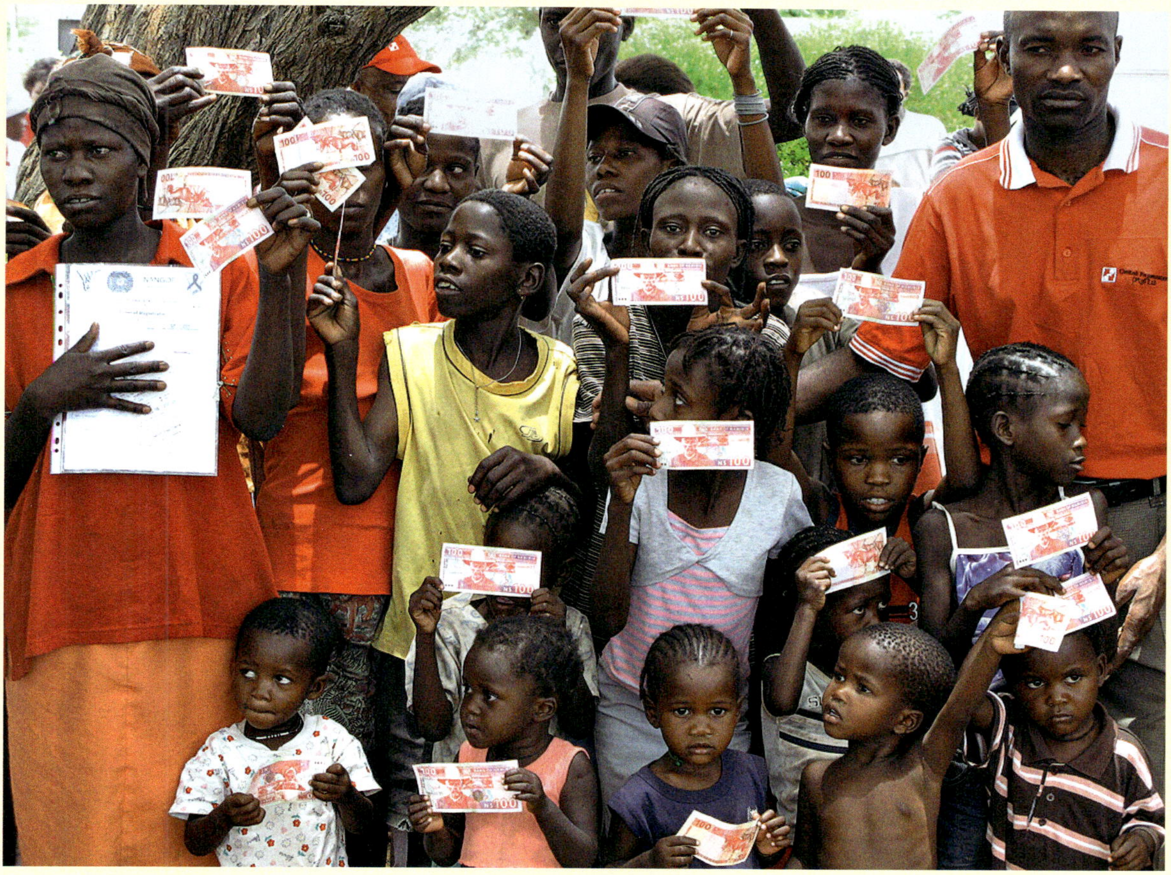

Auf dem Bild erkennt ihr Bewohner eines Dorfes in Namibia, die ihr monatliches Grundeinkommen zeigen. Dieses Grundeinkommen wird jedem Bewohner und jeder Bewohnerin des Dorfes gewährt, auch den Kindern, ohne dass es an Bedingungen geknüpft wird. Das Projekt hat zum Ziel, armen Menschen, die bisher von Hilfslieferungen abhängig waren, die Existenz zu sichern und eine Teilhabe am gesellschaftlichen Leben zu ermöglichen. Dieses Projekt wird auch von der Evangelischen Kirche im Rheinland unterstützt.

2. Informiert euch über die Idee des Grundeinkommens und diskutiert die Frage, ob diese Idee zu mehr Gerechtigkeit führen kann. Beziehts auch das Gleichnis Jesu ⇢ S. 98 in eure Überlegungen mit ein.

3. Entwickelt Plakate für eine Werbekampagne zum Thema Grundeinkommen.

6

Bilder von Jesus

Wir wissen nicht, wie Jesus ausgesehen hat. Die Evangelien des Neuen Testaments sind nicht an seinem Aussehen interessiert, sondern möchten erzählen, warum er so wichtig für die Menschen ist. Nach anfänglicher Zurückhaltung haben Christen ab dem 3. Jahrhundert n. Chr. auch durch Bilder auszudrücken versucht, was Jesus für sie bedeutet.

1. Aus wie viel verschiedenen Bildern ist dieses »Mosaik« zusammengesetzt? Was soll damit ausgesagt werden?
2. Sucht im Internet, in Büchern oder Bildbänden nach Bildern von Jesus: Jeder stellt eines vor, das ihn besonders anspricht, und erläutert, was es seiner Meinung nach über Jesus aussagt.
3. Notiert zehn Stichworte, die euch zu Jesus spontan einfallen. Verbindet sie zu einem Text, der Jesu Leben und seine Bedeutung aus eurer eigenen Sicht darstellt.
4. Vergleicht die Texte in eurer Klasse: Welches Bild von Jesus zeichnen sie? Notiert Fragen, die sich daraus ergeben.

Jesus Christus – was Bekenntnisse über ihn sagen

Jugendliche zwischen zwölf und 15 Jahren wurden dazu befragt, welche Bedeutung Jesus für sie hat. Einige ihrer Aussagen tauchen als Sprechblasen immer wieder in diesem Kapitel auf. Sie enthalten Meinungen, Denkanstöße oder auch Fragen. Es kann spannend sein, wenn ihr sie mit euren eigenen Sichtweisen vergleicht.

Jesus war eine Art Prophet, aber nicht so, wie ihn viele Menschen sich vorgestellt haben. Sie dachten, er würde sie von den Römern befreien, doch er lebte ohne Gewalt und ist für ihre Sünden am Kreuz gestorben. Gott hat den Menschen gezeigt, dass er sein »echter« Sohn war, indem er ihn hat auferstehen lassen. Er bedeutet für mich viel, weil er mir manchmal hilft, wenn ich ihn darum bitte.
Lukas, 13 J.

Jesus soll angeblich der Sohn Gottes gewesen sein. Er war der »Retter« der Welt und hat vielen Menschen geholfen. Dass er wirklich auferstanden ist, glaube ich nicht so recht. Ich halte nicht allzu viel von ihm. Aber wenn man mal darüber nachdenkt, was heute los wäre, wenn es ihn nicht gegeben hätte, würde er mir vielleicht doch wichtig sein. *Tim, 12 J.*

Jesus war jemand, der von Gott geschickt wurde, um für Gerechtigkeit und Frieden zu sorgen und die Kranken zu heilen. Er wollte den Menschen Hoffnung und Zuversicht auf eine bessere Welt geben. Doch viele haben ihn verspottet, sein bester Freund hat ihn verraten. Er starb für seine Visionen*. Ich glaube nicht, dass er eine neue Religion gründen wollte. Man kann auch ohne Kirche an ihn glauben, ihn als Vorbild haben.
Anna, 14 J.

Jesus bedeutet für mich den Glauben. Er bringt Gottes Botschaft zu den Menschen und er lebt in mir. Er ist für mich wie ein Freund, dem ich alles erzählen kann, was ich auf dem Herzen habe. Ich muss mir keine Sorgen machen, was ich esse, trinke oder anziehe, denn er sorgt für mich und beschützt mich. Vielleicht stimmt ja manches nicht, was über ihn in der Bibel steht. Doch er ist wie eine große Kraft, die immer mal wieder in mir hochsteigt, wenn ich Angst habe oder traurig bin. *Marie, 13 J.*

SCHLÜSSELWISSEN **Bekenntnisse**
Durch ein Bekenntnis bringt ein Mensch eine (Glaubens-)Überzeugung zum Ausdruck. Wer sich zu Gott bekennt, bezeugt vor anderen, dass er ihm vertraut und Gutes von ihm erhofft. Das kürzeste Bekenntnis im Neuen Testament ist der Name Jesus Christus. Es bedeutet: Jesus ist der Messias, d. h. der von Gott versprochene Retter.
Gemeinsame Bekenntnisse verbinden Menschen zu einer Glaubensgemeinschaft, die man im Christentum Konfession nennt. Confessio ist das lateinische Wort für Bekenntnis.
Das Apostolische Glaubensbekenntnis* vereint alle Christen. Manche Aussagen alter Bekenntnisse enthalten Bilder und Symbole, die für uns heute oft schwer verständlich sind. Daher suchen moderne Bekenntnisse nach zeitgemäßen Worten und Bildern.

Das Apostolische Glaubensbekenntnis ist das wichtigste der Bekenntnisse, die alle christlichen Kirchen gemeinsam haben. Es steht nicht in der Bibel, verbindet aber einzelne biblische Aussagen zu einem Ganzen. Seine Gliederung in drei Teile (Artikel) entspricht dem Glauben an den dreieinigen Gott als Vater, Sohn und Heiliger Geist. Es geht zurück auf das 2. Jahrhundert n. Chr.; die uns geläufige Textfassung stammt aus dem 7. Jahrhundert.*

Das Apostolische Glaubensbekenntnis

Ich glaube an Gott,
den Vater, den Allmächtigen,
den Schöpfer des Himmels und der Erde,
und an Jesus Christus,
seinen eingeborenen Sohn, unsern Herrn,
empfangen durch den Heiligen Geist,
geboren von der Jungfrau Maria,
gelitten unter Pontius Pilatus,
gekreuzigt, gestorben und begraben,
hinabgestiegen in das Reich des Todes,
am dritten Tage auferstanden von den Toten,
aufgefahren in den Himmel;
er sitzt zur Rechten Gottes,
des allmächtigen Vaters;
von dort wird er kommen,
zu richten die Lebenden und die Toten.
Ich glaube an den Heiligen Geist,
die heilige christliche Kirche,
Gemeinschaft der Heiligen,
Vergebung der Sünden,
Auferstehung der Toten und das ewige Leben.
Amen

1. Vergleicht die Aussagen der Jugendlichen: Prüft anhand des Schlüsselwissens, bei welchen es sich um Bekenntnisse handelt. Welchen Aussagen stimmt ihr zu? Welche teilt ihr nicht?
2. Vergleicht die Bekenntnisse der Jugendlichen mit dem zweiten Artikel des Apostolischen Glaubensbekenntnisses: Benennt Unterschiede und Gemeinsamkeiten.
3. Welche eurer Meinung nach wichtigen Aussagen über Jesus fehlen darin? Welche sind schwer verständlich? Macht Vorschläge für Ergänzungen und Umformulierungen.

Wunder – damals und heute

Jesus hat zu einer Zeit gelebt, in der man noch an Wunder glaubte. Es konnte kaum etwas wissenschaftlich bewiesen werden. Und alles, was man nicht kennt oder verstehen kann, wurde als Wunder bezeichnet. Es mag ja sein, dass er Menschen geholfen hat. Doch einen Blinden heilen? Ist das nicht wie das Spiel »Stille Post«? Aus einer Mücke wurde ein Elefant gemacht …

Marc, 14 J.

Wunder geschehen
Auch das Schicksal und die Angst kommt über Nacht,
ich bin traurig gerade hab ich noch gelacht,
und an sowas Schönes gedacht.

Auch die Sehnsucht und das Glück kommt über Nacht,
ich will lieben auch wenn man dabei Fehler macht,
ich hab mir das nicht ausgedacht.

Refrain
Wunder gescheh'n ich hab's geseh'n,
es gibt so vieles was wir nicht versteh'n.
Wunder gescheh'n ich war dabei,
wir dürfen nicht nur an das glauben was wir seh'n.

Immer weiter immer weiter gradeaus,
nicht verzweifeln denn da holt dich niemand raus,
komm steh selber wieder auf.

Refrain
Was auch passiert ich bleibe hier,
mmh ich geh den ganzen langen Weg mit dir,
was auch passiert: Wunder gescheh'n,
Wunder gescheh'n, Wunder gescheh'n.

Nena & Friends, 2002

Die Heilung des Blinden bei Jericho

46 Sie kamen nach Jericho. Als er mit seinen
Jüngern und einer großen Menschenmenge
Jericho wieder verließ, saß an der Straße ein
blinder Bettler, Bartimäus, der Sohn des
Timäus.
47 Sobald er hörte, dass es Jesus von Nazaret
war, rief er laut: Sohn Davids, Jesus,
hab Erbarmen mit mir!
48 Viele wurden ärgerlich und befahlen ihm zu
schweigen. Er aber schrie noch viel lauter: Sohn
Davids, hab Erbarmen mit mir!
49 Jesus blieb stehen und sagte: Ruft ihn her! Sie
riefen den Blinden und sagten zu ihm: Hab nur
Mut, steh auf, er ruft dich.
50 Da warf er seinen Mantel weg, sprang auf
und lief auf Jesus zu.
51 Und Jesus fragte ihn: Was soll ich dir tun? Der
Blinde antwortete: Rabbuni[1], ich möchte wieder
sehen können.
52 Da sagte Jesus zu ihm: Geh! Dein Glaube hat
dir geholfen. Im gleichen Augenblick konnte er
wieder sehen, und er folgte Jesus auf seinem
Weg.

Markus 10,46–52 (Einheitsübersetzung)

1 Rabbuni ist die Steigerung der Anrede Rabbi und bedeutet »großer Lehrer«.

Obwohl Jesus ein Mensch war wie jeder andere, hatte er anscheinend Fähigkeiten, die außer ihm niemand hatte. Doch ich frage mich: Wie ist es möglich, dass Blinde wieder sehen können, Taube wieder hören, und sogar Tote wieder auferweckt werden? Entweder wurden die Geschehnisse in jener Zeit überbewertet oder es hat doch alles tiefere Hintergründe. Aber wie kann man sie erklären?

Julia, 15 J.

»Es macht wenig Sinn, über ein Wunder zu reden, solange man nicht die Erfahrungen derjenigen verstanden hat, die das Wunder erlebt haben.«

1. Erzählt von Situationen, in denen ein Mensch die Worte der ersten drei Zeilen des Liedes sagt. Was könnte ihn dazu bringen, später zu sagen: »Wunder gescheh'n«?
2. Versucht euch in die Situation eines Blinden hineinzuversetzen, indem ihr euch mit verbundenen Augen von einem sehenden Partner führen lasst. Sprecht über eure Erfahrungen.
3. Notiert jeden Satz der Erzählung, den jemand spricht, auf je einem Blatt. Verteilt die Rollen und experimentiert mit verschiedenen Sprechweisen des Satzes (z. B. laut – leise, hoffnungsvoll – verzweifelt, böse – freundlich etc.). Setzt auch Gestik und Mimik ein. Spielt dann die Geschichte.
4. Wie ist es möglich, dass der Blinde wieder sehen kann? – Nennt Voraussetzungen des Wunders.

Jesus – ein Zauberer?

Jesus hatte anscheinend ein paar ganz tolle Fähigkeiten: Er konnte Tote auferwecken, aus Wasser köstlichen Wein machen (das könnte ich auch gerne) und sogar auf dem Wasser gehen. *Tom, 15 J.*

Viele Wunder Jesu klingen für mich zu übernatürlich, als dass ich an sie glauben könnte. Man kann sie einfach nicht wörtlich nehmen, sondern sollte sie im übertragenen Sinn verstehen. Wenn man sie als Symbol sieht, dann können sie einem auch heute noch etwas sagen. *Elena, 14 J.*

Jesus und der sinkende Petrus auf dem See

22 Und alsbald trieb Jesus seine Jünger, in das Boot zu steigen und vor
ihm hinüberzufahren, bis er das Volk gehen ließe. 23 Und als er das Volk
hatte gehen lassen, stieg er allein auf einen Berg, um zu beten. Und am
Abend war er dort allein. 24 Und das Boot war schon weit vom Land
entfernt und kam in Not durch die Wellen; denn der Wind stand ihm
entgegen.
25 Aber in der vierten Nachtwache kam Jesus zu ihnen und ging auf dem
See. 26 Und als ihn die Jünger sahen auf dem See gehen, erschraken sie
und riefen: Es ist ein Gespenst!, und schrien vor Furcht. 27 Aber sogleich
redete Jesus mit ihnen und sprach: Seid getrost, ich bin's; fürchtet euch
nicht!
28 Petrus aber antwortete ihm und sprach: Herr, bist du es, so befiehl mir,
zu dir zu kommen auf dem Wasser. 29 Und er sprach: Komm her! Und
Petrus stieg aus dem Boot und ging auf dem Wasser und kam auf Jesus
zu. 30 Als er aber den starken Wind sah, erschrak er und begann zu sinken
und schrie: Herr, hilf mir! 31 Jesus aber streckte sogleich die Hand aus und
ergriff ihn und sprach zu ihm: Du Kleingläubiger, warum hast du gezwei-
felt?
32 Und sie traten in das Boot und der Wind legte sich. 33 Die aber im Boot
waren, fielen vor ihm nieder und sprachen: Du bist wahrhaftig Gottes
Sohn!

Matthäus 14,22–33

METHODE

Ein Storyboard für eine Verfilmung schreiben

Um eine Geschichte in einen Film umzusetzen, wird meist ein Storyboard, eine Art bebildertes Drehbuch, ähnlich einem Comic, erstellt, das die Ideen veranschaulicht.

- Überlegt euch, wie viele Szenen ihr für die Geschichte benötigt, nummeriert und benennt sie.
- Entwerft arbeitsteilig zu je einer Szene ein Storyboard. Notiert in einer Tabelle jeweils Nummer und Titel der Szene, Bildskizze(n), Dialoge, Licht und Ton, evtl. Musik, Kameraeinstellung (Perspektive) sowie Requisiten. Ihr könnt auch einen Wettbewerb machen und jede Szene mehrfach vergeben. Danach wird die beste ausgewählt.
- Stellt die einzelnen Szenen als Sequenz nach ihrer Abfolge zusammen und macht euch ein Bild von der geplanten Verfilmung. Bewertet das Ergebnis.

SCHLÜSSELWISSEN

Wundererzählungen der Evangelien

Von Jesus werden in den Evangelien viele Wunder erzählt; meist sind es Heilungen von Blinden, Lahmen, Taubstummen und Aussätzigen. Historiker halten es für wahrscheinlich, dass Jesus Kranke geheilt hat, obwohl manches für uns medizinisch schwer vorstellbar erscheint.

Jesus wollte mit diesen Taten nicht seine Macht demonstrieren. Er verstand sie als Zeichen dafür, wie es im Reich Gottes, in Gottes neuer Welt sein wird. Christen sehen dies als Aufforderung, sich Armen und Kranken helfend zuzuwenden. Für die Menschen damals waren Jesu Taten ein Hinweis, dass er der Messias, der von Gott versprochene Retter ist.

Wundergeschichten haben also eine mehrfache, oft auch symbolische Bedeutung. Dies gilt besonders für einige spektakuläre Wundererzählungen wie z. B. Jesu Gehen auf dem See oder die Sturmstillung. Bibelforscher vermuten, dass diese Geschichten nach Jesu Tod erzählt wurden, um zu verdeutlichen, wer Jesus ist und was es bedeutet, ihm zu vertrauen.

1. Was sagt das Bild, was die Erzählung über Jesus auf dem Wasser aus? Formuliert die jeweilige Botschaft und vergleicht.
2. Zu dieser Erzählung gibt es noch eine andere Version: Lest Mk 6,45–51 und stellt Gemeinsamkeiten und Unterschiede zusammen. Erklärt, worauf es Matthäus besonders ankommt.
3. Wie würdet ihr die Wundergeschichte in Bilder umsetzen? Bereitet eine Verfilmung vor, indem ihr ein Storyboard gestaltet. Wählt aus verschiedenen Ideen die beste aus.
4. Vergleicht die Verfilmung mit der Erzählung: Wie wirkt das Wunder auf euch?

Gleichnisse – Licht auf Gottes neue Welt

Jesu Gleichnisse und Wunder haben eines gemeinsam: man kann sie als Bilder für das Reich Gottes verstehen. Jesus erzählte oft von Vorgängen oder Handlungen, die seinen Zuhörern aus ihrem Alltag bekannt waren, und machte sie zu überraschenden Bildern für Gottes neue Welt. Im Gleichnis von den Arbeitern im Weinberg vergleicht er Gottes Handeln mit dem eines Weinbergbesitzers. Die Volxbibel, eine freie Übersetzung der Bibel in jugendgemäßer Sprache, überträgt dieses Bild in unsere Alltagswelt.

Ich finde es gut, dass Jesus auch Gleichnisse erzählt hat. So kann ich mir manchmal auch ein Beispiel an den Menschen dort nehmen. Wenn ich über sie nachdenke, verstehe ich oft erst den Sinn von Aussagen, die auf den ersten Blick eher oberflächlich klingen.
Christin, 12 J.

Noch 'ne Story von Jesus über die Leute vom Bau

1 »Ich will euch noch 'ne Story erzählen«, meinte Jesus. »Da war so ein
Bauunternehmer, der hatte eine fette Baustelle in der Innenstadt am
Start. Dafür ging er morgens immer zum Arbeitsamt, um ein paar
Arbeiter anzuwerben.
2 Er handelte mit den Männern die Kohle aus, die sie für ihren Job dort
kriegen sollten, und ließ sie auf dem Bau arbeiten.
3 Ein paar Stunden später ging er noch mal zum Arbeitsamt und sah da
noch ein paar Leute rumstehen, die keine Arbeit hatten.
4 Die schickte er dann auch auf die Baustelle und versprach ihnen eine
angemessene Bezahlung.
5 Gegen Mittag und um drei Uhr ging er noch einmal dorthin und warb
noch ein paar Männer zur Arbeit an.
6 Als er gegen fünf beim Hauptbahnhof vorbeikam, sah er da auch ein
paar Leute rumstehen und fragte sie: ›Habt ihr heute keine Arbeit
gefunden?‹
7 ›Keiner hatte einen Job für uns‹, sagten sie. ›Wenn ihr Bock habt, könnt
ihr auf meiner Baustelle arbeiten!‹, rief er denen zu.
8 Abends rief er dann den Chef von der Baustelle und sagte ihm: ›Hey, ruf
mal die Leute zusammen, die gearbeitet haben, und zahle ihnen ihren
Lohn aus.‹
9 Zuerst kriegten die Leute, die erst um fünf angefangen hatten, ihr Geld.
Die waren sehr überrascht, als man ihnen einen vollen Tageslohn in die
Hand drückte.
10 Nun hatten sich die anderen Arbeiter die Sache aber durchgerechnet
und dachten, sie würden deshalb noch mehr Kohle abkassieren, als sie
vereinbart hatten. Aber sie kriegten auch nur den Tageslohn, den sie
vorher ausgehandelt hatten.
11/12 Da kamen die voll aggromäßig drauf und meinten: ›Die haben nur
'ne Stunde gearbeitet und kriegen dieselbe Kohle wie wir. Dabei mussten
wir den ganzen Tag in der brüllenden Hitze malochen!‹
13 Da sagte der Chef: [...]«
Matthäus 20,1–13 (Die Volxbibel)

1. Formuliert die Antwort, die ihr vom Chef erwartet. Spielt anschließend das Gleichnis mit drei verschiedenen Antworten des Chefs: Welche erscheint euch am passendsten?
2. Vergleicht eure Lösungen mit dem Original (Mt 20,13–16).

13 Da sagte der Chef: Entspann dich!, es läuft
hier doch alles korrekt ab! Wir zwei hatten
genau diesen Preis miteinander ausgehandelt,
oder?!
14 Nimm dein Geld und hau ab! Ich will den
anderen genauso viel Lohn geben wie dir.
15 Immerhin ist es ja mein Geld, und damit
kann ich auch machen, was ich will! Oder bist
du genervt, weil ich nicht jeden Cent zehnmal
umdrehe?
16 Genauso werden die, die jetzt ganz vorne
sind, irgendwann mal die Loser sein, und die
Loser werden mal ganz vorne sein.«

3. Nehmt zu der Antwort Stellung, indem ihr einen Brief an den Chef verfasst:
   a) aus Sicht derer, die seit frühmorgens gearbeitet haben
   b) aus Sicht derer, die erst um fünf angefangen haben.
4. Was will das Gleichnis über das Reich Gottes sagen? Und was könnten wir daraus lernen?
5. Weitere Gleichnisse Jesu im Buch findet ihr auf den Seiten ...
   ⇢ S. 123: Lk 15, 11–32 Vom verlorenen Sohn;
   ⇢ S. 191: Mk 4,26–29 Vom Sämann.
   Findet heraus, was diese Bilder über das Reich Gottes aussagen!

Jesus – ein Idol? Was es heißt Jesus nachzufolgen

Jesus kann uns heute als Beispiel dienen. Er schwamm aufgrund seiner Überzeugung gegen den Strom. Er ging beispielsweise zu den Armen und heilte Kranke, obwohl die Menschen damals das nicht für angemessen hielten. So ermutigt er uns dazu, nicht immer zu tun, was alle für richtig halten, sondern auch einen Weg zu gehen, der unbequemer ist.
Natalie, 14 J.

Jesus war ein Märtyrer*, der für seine Ideale starb. Wie jedem Führer und Idol folgten ihm viele. Doch seine deen von einer besseren Welt glitten ihm aus der Hand. Seine Verehrer wurden blind und führten Kriege, statt gemeinsam das Böse und das Leid zu besiegen.
Jens, 15 J.

Jesus kann uns heute nichts mehr sagen, denn er ist schon so lange tot. Die Welt hat sich seither so stark verändert, dass es mir unrealistisch erscheint, sich an ihm zu orientieren. *Alina, 13 J.*

1. Erläutert, was die Bilder und die Aussagen der Jugendlichen mit der Überschrift zu tun haben. Nehmt Stellung, was für euch die Nachfolge Jesu am besten zum Ausdruck bringt.
2. Petrus deutet vieles, was er mit Jesus erlebt hat, nur an: Lest arbeitsteilig die in Klammern angegebenen Bibelstellen und erzählt, was er genau damit meint.

Petrus – Fragen an den prominentesten Mann, der Jesus nachfolgte

Simon Petrus, der nach Jesu Tod und Auferstehung zu einem wichtigen Anführer der Christen in Jerusalem geworden ist, stellt sich Fragen in einem erdachten Interview. In seinen Antworten deutet er viele Erlebnisse nur an. Was er genau meint, kann man in den Evangelien nachlesen (vgl. Stellenangaben).

Interviewer Simon Petrus, was hat Sie eigentlich dazu gebracht, sich diesem Jesus anzuschließen?

Petrus Tja, das war damals eine ganz spontane Sache. Als er in mein Dorf, nach Kapernaum kam, da habe ich Dinge mit ihm erlebt, die mich echt beeindruckt haben. (Lk 4, 38–39; 5,1–11)

Interviewer Wie war denn Ihr persönliches Verhältnis zu Jesus?

Petrus Ich habe ihm viele Fragen gestellt, weil ich genau wissen wollte, was er von mir verlangt. Doch manchmal bekam ich Antworten, die mich ratlos machten. (Mt 18,21–22) Immerhin habe ich als einer der ersten erkannt, wer er wirklich ist. Dafür gab er mir den Ehrennamen Petrus. (Mt 16,13–20)

Interviewer Das hört sich ja fast ein bisschen eingebildet an …

Petrus Ja, das war ich auch. Doch kurz darauf habe ich dann was gesagt, das ihm zeigte, dass ich ihn doch nicht ganz verstanden hatte. Und da hat er mich zur Schnecke gemacht. (Mt 16,21–23)

Interviewer Sie waren ja eine Gruppe von zwölf Männern um Jesus. Wie lebte es sich denn da so?

Petrus Die Zwölf waren nur der engste Kreis. Es waren noch viel mehr dabei, auch Frauen, allerdings nicht unsere eigenen. Meist waren wir eine gute Gemeinschaft. Doch unter uns Männern gab es auch Streit, wer denn nun der wichtigste ist, bis Jesus uns eine Lektion erteilt hat. (Mk 9,33–37)

Interviewer Wie kam es eigentlich zu Jesu Verhaftung, wo er doch so viele mutige Männer um sich hatte?

Petrus Ja, eigentlich wollten wir ihn mit Waffen verteidigen, doch da hat er uns erneut eines Besseren belehrt. (Joh 8,1–11) Und als er uns am meisten gebraucht hätte, haben wir versagt. (Mt 26,36–46)

Interviewer Es heißt, dass Sie ihn sogar besonders enttäuscht hätten.

Petrus Das stimmt leider. Doch darüber möchte ich eigentlich nicht so gerne sprechen. Denn dafür schäme ich mich heute noch. (Mk 14,26–31 u. 66–72)

SCHLÜSSELWISSEN **Nachfolge Jesu**
Jesus war kein Einzelgänger, sondern er rief andere Menschen dazu auf, ihm nachzufolgen. Zum engsten Kreis zählten seine zwölf Jünger, aber auch einige Frauen, wie z. B. Maria von Magdala (vgl. Lukas 8,1–3). Sie bildeten eine Gemeinschaft, die für sie wichtiger wurde als die der Familie. Denn in der Nachfolge Jesu richteten sich die Menschen ganz auf das Reich Gottes aus, mit dessen Beginn sie schon bald rechneten. Daher verzichteten sie auch auf persönlichen Besitz.
So konnten sie sorglos und frei leben und sich ganz den Notleidenden widmen.
Bis heute gibt es immer wieder Menschen, die diese Radikalität der Nachfolge leben. Für sie ist Jesus nicht nur ein Vorbild, sondern auch Quelle der Kraft und Hoffnung.

3. Schreibt eine Charakterisierung von Petrus: Zeigt, was ihn zu einem der wichtigsten Jünger in der Nachfolge Jesu macht.
4. Informiert euch über bekannte Menschen, die heute Jesus nachfolgen, und stellt sie vor.

Nach Jesu Vorbild gewaltlos leben?

Jesus sagt ja, man solle alle Konflikte ohne Gewalt lösen. Doch wenn mich einer auf die rechte Backe haut, dann halte ich ihm doch nicht auch noch die linke hin! – Jesus ist doch nur was für Weicheier! *Leon, 14 J.*

Manchmal habe ich Streit mit jemandem und ich weiß nicht, ob ich mich entschuldigen oder beleidigt sein soll. Wenn ich mir dann ein Herz fasse und überlege, was Jesus tun würde, komme ich oft zum richtigen Entschluss, auch wenn es manchmal nicht leicht ist, so zu handeln. *Nina, 12 J.*

Dr. Martin Luther King (1929–1968) amerikanischer Pfarrer, Bürgerrechtler und Friedensnobelpreisträger

Der Weg von Martin Luther King

Rund 50 Jahre, bevor mit Barack Obama der erste Schwarze 2009 zum Präsidenten der USA gewählt wurde, war es Dr. Martin Luther King, der durch gewaltlose Protestaktionen ein Ende der Benachteiligung der schwarzen Amerikaner erreichte. Gandhis Beispiel hatte ihn überzeugt, dass sich Jesu Aufforderung zur Gewaltlosigkeit und Feindesliebe wirksam in die Tat umsetzen lässt.*

Martin Luther King war kaum ein Jahr Pfarrer in Montgomery/Alabama, als er sich im Jahr 1955 vor eine große Herausforderung gestellt sah. Die etwa 40 000 Afroamerikaner in der 120 000-Einwohner-Stadt im Süden der USA wählten ihn zum Präsidenten ihrer Bewegung, die mehr Respekt gegenüber Schwarzen forderte. Bislang hatten die Schwarzen es hingenommen, dass in öffentlichen Gebäuden und Einrichtungen eine strikte Rassentrennung* herrschte. In Bussen durften sie nur im hinteren Teil Platz nehmen. Wenn zu wenig Platz war, mussten sie ihren Sitzplatz weißen Fahrgästen überlassen. Oft wurden sie von den weißen Busfahrern schikaniert.

Am 1. Dezember wurde die schwarze Näherin Rosa Parks verhaftet, weil sie sich weigerte, ihren Platz einem Weißen zu überlassen. Als Protest dagegen rief die Bewegung der Schwarzen ab dem 5. Dezember zum Boykott aller Busse auf, an dem sich wider Erwarten fast 100 Prozent der Schwarzen beteiligten, obwohl dies für viele große Erschwernisse mit sich brachte. Zwar wurden auch Fahrgemeinschaften organisiert, deren Unkosten durch Spenden finanziert wurden. Doch da es nur wenige schwarze Autobesitzer gab, gingen die meisten demonstrativ zu Fuß zur Arbeit – bei Wind und Wetter, oft mehrere Stunden täglich.

Der Boykott sollte so lange weitergehen, bis die städtischen Busbetriebe eine höfliche Behandlung der schwarzen Fahrgäste und freie Platzwahl zusicherten. Nach einigen Monaten hatten die Busbetriebe wegen der fehlenden schwarzen Fahrgäste hohe Verluste zu verzeichnen. Politiker der Stadt versuchten, die Fahrgemeinschaften zu unterbinden, indem sie die

Im Rückblick auf den erfolgreichen Busboykott hat Martin Luther King Grundsätze beschrieben, an die man sich halten sollte, wenn gewaltloser Widerstand erfolgreich sein soll.

GEWALTLOSER WIDERSTAND ...

1. ... ist keine Methode für Feiglinge, sondern braucht Mut. Wenn du dich nur aus Angst nicht wehrst, dann handelst du in Wirklichkeit gar nicht gewaltlos.
2. ... setzt ein hohes Maß an Selbstdisziplin voraus. Du brauchst die Bereitschaft, Demütigungen zu erdulden, ohne dich zu rächen, und Schläge hinzunehmen, ohne zurückzuschlagen.
3. ... verlangt innerliche Stärke, damit man den Gegner trotz seines bösen Verhaltens nicht hasst. Denn wenn du ihm in Liebe mit einem Lächeln begegnest, merkt er, dass er ja gar keinen Grund hat, dir Böses anzutun.
4. ... protestiert gewaltfrei, z. B. durch Boykott oder Verweigerung der Mitarbeit. Denn dein Ziel darf nicht sein, deinen Gegner zu vernichten oder zu demütigen, sondern seine Freundschaft und sein Verständnis zu gewinnen. Dann wird er sich schämen und sich mit dir versöhnen.
5. ... hat eine Quelle, aus der die Kraft dazu kommt: es ist die Überzeugung, dass Gott auf der Seite der Gerechtigkeit steht. Wenn du an eine gute Zukunft glaubst, hilft dir das, Leid zu ertragen ohne wiederzuvergelten.

Nach Martin Luther King

Autos immer wieder von der Polizei anhalten oder die Fahrer wegen angeblicher Verkehrsverletzungen verhaften ließen.

Als auf das Haus von Martin Luther King ein Bombenanschlag unternommen wurde, war jedoch bei vielen Schwarzen die Geduld zu Ende. Sie wollten mit Gegengewalt reagieren. Doch Luther King beschwor seine Mitstreiter: »Wir müssen der Gewalt mit Gewaltlosigkeit begegnen. Denkt an die Worte Jesu: ›Wer das Schwert nimmt, wird durch das Schwert umkommen.‹ Jesus ruft uns auch heute über die Jahrhunderte hinweg zu: ›Liebt eure Feinde!‹ Das müssen wir leben.« Um mit gutem Beispiel voranzugehen, verbannte er alle Waffen aus seinem Haus. Die Schwarzen hielten den Boykott 382 Tage lang durch, bis schließlich das oberste Gericht der USA die Rassentrennung* in öffentlichen Verkehrsmitteln für verfassungswidrig erklärte.

Der Erfolg dieser Aktion ermutigte viele Schwarze in anderen Städten der USA ebenfalls zu gewaltlosem Widerstand. Trotz vieler Verhaftungen und tätlicher Angriffe ließ sich Martin Luther King nicht beirren. Höhepunkt der Bewegung war eine Massendemonstration in der Hauptstadt Washington D.C., bei der er im Jahr 1963 vor 250 000 Menschen die berühmte Rede »I have a dream« hielt. Ein Jahr später wurde die Rassentrennung in den USA per Gesetz endgültig aufgehoben.

1. Welcher Aussage der Jugendlichen stimmt ihr zu? Sammelt Argumente!
2. Martin Luther King bezieht sich mit seinen Grundsätzen auf berühmte Aussagen Jesu aus der Bergpredigt*: Ordnet Mt 5,10–12; 5,38–39 und 5,43–45 den Grundsätzen Kings zu.
3. Lassen sich Luther Kings Grundsätze auf andere Situationen übertragen? Prüft an Beispielen!
4. Informiert euch über Verfahren der friedlichen Streitschlichtung (Mediation) zwischen Schülern. Gibt es an eurer Schule Streitschlichter? Sprecht mit ihnen und fragt sie nach ihren Grundsätzen.

Jesus – starker und perfekter Held?

Jesus verkörpert den perfekten Menschen. Man kennt keine Schwächen von ihm, er wirkt immer freundlich, gelassen, gutmütig. Nie war er böse oder handelte ungerecht oder egoistisch. Selbst seinen Tod hat er gottergeben hingenommen. Deshalb kann ich mit ihm nicht so viel anfangen. So fehlerlos kann doch niemand sein. Der Drang, perfekt zu sein wie Jesus, ist eine hoffnungslose Aufgabe. Statt jemanden zu vergöttern, sollte man lieber an sich selbst glauben. *Jens, 15 J.*

Jesus beeindruckt mich sehr. Er gab alles, was er hatte, um Menschen zu helfen. Er wurde seiner Aufgabe nie untreu, auch wenn es noch so schwer war, bis er zuletzt sein Leben dafür gab. Aber auch er hatte Angst, musste sich Rat holen und zeigte Gefühle wie jeder andere Mensch. Am Kreuz ruft er zu Gott, »Warum hast du mich verlassen?« Er war ein Mensch mit den gleichen Schwächen wie du und ich und hat trotzdem so viele Dinge in Bewegung gebracht – das ist es wahrscheinlich, was die Menschen an ihn glauben lässt. *Lisa, 14 J.*

Jesus – einer, der unsere Schwächen versteht

Im Brief an die Hebräer denkt ein Christ darüber nach, in welchem Verhältnis der auferstandene Jesus zu Gott steht und inwiefern er uns Menschen mit unseren Sorgen und Problemen nahe ist.

Lasst uns also festhalten an der Hoffnung, zu der wir uns bekennen. Wir haben doch einen unvergleichlichen Obersten Priester, der alle Himmel durchschritten hat und sich schon bei Gott, im himmlischen Heiligtum, befindet: Jesus, den Sohn Gottes.
Trotzdem ist er nicht jemand, der kein Mitgefühl für unsere Schwächen haben könnte. Er wurde ja genau wie wir auf die Probe gestellt – aber er blieb ohne Sünde. Darum wollen wir mit Zuversicht vor den Thron unseres gnädigen Gottes treten. Dort werden wir, wenn wir Hilfe brauchen, stets Liebe und Erbarmen finden.
Auch nimmt sich niemand selbst die Würde Oberster Priester zu sein. Er erhält sie vielmehr durch Gottes Berufung, so wie Aaron[1]. So hat sich auch Christus nicht selbst die Würde des Obersten Priesters genommen, sondern Gott hat sie ihm gegeben, der zu ihm sagte: »Du bist mein Sohn, heute habe ich Dich dazu gemacht.« [...]
Als er noch auf der Erde lebte, hat Jesus sich im Gebet mit Bitten und Flehen an Gott gewandt, der ihn vom Tod retten konnte; mit lautem Rufen und unter Tränen hat er seine Not vor ihn gebracht. Weil er treu zu Gott hielt, ist er schließlich auch erhört worden.
Hebräer 4,14–16; 5,4–7 (Gute Nachricht Bibel)

1 Aaron war erster Priester des Volkes Israel zur Zeit des Mose

1. Zeigt Gemeinsamkeiten und Unterschiede zwischen den Aussagen der beiden Jugendlichen und denen des Hebräerbriefs auf.
2. Was fasziniert an Helden? – Vergleicht Jesus mit anderen Helden.
3. Welche Bedeutung hat der Tod am Kreuz für eure Sicht Jesu? Wie stellt ihr euch Jesus am Kreuz vor? Vergleicht euer Bild mit dem von Rembrandt.
4. Lest Lk 22,39–46, Mk 15,20–41 und Lk 23,32–49: Was machen diese Geschichten über Jesus deutlich? Zeigt, inwiefern Jesu Worte zu dem Bild von Rembrandt passen.

Rembrandt, 1631; Jesus-Schriftzug (Fotomontage)

Über Jesusbilder nachdenken

In diesem Kapitel seid ihr ins Gespräch über eure Bilder von Jesus gekommen. Ihr habt euch mit der Frage beschäftigt, warum Menschen an Jesus glauben und wie sich ihr Glaube in Bekenntnissen ausdrückt. Ihr könnt erklären, was Wundergeschichten und Jesu Botschaft über das Reich Gottes aussagen und welche Bedeutung sie für Menschen haben, die Jesus nachfolgen. Ihr könnt an Beispielen zeigen, was Nachfolge Jesu bedeutet und dazu Stellung nehmen, inwiefern er für uns heute noch ein Vorbild sein kann.
Doch wie hat sich eure persönliche Sicht Jesu oder euer Glaube an ihn dadurch verändert?

14 Als sie zu der Volksmenge zurückkehrten, kam ein Mann zu Jesus, warf
sich vor ihm auf die Knie
15 und sagte: »Herr, hab Erbarmen mit meinem Sohn! Er leidet an Epilep-
sie und hat so furchtbare Anfälle, dass er oft ins Feuer oder auch ins
Wasser fällt.
16 Ich habe ihn zu deinen Jüngern gebracht, aber sie konnten ihn nicht
heilen.«
17 Da sagte Jesus: »Was seid ihr doch für eine verkehrte Generation, die
Gott nichts zutraut! Wie lange soll ich noch bei euch aushalten und euch
ertragen? Bringt den Jungen her!«
18 Jesus sprach ein Machtwort zu dem bösen Geist, der den Jungen in
seiner Gewalt hatte, und er verließ ihn. Der Junge war von da an gesund.
19 Später kamen die Jünger allein zu Jesus und fragten ihn: »Warum
konnten wir den bösen Geist nicht austreiben?«
20 »Weil ihr Gott nicht genug vertraut«, sagte Jesus. »Ich versichere euch:
Wenn euer Vertrauen auch nur so groß ist wie ein Senfkorn, dann könnt
ihr zu dem Berg da sagen: ‚Geh von hier nach dort', und er wird es tun.
Dann wird euch nichts mehr unmöglich sein.«
Matthäus 17,14–20 (Gute Nachricht Bibel)

1. Vergleicht diese Geschichte mit den beiden Wundergeschichten auf den Seiten ⇢ S. 95 u. S. 96. Zeigt Gemeinsamkeiten und Unterschiede.
2. Erklärt, inwiefern die Wundergeschichte eine mehrfache Bedeutung hat: Was sagt sie über Jesus bzw. den Glauben aus, was will sie den Menschen sagen, die ihm nachfolgen?
3. Was hat sich bei eurem Jesusbild verändert? Lest nochmals den Text, den ihr zu Beginn des Kapitels anhand der zehn Stichworte verfasst habt. Prüft, was ihr nun anders seht und formuliert einzelne Sätze neu oder ergänzt Aussagen.

Eigene Bilder und Texte zu Jesus gestalten

Der Künstler Arnulf Rainer hat viele Christusbilder aus verschiedenen Zeiten bunt übermalt. Seine oft wild erscheinenden Übermalungen können Menschen dazu ermutigen, Jesus vor dem Hintergrund traditioneller Ansichten neu zu sehen und einen eigenen Zugang zu ihm zu suchen.

Arnulf Rainer, 1981/83

4. Gestaltet ein künstlerisches Bild, das eurer Sicht Jesu entspricht: Ihr könnt dabei vorgehen wie der Künstler Arnulf Rainer, eine Collage gestalten oder einfach ein eigenes Bild malen.

5. Verfasst einen Text über Jesus, der zu dem Bild passt: Das kann ein Bekenntnis, eine kritische Betrachtung oder auch ein Gedicht sein.

7

1. Betrachtet eine Weile still dieses Höhlengemälde.
2. Schreibt einen kurzen gedanklichen Text in der Ich-Form, der z. B. darauf eingeht, was diese Hände zum Ausdruck bringen: Ich strecke meine Hände aus, weil ...
3. Lest euch eure Texte reihum vor.

Hand in Hand – zusammen leben, füreinander da sein

Gottes gute Hände

Die Israeliten fanden, ausgehend vom Bilderverbot in Exodus 20,4, verschiedene Symbole für Gott, die ihn nicht auf ein bestimmtes Aussehen oder einen bestimmten Namen festlegten. Ein wichtiges Symbol ist die Hand. Auch Psalmbeter und bildende Künstler haben dieses Symbol zahlreich aufgegriffen.

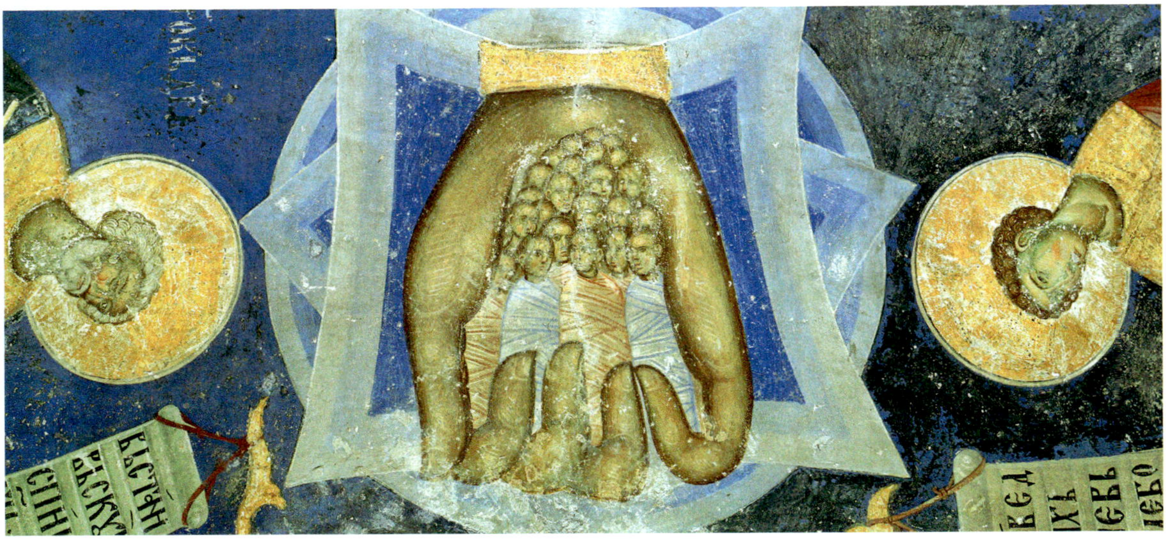

Nähme ich Flügel der Morgenröte
und bliebe am äußersten Meer,
so würde auch dort deine Hand mich führen
und deine Rechte mich halten.
Psalm 139,9f.*

Ich aber, HERR, hoffe auf dich und spreche:
Du bist mein Gott!
Meine Zeit steht in deinen Händen.
Psalm 31,15f.

Fülle uns frühe mit deiner Gnade,
so wollen wir rühmen und fröhlich sein
unser Leben lang.[...]
Und der Herr, unser Gott, sei uns freundlich
und fördere das Werk unsrer Hände bei uns.
Psalm 90, 14.17

SCHLÜSSELWISSEN **Symbol**

Bei einem Symbol handelt es sich um ein Sinnbild, das über sich hinaus auf etwas Allgemeines verweist. Häufig ist es etwas Konkretes, das einen allgemeinen Sinnzusammenhang deutlich macht: Die Taube ist das Symbol des Friedens, das Herz verweist auf die Liebe, ein Kreuz symbolisiert das Christentum.

Die Hand Gottes steht für sein Schöpfertum, das Leben ermöglicht und fördert, sie symbolisiert Kraft und Stärke, aber auch Geborgenheit, Vertrauen und Bewahrung.

Im Neuen Testament wird die Hand durch Jesus gereicht, seine »Hand«-lungen stehen im Vordergrund, stellvertretend handeln wir im Sinn der Mitmenschen und für die Schöpfung: »Ich habe keine anderen Hände als eure«, heißt es. In der Hand Gottes glauben sich Christen gut aufgehoben und erhalten den Mut, sich den Aufgaben des Lebens zu stellen. Vgl. Symbolsprache der Bibel ⇢ S. 192.

1. Was bringen die Psalmbeter zum Ausdruck?
2. Seht euch die Fotocollage genau an und tauscht euch darüber aus. Findet einen Titel.

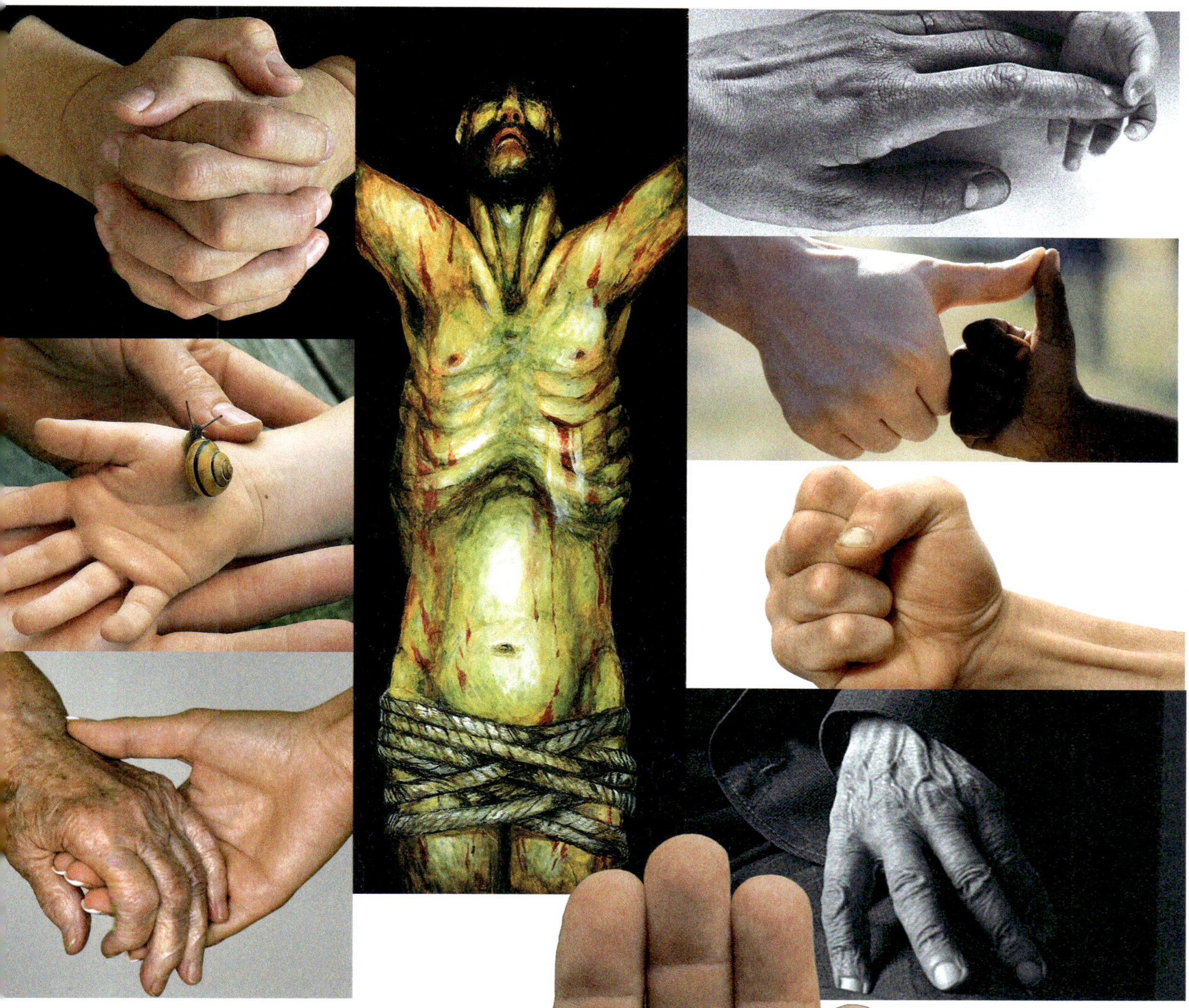

Eigenständig handeln,
Hand in Hand arbeiten,
die Hand ins Feuer legen
für einen Freund.

Schnell zur Hand sein,
nicht Hände reiben
und Händel suchen,
jemanden gut behandeln,
die Hand zur Versöhnung reichen.

Die Hand erheben zum Gruß,
eigenhändig,
mit persönlicher Handschrift
werken und wirken.

3. Nehmt euch ein Din-A4-Blatt, legt eure eigene Hand darauf und zeichnet die Umrisse nach. Schreibt einige Zeilen aus dem Hand-Gedicht, die euch besonders ansprechen, in »eure« fünf Finger. Kommentiert anschließend (z. B. in einer Art zusätzlichem »Fenster«) die jeweilige Verszeile mit euren Gedanken oder konkreten Beispielen, z. B. Hand in Hand arbeiten – »Mit jemandem zusammenzuarbeiten ist gut. Man baut Vertrauen auf, und zusammen ist man stärker und schneller.« (Hanna) Hängt »eure Hände« im Klassenraum auf.
4. Ihr könnt auch ein eigenes Hand-Gedicht verfassen.

Das Vaterunser

Seit 2000 Jahren wird das Vaterunser auf der ganzen Welt von Christen gebetet. In vielen Gottesdiensten heißt es zum Ende hin: »Lasst uns beten, wie Jesus uns gelehrt hat. Dazu stehen wir auf.« Erinnert ihr euch, wann ihr dieses Gebet zum ersten Mal kennengelernt habt? Wer es noch nicht auswendig kann, sollte es schnell lernen, denn in den Gottesdiensten wird davon ausgegangen, dass jeder textsicher ist. Aber habt ihr euch schon einmal mit dem Inhalt beschäftigt?

Das Vaterunser

Unser Vater im Himmel!
Dein Name werde geheiligt.
Dein Reich komme.
Dein Wille geschehe wie im Himmel so auf Erden.
Unser tägliches Brot gib uns heute.
Und vergib uns unsere Schuld, wie auch wir vergeben unseren Schuldigern.
Und führe uns nicht in Versuchung, sondern erlöse uns von dem Bösen.
Denn dein ist das Reich und die Kraft und die Herrlichkeit in Ewigkeit.
Amen.
Matthäus 6,9–13

Der Evangelist hat das Gebet Jesu, das Vaterunser, als Anweisung für Gemeinden unterschiedlicher Herkunft und Lebensgewohnheiten überliefert.

Our Father in heaven,
hallowed be your name,
your kingdom come,
your will be done on earth as it is in heaven.
Give us today our daily bread.
Forgive us our debts, as we also have forgiven our debtors.
And lead us not into temptation, but deliver us from the evil one.
New International Version

Notre Père, toi qui es dans les cieux,
que tu sois reconnu pour Dieu,
que ton règne vienne,
que ta volonté soit faite, et tout cela, sur la terre comme au ciel.
Donne-nous aujourd'hui le pain dont nous avons besoin,
pardonne-nous nos torts envers toi comme nous pardonnons nous-mêmes les torts des autres envers nous.
Garde-nous de céder à la tentation, et surtout, délivre-nous du diable.
La Blible du Semeur

Umweltforum 2010 auf Bali

Unser Vater,
der im Himmel wohnt
– wir wissen nicht, wie weit –,
lass uns hier auf der Erde
wie bei dir zu Hause sein.
Gib uns für heute
genug zu essen
und allen anderen auch.
Vergib uns, was schlecht war,
so wie wir einander
vergeben wollen.
Mach es für uns nicht zu schwer,
dir zu vertrauen,
und halte das Böse von uns fern.
Das kannst nur du, Vater,
denn du bist stark
und groß
und weise
und wunderbar
von Ewigkeit zu Ewigkeit.
Amen.
Sylvia Vanden

Sorg dich nicht um den Himmel
Sorg dich nicht um den Himmel,
für den lass die Weisheit Gottes sorgen.
Sicher wird er anders ausfallen,
als wir uns vorstellen können.
Aber um diese Erde,
die Gott uns vertraut hat,
darfst du ruhig weitersorgen,
ohne sein Gebot zu verletzen.
Es wird den Lilien nicht schaden,
wenn du ein Gärtner bist,
und wenn du im Winter die Vögel fütterst,
gibt's schon im Frühjahr mehr Gesang.
Und erst recht für den Nächsten,
auch wenn er dich nicht kennt,
darfst du noch mehr und besser sorgen,
nicht nur mit abgetragenen Kleidern.
Jedoch täglich sorglos und unbekümmert
lass deine Liebe wachsen!
Christine Busta

1. Schreibt das Vaterunser ab, lasst zwischen den Versen immer eine Zeile frei, um den Text in Sinnabschnitte zu gliedern. Was fällt euch beim Aufbau auf? Notiert eure Beobachtungen rechts daneben.
2. In Bibeln für Kinder und Jugendliche werden Texte häufig umformuliert, so auch dieses Gebet. Vergleicht die beiden Versionen. Was würdet ihr verändern oder ergänzen?
3. Christine Busta spricht von Sorgen und Hoffnungen. Schreibt einen »Geheimzettel« mit euren Sorgen und euren Hoffnungen.

Brot für heute – Herzlichkeit für alle Tage

Diakonie – andere stark machen

Plakat der »Aktion Brot für die Welt« aus dem Jahr 2009

Die historischen Bodelschwinghschen Anstalten in Bethel

Unter der Internetadresse www.diakonie.de findet ihr weitere Informationen zu Tätigkeiten, Einrichtungen und Aktionen.

SCHLÜSSELWISSEN **Diakonie**

»Dienet einander, ein jeder mit der Gabe, die er empfangen hat, als die guten Haushalter der mancherlei Gnade Gottes«, lautet die Forderung aus dem ersten Petrusbrief 4,10. Das Wort »Diakonie« heißt nichts anderes als Dienst. Um Menschen in Not zu helfen, hat die evangelische Kirche das »Diakonische Werk« gegründet, in dem sich hauptamtliche und zahlreiche nebenamtliche Mitarbeiterinnen und Mitarbeiter engagieren. Die Aktion »Brot für die Welt« feierte im Jahre 2009 50-jähriges Bestehen und ist weltweit bekannt.

Eine der größten diakonischen Einrichtungen Europas ist Bethel, was übersetzt »Haus Gottes« bedeutet. Gründer war im 19. Jahrhundert Friedrich von Bodelschwingh. Bethel ist für die Betreuung von epilepsiekranken Menschen berühmt. Das Ideal der weitsichtigen und wirksamen Hilfe wird außerdem in Einrichtungen für Kinder und Jugendliche, Suchtkranke, Behinderte und pflegebedürftige Menschen gelebt. Man könnte die Diakonie auch als evangelische Sozialarbeit bezeichnen.

Schulbrot einmal anders – sich selbst stärken

In einer Schule haben Eltern, Lehrkräfte, Schülerinnen und Schüler zu Beginn eines Schuljahrs ein überdimensionales Brötchen aus Pappe gebaut und es mit verschiedenen »Zutaten« belegt, die aus starkem farbigen Papier gefertigt waren. Dargestellt wurde alles, was man braucht, um einen anstrengenden, aber sicher auch spannenden Schultag gut durchzuhalten. Dabei ging es nicht nur um Nusscreme oder Salamischeiben, sondern jeder konnte auch seine persönlichen »Lebens«-Mittel darstellen, die ihm für eine gelingende Gemeinschaft in der Schule wichtig sind, z. B. gegenseitiger Respekt, Achtsamkeit oder Freundschaft.

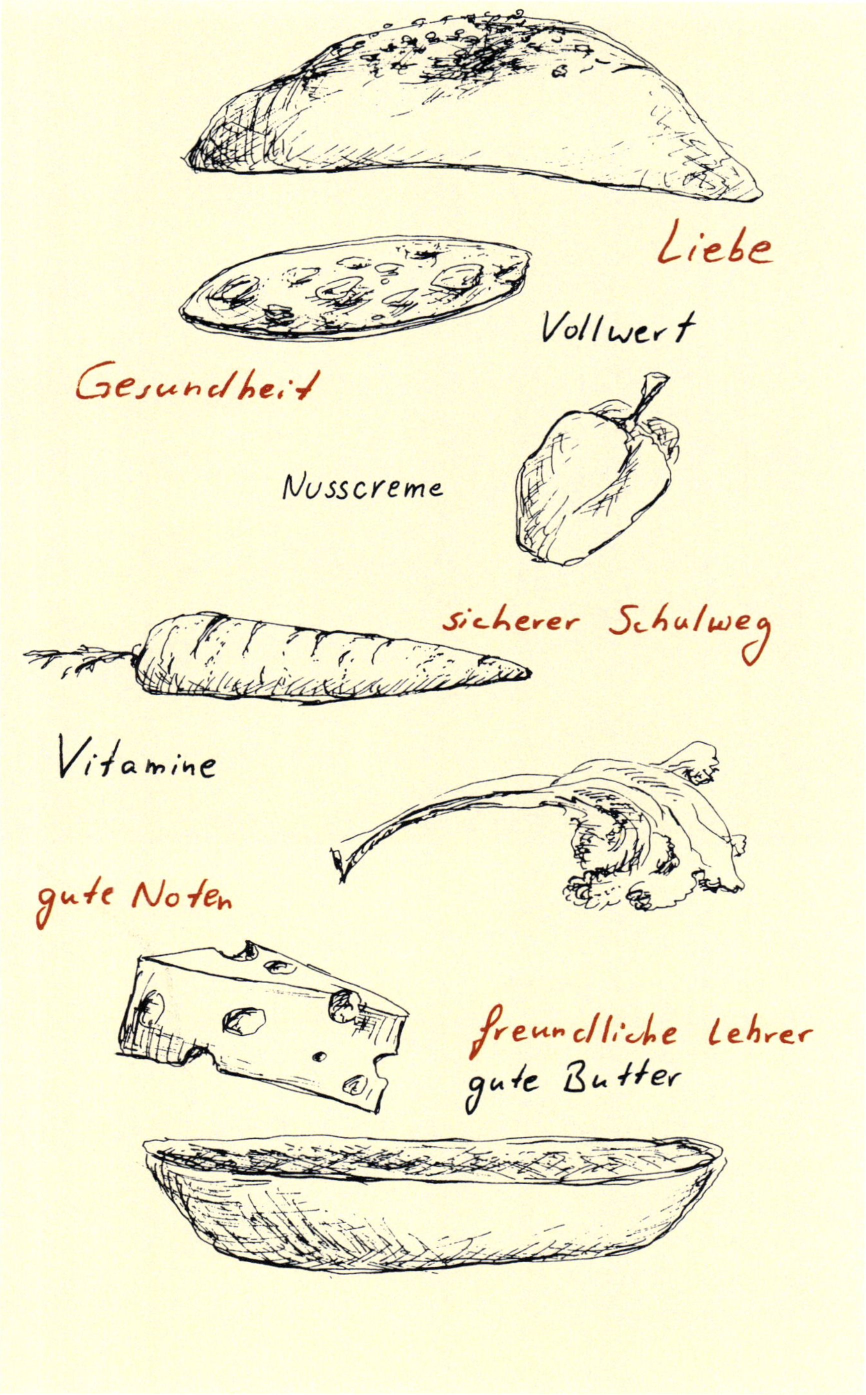

1. Wie wirkt das Plakat von »Brot für die Welt« auf euch? Erläutert dessen Aussage.
2. Recherchiert diakonische Einrichtungen, teilt euch in Gruppen auf und sprecht euch ab, wer sich mit den Aufgaben einer bestimmten diakonischen Arbeit genauer beschäftigt. Ihr könnt auch in euren eigenen Kirchengemeinden nachforschen. Entwerft ein »Netzwerk diakonischer Einrichtungen«.
3. Gestaltet zusammen einen »Zukunftsburger« nach euren Wünschen und stellt ihn im Schulhaus auf.

Vergib uns und wir vergeben – Mut zur Versöhnung

Vergeben, vergessen, verzeihen statt vergelten, nachtragend sein, sich rächen? Finden wir es nicht unfair, wenn jemand einen Schaden anrichtet, jemandem Leid zufügt und irgendwie »davonkommt«? Wollen wir oft nicht lieber, dass der Andere, der gemein war, meinen Schmerz gleichermaßen oder sogar mehr zu spüren bekommt? Was mache ich mit meinem Leid? Wohin gehen meine Gedanken? »Das verzeihe ich dir nie!«, »Ich kann das nicht vergessen! Du hast mein Vertrauen missbraucht!« »Ich werde es ihm heimzahlen!« Tatsächlich darf man sich fragen: Kann man alles wieder gut machen? Lässt sich der Schaden begrenzen? Reicht eine Entschuldigung?

Unaufhaltsam

Das eigene Wort,
wer holt es zurück,
das lebendige
eben noch ungesprochene
Wort?

Wo das Wort vorbeifliegt,
verdorren die Gräser,
werden die Blätter gelb,
fällt Schnee.
Ein Vogel käme dir wieder.
Nicht dein Wort,
das eben noch ungesagte,
in deinem Mund.
Du schickst andere Worte
hinterdrein,
Worte mit bunten, weichen Federn.
Das Wort ist schneller,
das schwarze Wort.
Es kommt immer an,
es hört nicht auf, an-
zukommen.

Besser ein Messer als ein Wort.
Ein Messer kann stumpf sein.
Ein Messer trifft oft
am Herzen vorbei.
Nicht das Wort.

Am Ende das Wort,
immer
am Ende
das Wort.

Hilde Domin

So ist Versöhnung

Wie ein Fest nach langer Trauer,
wie ein Feuer in der Nacht,
ein offnes Tor in einer Mauer,
für die Sonne aufgemacht.
Wie ein Brief nach langem Schweigen,
wie ein unverhoffter Gruß,
wie ein Blatt an toten Zweigen,
ein »Ich-mag-dich-trotzdem-Kuss«.

So ist Versöhnung, so muss der wahre Friede sein.
So ist Versöhnung. So ist Vergeben und Verzeihn.

Wie ein Regen in der Wüste,
frischer Tau auf dürrem Land,
Heimatklänge für Vermisste,
alte Feinde, Hand in Hand.
Wie ein Schlüssel im Gefängnis,
wie in Seenot »Land in Sicht«,
wie ein Weg aus der Bedrängnis,
wie ein strahlendes Gesicht.

Refrain

Wie ein Wort von toten Lippen,
wie ein Blick, der Hoffnung weckt,
wie ein Licht auf steilen Klippen,
wie ein Erdteil, neu entdeckt.
Wie der Frühling, wie der Morgen,
wie ein Lied, wie ein Gedicht,
wie das Leben, wie die Liebe,
wie Gott selbst, das wahre Licht.

Refrain

Jürgen Werth

1. »Besser ein Messer als ein Wort«. Erschließt aus dem Gedicht, was Hilde Domin damit zum Ausdruck bringen wollte.
2. In dem Lied »So ist Versöhnung« kommen zahlreiche Vergleiche vor (»... wie ...«). Welcher dieser Vergleiche spricht euch am meisten an? Erläutert anhand von Beispielen.
3. Überlegt, was vergeben bzw. verzeihen bedeutet und was alles zu einer Versöhnung gehört.
4. Verfasst eine eigene 4. Strophe, in der ihr Vergleiche findet, die ihr für den Titel »So ist Versöhnung« für treffend haltet, sucht auch passende Abbildungen heraus. Stellt alle Strophen zu einem »Versöhnungs-Lied« zusammen.

Versuchungen standhalten – aber wie?

Im Leben kommt man oft in Situationen, Entscheidungen zu treffen, Versuchungen standzuhalten und ein klares »Nein!« zu formulieren. Es braucht häufig Mut, gegen den Strom zu schwimmen: Sei es, du gehst mit deiner Freundin shoppen und ihr bekommt Lust, viele teure Sachen zu kaufen, ein Freund sitzt nächtelang am PC und will auch mit dir nachts chatten, deine neue Freundin raucht und bietet dir immer wieder »eine« an oder auf einer Party werden bunte Pillen verkauft.

Zwölf- und 13-jährige sturzbetrunken im Wald

Miesbach. Bis zur Besinnungslosigkeit betrunken sind zwei Mädchen im Alter von zwölf und 13 Jahren am Montagnachmittag von Spaziergängerinnen auf einem Waldweg in Oberbayern entdeckt worden. Die beiden seien kaum noch ansprechbar gewesen, so die Polizeiinspektion Miesbach. Bei der Älteren wurden nahezu zwei Promille Alkohol festgestellt, bei der Jüngeren knapp ein Promill. ap.

Bonner General Anzeiger 30.12.2009, S.27

Bei 40 Prozent aller jugendlichen Gewalttaten sind Täter und/oder Opfer alkoholisiert bzw. stehen unter Drogeneinfluss.

nach: Polizeipräsidium München, 2008

Das durchschnittliche Einstiegsalter beim Konsum von Cannabis* sinkt stetig und liegt heute bei 14 bis 15 Jahren. Etwa fünf Prozent aller Jugendlichen gelten als abhängig von Haschisch oder Marihuana bzw. betreiben einen Missbrauch.

nach: Thomasius, 2008

SCHLÜSSELWISSEN **Sucht/Abhängigkeit**
Unter Sucht versteht man ein bestimmtes Verhaltensmuster, das mit einem unwiderstehlichen, wachsenden Verlangen nach einem bestimmten Gefühls- und Erlebniszustand beschrieben wird. Da Sucht nicht auf den Umgang mit bestimmten Stoffen beschränkt ist, kann jede Form menschlichen Verhaltens zur Sucht werden (z. B. Magersucht, Spielsucht, Mediensucht, Arbeitssucht). Sie entsteht über den Prozess: Erfahrung – Wiederholung – Gewöhnung (Missbrauch) – »nicht mehr können ohne«. In Bezug auf stoffgebundene Süchte wurde der Begriff Sucht durch den der Abhängigkeit ersetzt. Er wird dann benutzt, wenn jemand ein krankhaftes Verlangen nach einem bestimmten Mittel oder einer Kombination von Mitteln hat.

1. Menschen sind neugierig, wollen Neues erleben, Grenzen überschreiten. Überlegt, ob man »alles« ausprobieren sollte.
2. Lest den Dialog (Tom und Jan) mit verteilten Rollen. Wie gelingt es Tom, Nein zu sagen?
3. Verfasst in Kleingruppen unterschiedliche Situationen und Gespräche, in denen jemand auf clevere Art und Weise »Nein« zu Drogen sagt, und stellt sie in Rollenspielen den anderen vor.

Sich trauen, gegen den Strom zu schwimmen

Tom und Jan sind in einer Klasse. Nach der Schule schlendern sie zusammen zum Bus.

Jan (geheimnisvoll) Hey Tom, ich hab´ da übrigens was für dich.

Tom (neugierig) Was ist es denn?

Jan (holt ein kleines Päckchen aus seiner Tasche) Echt was Geiles ... hier ...

Tom (ahnungsvoll, spielt aber den Unwissenden) Mhhh ... was Süßes?

Jan (sich ereifernd) Quatsch, astreines Gras, hier nimm ...

Tom (gelangweilt) Nö danke, kein Bock.

Jan (eindringlich) Mensch, ist doch für dich umsonst. Schenk ich dir ...

Tom (ironisch) Tolles Geschenk! Wenn ich dann Lust auf mehr kriege, muss ich löhnen, oder?

Jan (beschwichtigend) Na, ja, ich kann dir einen guten Preis machen ... so billig kriegste das nirgends.

Tom (trocken) Doch. Nichts kaufen ist billiger.

Jan (von oben herab) Aber dann verpasst du was. Wenn du gut drauf sein willst, dann ...

Tom (macht eine abweisende Handbewegung) Danke ... aber ich bin gut drauf ... und wer auf dein Gelaber reinfällt, der tut mir echt leid. ... da kommt mein Bus ... tschüss...

4. Wertet eure Rollenspiele aus, indem ihr z. B. folgende Fragen beantwortet:
Wie haben die Spieler und Spielerinnen sich selbst in ihrer Rolle gefühlt?
Wurden die Rollen sprachlich, gestisch und mimisch treffend ausgefüllt?
Welche Ziele hat jeder Spieler verfolgt?
Welche Rollenfigur hat sich mit welchen Mitteln/Methoden durchsetzen können?
Ist eine Konfliktlösung aufgezeigt worden, wenn ja, welche? Gibt es Verhaltensalternativen?

Methode **Ein Rollenspiel durchführen**

Mit Rollenspielen kann man konfliktträchtige Alltagssituationen durchspielen. Dabei kann man sowohl den Konflikt darstellen als auch Lösungsmöglichkeiten aufzeigen. Der Reiz liegt darin, in eine Rolle zu schlüpfen, z. B. spielt man einen Polizisten oder eine Ärztin, oder jemanden, der ganz anders ist als man selbst, z. B. mutig, aufbrausend.

- Als erstes werden in einer Gruppe die Rollen festgelegt und verteilt; eine Spielzeit verabredet (zwischen 5 und 20 Minuten); in der Spielgruppe die Handlung, also die Konfliktgestaltung und die Konfliktlösung, besprochen.
- Es werden Rollenkarten vorbereitet: Notiert werden Stichworte.
  - Rollenfigur (z. B. Name, Alter, Beruf, persönliche Daten, die für das Spiel relevant sind)
  - Situation, der Konflikt, in dem diese Figur auftritt
  - Meinung, Ansicht zu diesem Konflikt
  - Handlungsweisen dieser Figur.
- Nach dem Spiel sollte man sich von der Rolle distanzieren: »Ich bin nicht XY!«; man kann sie kommentieren: »Meine Figur sollte zeigen, dass ...« . Ihr könnt auch die Rollen tauschen.

Erlöst vom Bösen?

Wer oder was ist böse? Viele Märchen erzählen von Unglückssituationen, aus denen ein »Guter« befreit oder z. B. von einem bösen Zauberbann erlöst werden muss. In Fantasy-Geschichten oder Computerspielen werden »böse Mächte« dargestellt, die bekämpft werden müssen. Als Leser sind wir froh, wenn schließlich das Gute siegt, als Spieler wollen wir gewinnen. Wie ist es im »richtigen Leben«?

Zum Morden an die Schule
Winnenden.
Am 11. März 2009 tötete der 17-jährige Tim K. in Winnenden und Wendlingen 15 Menschen, bevor er sich selbst erschoss. Ermittlungen ergaben, dass er seine 12 Opfer an einer Realschule in Winnenden nicht gezielt ausgesucht hatte. Zuvor hatte er im Internet Amokläufe recherchiert.

Ein Geständnis hinter geschlossenen Türen
Unter riesigem Medieninteresse beginnt die Verhandlung gegen eine 16-jährige Schülerin, die an einem Gymnasium in Bonn ein Inferno plante.

Bonn. [...] Am Morgen des 11. Mai, wenige Wochen nach dem tödlichen Amoklauf von Winnenden, kam auch Tanja O. laut Anklage in ihre Schule, um zu töten. In ihrem Rucksack hatte sie zehn selbst gebastelte Molotowcocktails, ein Schwert und eine Schreckschusspistole – und in ihrem Kopf, so die Anklage, einen mörderischen Plan: Sie wollte zunächst einen Lehrer mit einem Kurzschwert niederstechen, um ihm den Schlüssel für die Klassenräume abzunehmen. Danach wollte sie die Molotowcocktails in die Klassenzimmer werfen, um sie in Brand zu setzen, und dann die Räume von außen zusperren. Es hätte ein Inferno gegeben, wäre sie nicht im letzten Moment von Anna Petrova überrascht worden.

Laut Anklage griff Tanja O. die Mitschülerin sofort an, die 17-jährige wehrte die gegen ihren Bauch gerichtete Waffe mit den Händen ab und wurde dabei schwer verletzt. Unter anderem wurde ein Finger fast vollständig abgetrennt. Anna Petrovas Schreie alarmierten einen Lehrer, und als der in die Toilette kam, gelang der Verletzten die Flucht. Der Lehrer schlug Alarm, nach einem gescheiterten Selbstmordversuch mit der Schreckschusspistole flüchtete Tanja O. Am späten Abend stellte sie sich in Köln der Polizei [...] Laut Anklage war die Einser-Schülerin als problematisch bekannt und hatte bereits durch hasserfüllte Äußerungen gegen Mitschüler und Schule auf sich aufmerksam gemacht. Drei Tage vor der Tat sollte sie als so genannte »Gefährderin« ein Gespräch mit der Schulpsychologin führen. Doch sie meldete sich krank.

Woher so viel Hass? Was geht in einem jungen Menschen vor, dass er beschließt, mit einem Amoklauf so viele Menschen wie möglich zu töten? [...]

Bonner General Anzeiger, 28.10.2009

Dietrich Bonhoeffer, geboren 1906, war ein protestantischer Theologe in Berlin. Ab 1940 arbeitete er für den politischen Widerstand gegen Hitler. Aufgrund dessen wurde er drei Jahre später verhaftet und schließlich am 9. April 1945 im Konzentrationslager Flossenburg hingerichtet.
Diese Gedichtzeilen hat Dietrich Bonhoeffer im Dezember 1944 einem Brief an seine Mutter und an seine Verlobte beigelegt, als er im Gefängnis saß. Noch heute spricht es viele Menschen an und es wird, als Lied vertont, häufig in Gottesdiensten gesungen.

Von guten Mächten
Von guten Mächten treu und still umgeben,
behütet und getröstet wunderbar,
so will ich diese Tage mit euch leben
und mit euch gehen in ein neues Jahr.

Refrain

Von guten Mächten wunderbar geborgen
Erwarten wir getrost, was kommen mag.
Gott ist mit uns am Abend und am Morgen
Und ganz gewiss an jedem neuen Tag.

Noch will das Alte unsre Herzen quälen,
noch drückt uns böser Tage schwere Last,
ach, Herr, gib unsern aufgescheuchten Seelen
das Heil, für das du uns bereitet hast.
Dietrich Bonhoeffer

Ich glaube ...
Ich glaube, dass unsere Fehler und Irrtümer nicht vergeblich sind und dass Gott es nicht schwerer ist, mit ihnen fertig zu werden, als mit unseren vermeintlichen Guttaten.
Ich glaube, dass Gott aus allem, auch aus dem Bösesten, Gutes entstehen lassen kann und will. Dafür braucht er Menschen, die sich alle Dinge zum Besten dienen lassen.
Dietrich Bonhoeffer

1. Tragt zusammen, wie das Böse in Computerspielen dargestellt wird und warum davon eine Faszination auf den Spieler oder die Spielerin ausgeht.
2. Zahlreiche Schüler und Schülerinnen haben an die Albertville-Realschule Briefe geschrieben und ihre Anteilnahme formuliert. Was würdet ihr schreiben?
3. In vielen Geschichten wird von »bösen Mächten« gesprochen. Was sind für euch »gute Mächte«?
4. Wie erklärt ihr euch, dass Menschen, die sich selbst in schwierigen, ausweglosen Situationen befinden, solch zuversichtliche, trostreiche Worte finden können? Diskutiert in diesem Zusammenhang auch die beiden »Glaubens-Sätze« Bonhoeffers. Kann etwas Gutes entstehen?

Gibt es den Himmel auf Erden?

Sehnsucht nach dem Anderswo
Drinnen duften die Äpfel im Spind,
Prasselt der Kessel im Feuer.
Doch draußen pfeift Vagabundenwind
Und singt das Abenteuer!

Der Sehnsucht nach dem Anderswo
Kannst du wohl nie entrinnen:
Nach drinnen, wenn du draußen bist,
Nach draußen, bist du drinnen.
Mascha Kaléko

Von einem, der umkehrte

Da möchte ein Jugendlicher aus seinem Elternhaus ausbrechen. Nicht, dass es dort ständig Ärger gegeben hätte. Nein, es herrscht eine Atmosphäre der Geborgenheit und des Vertrauens. Der Vater bemüht sich um ein offenes, liebevolles Verhältnis. Alles, was dem Vater gehört, gehört dem Sohn mit, er kann Verantwortung übernehmen, kann frei entscheiden und ist niemandem untergeordnet. Einzig und allein dem Vater ist er Rechenschaft schuldig. Dennoch fühlte sich der Sohn unfrei, eingeengt und von seinem Vater abhängig. Und so lässt er sich seinen Erbteil, das ganze ihm Zustehende, bisher angelegte Kapital auszahlen. Er will die Freiheit kennenlernen, das Leben, dem keine Grenzen gesetzt sind. Er will endlich einmal ganz »er selbst« sein dürfen, nicht immer gebunden, sondern frei sein – um jeden Preis. Widerspruchslos lässt der Vater den Sohn in die selbstgewählte Freiheit ziehen. Und der Sohn glaubt, er sei glücklich. Endlich kann er tun, was er will. Er muss sich keinem mehr verantworten. Endlich ist er sein eigener Herr. Anfangs lebt er mit dem Kapital seines Vaters auf großem Fuß. Er hat Freunde und Freundinnen, ein schönes Appartement, trägt geschmackvolle Kleidung. Aber mit der Zeit kann er seinen Lebensstandard nicht mehr steigern, hat alles Neue durch, beginnen ihn seine gekühlten Drinks, seine Stereoanlage, sein Plasma-Fernseher, seine schick eingerichtete Wohnung, die Leute um ihn herum anzuöden. Je unglücklicher und verlorener der Sohn sich fühlt, umso mehr stürzt er sich in die Gesellschaft seiner »Freunde«, umso mehr lenkt er sich ab. Er beginnt zu ahnen, dass seine selbstgewählte Freiheit ihn nur in andere, viel größere Abhängigkeiten führt. Er fühlt sein Heimweh, aber er mag es nicht zugeben. Und so beginnt er, als seine Mittel zu Ende gehen, sich immer mehr zu verschulden. Bis er schließlich bettelarm und mittellos ganz unten landet, wo ihm nicht einmal mehr das Schweinefutter gegönnt wird, um seinen Hunger zu stillen.

1. Seht euch das Foto genau an. Setzt es mit dem Gedicht in einen gedanklichen Zusammenhang.
2. In welche »viel größere Abhängigkeiten« hat sich der Sohn begeben? Wie könnte es mit ihm weitergehen? Schreibt die Geschichte weiter. Beachtet dabei die Überschrift.
3. Beurteilt im Gleichnis vom verlorenen Sohn die Reaktion des älteren Bruders und erklärt die väterliche Antwort mit eigenen Worten.
4. Wie würdet ihr nun die Kapitelüberschrift beantworten?

Jesus hat häufig Gleichnisse vom Verlorenen erzählt, die den Hörern auch deutlich machen sollte, wie Gott ist: das Gleichnis vom verlorenen Schaf oder das von der verlorenen Drachme. Das wohl bekannteste ist das vom verlorenen Sohn (vgl. Lukas, 15,11–32). Von zwei Brüdern entscheidet sich der Jüngere, sich sein Erbteil auszahlen zu lassen und mit dem Geld in die Fremde zu gehen, doch er verprasst alles. Schließlich kehrt er reumütig nach Hause zurück und der Vater lässt ein Fest zu seinen Ehren veranstalten. Hier findet ihr das Ende des Gleichnisses:

25 Aber der ältere Sohn war auf dem Feld. Und als er nahe zum Hause
kam, hörte er Singen und Tanzen 26 und rief zu sich einen der Knechte
und fragte, was das wäre. 27 Der aber sagte ihm: Dein Bruder ist gekom-
men und dein Vater hat das gemästete Kalb geschlachtet, weil er ihn
gesund wiederhat. 28 Da wurde er zornig und wollte nicht hineingehen.
Da ging sein Vater heraus und bat ihn. 29 Er antwortete aber und sprach
zu seinem Vater: Siehe, so viele Jahre diene ich dir und habe dein Gebot
noch nie übertreten, und du hast mir nie einen Bock gegeben, dass ich
mit meinen Freunden fröhlich gewesen wäre. 30 Nun aber, da dieser dein
Sohn gekommen ist, der dein Hab und Gut mit Huren verprasst hat, hast
du ihm das gemästete Kalb geschlachtet. 31 Er aber sprach zu ihm: Mein
Sohn, du bist allezeit bei mir und alles, was mein ist, das ist dein. 32 Du
solltest aber fröhlich und guten Mutes sein; denn dieser dein Bruder war
tot und ist wieder lebendig geworden, er war verloren und ist wiederge-
funden. *Lukas 15, 25–32*

Da berühren sich Himmel und Erde

Wo Menschen sich vergessen,
die Wege verlassen,
und neu beginnen, ganz neu,
Refrain: da berühren sich Himmel und Erde,
dass Frieden werde unter uns.
da berühren sich Himmel und Erde,
dass Frieden werde unter uns.

Wo Menschen sich verschenken,
die Liebe bedenken
und neu beginnen, ganz neu,
Refrain: da berühren sich Himmel und Erde,
dass Frieden werde unter uns.
da berühren sich Himmel und Erde,
dass Frieden werde unter uns.

Wo Menschen sich verbünden,
den Hass überwinden,
und neu beginnen, ganz neu,
Refrain: da berühren sich Himmel und Erde,
dass Frieden werde unter uns.
da berühren sich Himmel und Erde,
dass Frieden werde unter uns.

Gottes Hände spüren – Segenstexte verfassen

In diesem Kapitel habt ihr euch intensiv mit dem Symbol der Hand und mit dem zentralen Gebet der Christenheit, dem Vaterunser, beschäftigt. Es eröffnet auch nach über 2000 Jahren zahlreiche Blickwinkel auf uns und die Welt im Vertrauen zu Gott. Er ist wie ein liebender Vater, dessen Hände einen auffangen, wenn man zu fallen droht.

Der Kabarettist Hanns Dieter Hüsch und sein Freund Michael Blum haben in ihrem kleinen Buch zum Segen in vielfältigen Texten ihre Zuversicht ausgedrückt. Anhand ihres folgenden Segenstexts läst sich das in diesem Kapitel von euch Erarbeitete noch einmal zusammenfassen.

Segen für alle Zeit

Dass Gott uns das Geleit geben möge
Immerdar
Auf unserem langen Weg zu unserer Menschwerdung
Auf dem endlos schmalen Pfad zwischen Gut und Böse
Herzenswünschen und niedrigen Spekulationen
Er möge uns ganz nahe sein in unserer Not
Wenn wir uns in den großen anonymen Städten
Wieder an die Hand nehmen
Damit wir seiner Fantasie folgen können. [...]
Er möge uns vor falschen Horizonten und
Dunklen Abgründen bewahren
So dass wir nicht in Richtungen wandern
Die uns im Kreise und an der Nase herumführen [...]
Und all die Vorwürfe
Die wir uns gegenseitig machen
Möge Er in herzhaftes Gelächter verwandeln
Und unsere Bosheiten in viele kleine Witze auflösen
Wir bitten ihn Zeichen zu setzen und Wunder zu tun
Dass wir von all unseren Schuldzuweisungen ablassen
Und jedwedem Gegner ein freier Gastgeber sind.
Er möge uns von seiner Freiheit ein Lied singen
Auf dass wir alle gestrigen Vorurteile außer Kraft
Und alle Feindseligkeiten außer Gefecht setzen [...]
Denn wer will uns erlösen von all unserem
Weltgeschichtlichen Wahn
Auch von unseren täglichen Lebenskonflikten
Gott unser Herr möge auch manchmal
Ein Machtwort sprechen
Mit all jenen Herren die sich selber zu Göttern ernannt
Die Menschen durch Maschinen ersetzen und für
Geld Kriege führen
Und mit Drogen alle Zukunft zerstören
Er möge sich unser erbarmen
Am Tag und in der Nacht
In der großen Welt und in der kleinen Welt des Alltags. [...]
Hanns Dieter Hüsch

1. Zu welchen Gedanken im Segenstext fallen euch Texte oder Bilder aus diesem Kapitel ein? Stellt Bezüge her und erklärt sie.

2. Verfasst selbst einen Segen, in dem eure Hoffnungen und Wünsche, eure Kritik und eure Forderungen in Worte gefasst werden. Als gliederndes Element könnt ihr die Formulierung »Er möge ...« verwenden.

Ablaufplan der Andacht zum Thema:

„IN GOTTES HAND"

- Begrüßung (Lisa)
- Anfangslied: Von guten Mächten (alle)
- Meine „geheimen" Sorgen (Max)
- Hand-Gedicht (Carla)
- Einige Erläuterungen (Leon, Hosna im Wechsel)
- Meine Hoffnungen (Friederike)
- Vaterunser (alle)
- Segen für alle Zeit (Jens)
- Schlusslied: Da berühren sich Himmel und Erde (alle)

Wir laden alle herzlich zur kommenden Morgenandacht ein

IN GOTTES HAND

Ort: Raum der Stille
Zeit: Mittwoch, 7.45 – 8.00 Uhr

METHODE

Eine Andacht gestalten

Das Wort »Andacht« hat mit Denken, Gedanken, Andenken zu tun.

- In Andachten könnt ihr eure Gedanken zu einem Thema, das euch in Zusammenhang mit »Gott und der Welt« bewegt, formulieren und vortragen.
- Ihr könnt passende literarische oder selbst geschriebene Texte und Lieder auswählen und auch passende Symbole mitbringen.
- An manchen Schulen gibt es eine Andachts-AG, an der Schüler und Schülerinnen verschiedener Jahrgangsstufen teilnehmen können. In regelmäßigen Abständen halten sie eine etwa 15-minütige Andacht morgens vor dem Unterricht im »Raum der Stille«.

3. Gestaltet selbst eine Andacht. Wählt euch ein Thema, das euch gerade bewegt, euch besonders wichtig ist. Sucht Materialien (Texte, Symbole, Lieder), mit denen ihr euer Thema veranschaulichen könnt.
   - Verteilt die Aufgaben und erstellt einen Ablaufplan.
   - Entwerft schließlich eine Einladung.

8

Eine Welt, in der es Hunger, Krieg und Ungerechtigkeit gibt, über der sich dunkle Wolken zusammenbrauen. Was muss sich ändern, damit sie eine gute Zukunft haben kann?
Die Propheten der Bibel fühlten sich von Gott berufen, in dieser Welt für Gerechtigkeit, Frieden und eine gute Zukunft zu streiten.

1. Welche Details sind in der »Glaskugel« zu entdecken, was bedeuten sie?
2. Deutet die Szene mit den beiden Gestalten vor der Kugel!
3. Welche Zusammenhänge könnten zwischen der Szene im Vordergrund und der Kugel bestehen?

Visionäre und Gottesstreiter – die Botschaft der Propheten

Die Zeichen der Zeit erkennen – aber wie?

Was wird in der Zukunft geschehen? Diese Frage hat die Menschheit immer wieder beschäftigt. In der Bibel gelten Propheten als »Seher«, die Menschen auf zukünftige Ereignisse hinweisen. In der Geschichte des Christentums, aber auch anderer Religionen, gibt es immer wieder die Vorstellung vom »Weltende« oder einer »Zeitenwende«, die kurz bevorstehe. Oft werden bestimmte Ereignisse der Gegenwart als Vorzeichen einer großen Veränderung in der Zukunft gedeutet. Manche vermuten bei alten, versunkenen Kulturen Erkenntnisse über die Zukunft, so in dem alten Kalender der Mayas, der den 21. Dezember 2012 als Zeitpunkt eines neuen Zeitalters angeben soll. Die mit solchen Vorhersagen verbundenen Hoffnungen und Ängste wurden in dem Film »2012« in Szene gesetzt, der 2009 in die deutschen Kinos kam.*

Gefahren für unsere Welt – Vorzeichen der Zukunft?

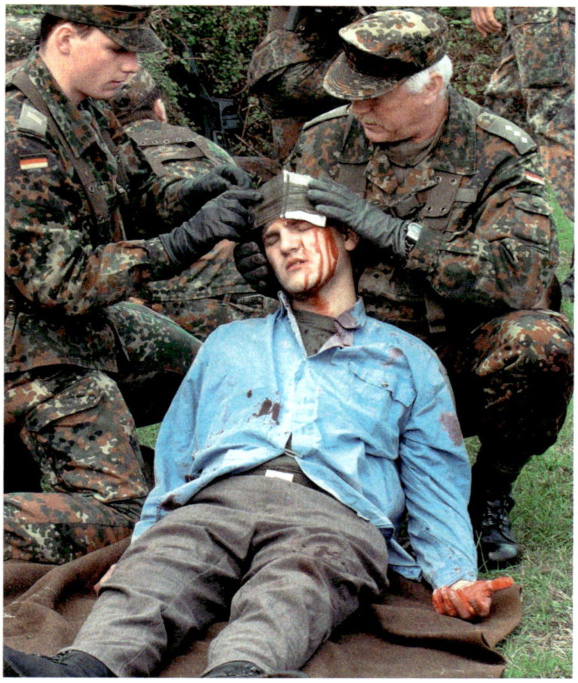

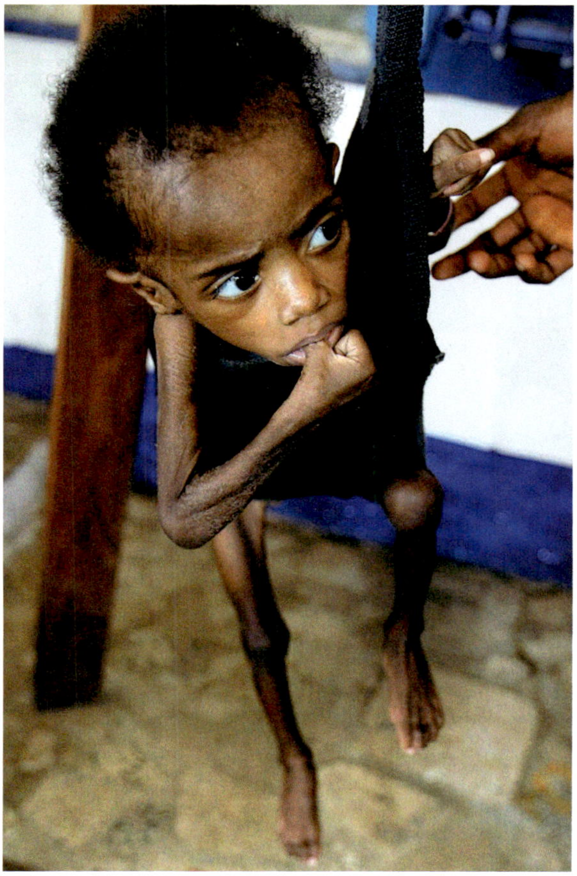

1. Welche Probleme unserer Welt sieht man in den Bildern auf dieser Seite? Überlegt, in welchen Teilen der Erde diese Fotos entstanden sind und was sie darstellen. Kann man sie mit einer Zeitenwende in Verbindung bringen?
2. Stellt in Kleingruppen zusammen, welche Erwartungen oder Befürchtungen ihr für die Zukunft habt.

Kann man in die Zukunft sehen?

Kartenlesen, Horoskop, Pendeln ...

Der Versuch, die Zukunft vorauszusagen, ist so alt wie die Menschheit. In vielen antiken Völkern gab es den Berufsstand des Sehers und Propheten. Berühmt sind die Priesterinnen des Orakels von Delphi (Griechenland).

Bis heute werden unterschiedliche Verfahren zur Vorhersage angewendet: Horoskope, die auf Astrologie zurückgehen, der Blick in die Kristallkugel, aus der die »Wahrsagerin« Zukünftiges herausliest, Pendeln, Gläserrücken, Kartenlesen und sogar Geisterbeschwörungen (Spiritismus*).*

Wahrsagerei und biblische Prophetie

Angst vor dem Abitur

Die Schülerin Anna M. aus einer 12. Klasse trifft sich immer einmal mit einer Schülergruppe, die Gläserrücken und Pendeln, mehr »so aus Spaß«, bei nächtlichem Kerzenschein praktiziert. Jeder, der möchte, kann dabei eine Frage stellen, und das Pendel »beantwortet« diese Frage mit »Ja« oder »Nein«. Das Verfahren ist einfach: Wenn das Pendel in einer Linie hin und her schwingt, bedeutet das »Nein«. Wenn es aber einen Kreis beschreibt, bedeutet das »Ja«. Anna findet diese nächtlichen Treffen interessant, hat sich aber bisher nicht getraut, selbst eine Frage zu stellen. Eines Tages fragen die anderen: »Anna, jetzt stell du doch auch mal eine Frage zur Zukunft! Was möchtest du wissen?« Anna ist eine mittelmäßige Schülerin; ob das reicht, um das Abitur zu schaffen? In Träumen hat sie sich schon öfter in der Abiturprüfung erlebt. Einmal hat sie geträumt, wie am Ende alle mit dem Kopf geschüttelt haben ... Nach einigem Zögern wagt sie ihre Frage: »Werde ich das Abitur bestehen?« Tobias nimmt das Pendel. Alle schauen genau zu. Und – das Pendel bewegt sich hin und her! Also: Nein! Anna bekommt einen Schreck. »Mach das doch nochmal! Vielleicht hast du das Pendel mit deiner Hand beeinflusst!«

Tobias wiederholt den Versuch. Damit jede Beeinflussung ausgeschlossen erscheint, setzt er das Pendel zunächst auf dem Tisch auf, damit es total ruht. Dann hebt er es langsam, damit es sich frei bewegen kann. Erst ist keine eindeutige Bewegung zu sehen. Aber nach einer Weile sehen alle deutlich: Das Pendel bewegt sich wieder hin und her – also wieder: Nein!

Schlüsselwissen Bibel und Okkultismus

In der Bibel wird nicht bestritten, dass okkulte Methoden zu Ergebnissen führen können (vgl. die Befragung des Königs Saul bei einer Geisterbeschwörerin: 1 Sam 28), doch wird ihre Anwendung abgelehnt. Denn hinter diesen Praktiken steht meist die Angst vor der Zukunft. Diese Angst ist aber ein Zeichen des Misstrauens gegenüber Gott. Das Vertrauen auf Gott, für das auch die Propheten werben, führt zu Zuversicht gegenüber der Zukunft und macht daher solche Verfahren bedeutungslos. Zugleich kann es davor bewahren, in eine Abhängigkeit gegenüber solchen Praktiken zu geraten. Denn oft haben Antworten, die man bei diesen Verfahren erhält, eine große Wirkung. Sie können Menschen so beeinflussen, dass sich das Vorhergesagte tatsächlich erfüllt (»self-fulfilling prophecy« – eine Prophezeiung, die sich selbst erfüllt).

Ganz verwirrt geht Anna nach Hause. Sie schläft schlecht. In den nächsten Wochen merkt sie, dass sie sich kaum noch konzentrieren kann. Immer schwerer fällt ihr das Lernen.

Immer größere Angst befällt sie, wenn sie an das Abitur denkt. Schließlich kommen die Tage mit den Klausuren und mündlichen Prüfungen. So viel sie dafür versucht hat zu lernen, so wenig kann sie davon wiedergeben. Am Ende sagen die Prüfer: »Mensch, Anna, was war nur mit Ihnen los? Sie waren früher doch gar nicht so schlecht – es hätte doch reichen müssen!« Anna besteht das Abitur nicht ...

1. Überlegt, warum Menschen etwas über die Zukunft erfahren möchten.
2. Welche »okkulten« Praktiken sind auf dem Bild zu erkennen?
3. Was hat Anna dazu geführt, an den nächtlichen Treffen ihrer Mitschüler teilzunehmen? Warum stellt sie schließlich »ihre« Frage?
4. Welchen Zusammenhang gibt es zwischen dem Ergebnis des Pendelns und der darauffolgenden Entwicklung?

Mitleiden an Gewalt und Unrecht

Gott will Gerechtigkeit und Frieden

In den vielen Konflikten, die es in der Welt gibt, sind oft die unbeteiligten »kleinen« Leute die Leidtragenden. Dieses Bild zeigt eine Mutter mit ihrem Sohn im Kosovo, die vor den Trümmern ihres Hauses weinen, das von NATO-Truppen während des Kosovo-Kriegs (1999) versehentlich zerstört wurde. Eigentlich war es das Ziel des NATO-Einsatzes, die Bevölkerung Albaniens vor Zerstörung, Mord und Vertreibung zu schützen.
Für solche Menschen, die Opfer der »großen Politik« werden, treten die Propheten der Bibel mit heftiger Kritik an den Reichen und Mächtigen ihrer Zeit ein. Ein besonderes Beispiel dafür ist Amos, der um 750 v. Chr. im Nordreich Israel wirkte. Er erinnert an die Leiden des Volkes Israel in der Sklaverei in Ägypten – und kann es nicht ertragen, dass vielen Menschen in Israel nun dieselbe Ungerechtigkeit widerfährt, von der Gott doch sein Volk unter Mose befreit hatte.

Schlüsselwissen **Propheten der Bibel**
Die Propheten der Bibel unterscheiden sich in vielem von den Prophetien und Praktiken, die sich in der Antike entwickelt hatten. Ihr Ziel war weniger die Voraussage der Zukunft, als vielmehr die Kritik und Veränderung des Lebens der Menschen, um eine gute Zukunft zu ermöglichen. Dazu fühlten sie sich von Gott berufen – oft gegen ihren Willen. Als Maßstab nutzten sie die Tora, den Willen Gottes. Für sie war klar: Wenn der Wille Gottes, der auf Gerechtigkeit und Frieden für alle Menschen ausgerichtet ist, andauernd außer Acht gelassen wird, wird das schlimme Folgen haben. So waren sie nicht gleichgültig gegenüber dem Leiden der Menschen, sondern setzten sich für den Schutz der Ohnmächtigen vor den Mächtigen ein. Die Botschaft der Propheten ist im Alten Testament im »Zwölfprophetenbuch« (die »kleinen« Propheten, z. B. Amos, Hosea, Micha) und in den Büchern der »großen Schriftpropheten« (Jesaia, Jeremia und Ezechiel) zusammengestellt.

Worte der Tora und Worte des Amos

11 Ihr sollt nicht stehlen noch lügen noch betrü-
gerisch handeln einer mit dem andern. 13 Du
sollst deinen Nächsten nicht bedrücken noch
berauben. Es soll des Tagelöhners Lohn nicht bei
dir bleiben bis zum Morgen. 15 Du sollst nicht
unrecht handeln im Gericht: Du sollst den Gerin-
gen nicht vorziehen, aber auch den Großen nicht
begünstigen, sondern du sollst deinen Nächsten
recht richten. 16 Du sollst nicht als Verleumder
umhergehen unter deinem Volk. Du sollst auch
nicht auftreten gegen deines Nächsten Leben;
ich bin der HERR. 18 Du sollst dich nicht rächen
noch Zorn bewahren gegen die Kinder deines
Volks. Du sollst deinen Nächsten lieben wie dich
selbst; ich bin der HERR.
Leviticus 19,11ff.

So spricht der HERR:
Sie treten nach dem Kopf der Armen
wie auf den Staub der Erde
und drängen die Elenden aus dem Weg
Euch habe ich aus allen Völkern der Erde er-
wählt,
darum werde ich an euch heimsuchen
alle eure Sünden
Nach Amos 2,7; 3,23

1. Beschreibt das Bild. Was empfinden Mutter und Kind vor ihrem zerstörten Haus?
2. Interpretiert das Bild auf dem Hintergrund der Worte des Amos.
3. Erklärt die sozialen und wirtschaftlichen Hintergründe, die in den Bibeltexten sichtbar werden. Stellt Bezüge zu heutigen Konflikten her.
4. Überlegt, welche Aussagen von Amos auf die Weisungen der Tora zurückgeführt werden können.
5. Was bedeutet es, wenn manche Aussagen mit den Worten unterstrichen werden: »Ich bin der Herr«?

Wahrnehmen, was wirklich ist

Der Weg zu Gerechtigkeit und Frieden

Was ist der erste Schritt, der zur Veränderung führen kann?
Für die Propheten war klar: Eine ehrliche Bestandsaufnahme dessen, was wirklich ist, ohne Schönfärberei. Ein Beispiel: In der Werbung wird das Auto als Mittel zu Freiheit, Unabhängigkeit und »Freude am Fahren« dargestellt. Die Realität auf unseren Straßen ist aber oft eine andere. Und die Abgase der Autos (CO_2) sind eine der Ursachen für den befürchteten Klimawandel.
Auch wenn es schon viele PKWs mit sparsamem Verbrauch gibt, bevorzugen die Käufer doch meist stärkere Modelle.

Sie sagen: Friede! Friede! –
und ist doch kein Friede ...!
Nach Jeremia 6,14

Das sind die Worte des Propheten Jeremia – gesprochen vor rund 2600 Jahren. Er wendet sich dagegen, dass die Verhältnisse im Land schöngeredet wurden: Es sei schon alles in Ordnung, man habe alles unter Kontrolle, es werde schon alles gut gehen – so sprachen die Mächtigen seiner Zeit.

Sport

Schulklasse

Gesellschaft

Schule

Familie

Politik

Eltern

Kirche

Umwelt

SCHLÜSSELWISSEN
Gerechtigkeit und Frieden
»Friede« – Schalom auf Hebräisch – bedeutet nicht nur das Ruhen der Waffen, sondern ein umfassendes Heilsein der gesellschaftlichen Verhältnisse, auch zwischen Mensch und Natur. Voraussetzung für »Schalom« ist »Gerechtigkeit« – hebräisch Zedakah. Gerechtigkeit und Frieden sind nach den Propheten notwendig, damit die Welt »heil« wird und dem Willen Gottes entspricht. Deshalb wiesen sie schonungslos auf die Ungerechtigkeiten in Staat und Gesellschaft hin.

1. Auf Û S. 134 sind der fast tägliche Stau auf der Autobahn zu sehen und die Werbeanzeige einer Autofirma. Was ist die »Botschaft« der Werbung? In welchem Verhältnis steht sie zum »Straßenalltag?«
2. Wählt euch einige der oben genannten Stichworte »Sport, Gesellschaft ...« aus und beschreibt, in welcher Weise die Worte des Jeremia auch heute auf diese Bereiche zutreffen.
3. Überlegt in Gruppen, was sich ändern müsste, wenn diese Bereiche nach »Gerechtigkeit und Frieden« gestaltet würden.

Visionen von Schöpfung und Erlösung

Hildegard von Bingen, eine große Prophetin des Mittelalters

Die Bibel erzählt, schon beim Auszug der Israeliten aus der Sklaverei in Ägypten sei die Prophetin Miriam dem Volk vorangezogen und habe nach der Rettung am Schilfmeer das Lied angestimmt: »Lasst uns dem Herrn singen, denn er hat eine große Tat getan …« (Exodus 15,20f.).
In der Antike gab es viele Völker, die Frauen besondere seherische Gaben zuschrieben – nicht nur im Mittelmeerraum, sondern auch bei den Germanen und Kelten. In der Geschichte des Christentums traten viele bedeutende Frauen hervor.

Eine ganz besondere ist Hildegard von Bingen (1098–1179). Seit ihrer Kindheit sah sie innere Bilder und Visionen. Darin wird sie immer wieder an die Grundlagen der Welt als der guten Schöpfung Gottes erinnert. Furchtlos rief sie Könige und Bischöfe dazu auf, dem Willen Gottes zu folgen. Zugleich zeigt sie Wege, wie der Mensch im Einklang mit allen Geschöpfen leben soll. In einem wertvollen Kodex* sind ihre Visionen* und Worte festgehalten worden.*

Hildegard von Bingen, Karlheinz Oswald, 1998

»Ich sah ein helles Feuer in Form eines Kreises
– unendlich, unauslöschlich, voller Leben.
In der Mitte war eine himmelblaue Flamme.
Sie berührte einen zweiten Kreis und
entzündete darin sechs kreisrunde Funken –
bis die ganze Welt und der Mensch vollendet waren.
Und das helle Feuer ließ den Menschen an einer weißen Blüte riechen –
er roch ihren Duft, nahm aber die Blüte nicht an.
So fiel er in Finsternis und wurde sterblich.
Doch dann ging aus dem hellerleuchteten Feuer ein neuer Mensch hervor –
und seine Strahlen machten die Finsternis hell.«
Nach Hildegard von Bingen: Scivias – Wisse die Wege

1. Welche Einzelheiten entdeckt ihr auf dem Bild der Vision* »Schöpfung und Erlösung« S. 136. Bezieht sie auf den Text.
2. Überlegt gemeinsam: Was kann die Blüte bedeuten, deren Duft der Mensch zwar riecht, die er aber nicht annimmt? Wer ist die Gestalt, die in die Finsternis hineinstrahlt? Was könnte mit den »sechs kreisrunden Funken« gemeint sein?
3. Beschreibt den Gesichtsausdruck Hildegards, den die Bronzefigur zeigt. Was könnte sie empfinden?

Eine gute Zukunft für unsere Welt

Was muss sich ändern, was wird Bestand haben?

Heute versuchen Zukunftsforscher herauszufinden, wie sich das Leben der Menschen entwickeln wird und welchen Einfluss das auf die natürlichen Lebensgrundlagen wie Klima, Umwelt, Energie und Wasser, aber auch auf den Gegensatz von Arm und Reich in der Welt haben wird. In einer Studie stellten sie schon vor rund 30 Jahren Forderungen auf, was getan werden muss, um die Erde zu erhalten: weniger Verbrauch von Energie und Ressourcen, weniger CO_2-Ausstoß, sparsamere Lebensführung, gerechtere Verteilung der Güter.

1. Bildet Dreiergruppen, nehmt Stellung zu den Bildern: Was ist sinnvoll und hat für die Zukunft Bestand?
2. Interpretiert die Worte von Amos und Micha: Worauf gründet ein Leben, das Bestand hat? Worin könnte das »respektvolle Mitgehen mit Gott« bestehen?

Worauf es ankommt: die Botschaft der Propheten

So spricht der HERR:
Sucht mich, so werdet ihr leben ...
Sucht das Gute und nicht das Böse,
so werde ich bei euch sein ...
Nach Amos 5,4 u. 14

Es ist dir gesagt, Mensch, was gut ist
und was der Ewige von dir erwartet:
gerecht handeln, allem mit Güte begegnen,
und respektvoll mit Gott gehen.
Nach Micha 6,8

DAS WEISST DU

Die Berufung der Propheten nachvollziehen

In diesem Kapitel habt ihr erfahren, dass Menschen immer wieder etwas über die Zukunft wissen möchten und dazu manchmal Horoskope lesen oder okkulte Methoden benutzen. Ihr habt von den Propheten des Alten Testaments gehört, denen es vor allem darum ging, die Menschen vor den Folgen ihres Tuns zu warnen, wenn sie Dinge tun, die der Schöpfung Gottes und seinen Geboten zuwiderlaufen. Sie erinnern daran, welche Grundlagen Gott den Menschen gegeben hat und dass sie ihr Handeln an Gerechtigkeit und Frieden orientieren sollen, damit die Welt eine gute Zukunft hat.

Wilhelm Groß, 1947

METHODE **Eine Tafelprozession*** veranstalten

- Die Sitzordnung in der Klasse wird so gestaltet, dass die Schülerinnen und Schüler in einem Halbkreis vor der Tafel sitzen (»Kino«).
- Euer Lehrer/eure Lehrerin schreibt ein Stichwort in die Mitte der Tafel, das die Inhalte des Kapitels möglichst gut erfasst.
- Nach einer kurzen Stille gehen immer jeweils zwei von euch schweigend zur Tafel und schreiben dazu je ein Wort oder eine kurze Aussage, die euch dazu wichtig erscheint.
- Die anderen sollen keinen Kommentar dazu abgeben.
- Erst wenn alle dran waren, dürfen Fragen gestellt werden. Dazu sollen erst die anderen ihre Vermutungen nennen; danach darf der/die Autor/in ihre Erklärung dazu geben.
- Mit verschiedenen Farben könnt ihr am Schluss die Worte mit einem verwandten Inhalt kennzeichnen.
- Zuletzt wird das Tafelbild in das Religionsheft übertragen.

1. Interpretiert den Holzschnitt »Die Berufung des Jeremia« auf dem Hintergrund dessen, was ihr im Kapitel über die biblischen Propheten gelernt habt. Arbeitet dabei auch Unterschiede zwischen Propheten und Wahrsagern heraus.
2. Veranstaltet eine Tafelprozession zu Themen, die in diesem Kapitel vorkommen.

Eine prophetische Rede formulieren

SCHLÜSSELWISSEN **Prophetische Rede**
Die Propheten der Bibel beobachten die Zustände ihrer Zeit genau, erkennen die Folgen ungerechter Verhältnisse und treten im Namen Gottes für Frieden und Gerechtigkeit ein.
Dabei lassen sich vier Merkmale ihrer Rede unterscheiden:
- Schonungslose Beschreibung der Missstände;
- Darlegung dessen, was dem Willen Gottes entspricht (orientiert an »Friede und Gerechtigkeit«);
- Beschreibung der Folgen, wenn der Wille Gottes nicht befolgt wird.
- Visionen* der Hoffnung auf eine Welt, die dem Willen Gottes entspricht.

Um zu unterstreichen, dass sie im Namen Gottes sprechen, leiten sie ihre Reden oft mit der »Botenformel« ein: »So spricht der Herr«. Um die Menschen wachzurütteln, ist die prophetische Rede zugespitzt und provozierend.

3. Bildet Kleingruppen; wählt euch ein Problem aus, das euch besonders beschäftigt und formuliert dazu eine prophetische Rede, die sich an den Merkmalen orientiert, die im Schlüsselwissen genannt sind. Die Rede soll mit der »Botenformel« beginnen: »So spricht der Herr«. Berücksichtigt dabei die Merkmale einer prophetischen Rede ⇢ S.141 Schlüsselwissen.

9

1. Beschreibt die Einzelheiten des großen Bildes.
2. Was fällt euch am Bildaufbau auf?
3. Was wisst ihr bereits über Martin Luther und die Reformation?

In Gottes Nähe leben

Bernhard, Abt von Clairvaux

Bernhard von Clairvaux ist einer der wichtigsten Kirchenführer des Mittelalters. 1090 wurde er im französischen Burgund geboren. Er entstammte einer wohlhabenden adligen Familie. Als junger Mann trat er in Cîteaux ein, das Stammkloster der Zisterzienser. Cîteaux zog so viele Mönche an, dass Tochterklöster errichtet werden mussten. Schon bald wurde Bernhard zum Abt* des 1115 gegründeten Klosters Clairvaux ernannt und baute den bedeutenden Mönchsorden der Zisterzienser auf. Er starb 1153.*

Mönch oder Ritter

Die Spielregel war einfach. Man musste mit seinem Pferd 100 Schritte Anlauf nehmen und dann im Galopp die Lanzenspitze durch einen Metallring stechen. Der Ring war an einem Ast aufgehängt, sodass er mühelos mit der Lanze herabgerissen werden konnte. Allerdings brauchte man Kraft, viel Geschicklichkeit und ein sicheres Auge.

Bernhard hockte am schattigen Waldrand und erwartete seinen Bruder Guido, der ihm mit dem Ring an seiner Lanze stolz entgegenritt. »Ihr seid ein rechter Ritter geworden!« rief Bernhard ihm zu. »Ja, und bald werde ich Turniere und die Herzen stolzer Edelfrauen gewinnen.« Lachend schwang sich Guido aus dem Sattel und ließ sich neben seinem Bruder nieder. »Genießt das Leben! Ritterfest und Falkenjagd, bisweilen ein ehrlicher Kampf zwischen tapferen Männern, und die Bauern zahlen brav ihre Steuern. Was begehren wir also mehr?«

»Guido, ihr verwundert mich sehr. Wolltet ihr doch als Ritter die Witwen und Waisen verteidigen und beschützen, Recht sprechen und Gerechtigkeit üben an den Armen in ihrer Not.» »Ach, das sind doch nur Worte.« Guido winkte ab, aber Bernhard fuhr unbeirrt fort: »Die Waffe dient nicht dem Heldenspiel und auch nicht dem Raubzug. Eure Aufgabe ist es, dem Glauben zu dienen: Schützt die Pilger auf ihren Wegen, bewacht die heiligen Stätten und haltet die Ungläubigen fern.« Bernhard blickte seinem Bruder ernst ins Gesicht. »Oho, was sind denn das für Ideen! Das klingt, als wolltet Ihr Mönch werden und die Welt verändern.«

Bernhard schwieg. »Im Kloster leben?« Guido betrachtete sein grasendes Pferd. »Die Orden werden immer reicher und mächtiger. Schaut Euch nur die Pracht in den Kirchen an. Sie behaupten, nichts könne kostbar genug sein, um ein Stück Himmel auf Erden darzustellen. ›Wollen wir bei Gott wohnen, dann müssen wir durch gute Taten dorthin eilen‹, so sagte der Heilige Benedikt. Aber das, was Ihr heute seht, hat mit Einsamkeit, Arbeit und Gottesdienst wenig zu tun.«

»Ihr habt recht, Guido. Der Prunk entspringt nur der Habgier, und wozu dient das Gold in den Kirchen, wenn Christen Hunger leiden?« Bernhard verschränkte die Arme hinter seinem Kopf, legte sich in das Gras und blinzelte in die Baumwipfel, durch die gleißendes Sonnenlicht fiel. »Ja, auch hier muss sich etwas ändern.«

SCHLÜSSELWISSEN

Kloster

Das Kloster dient als Ort des gemeinsamen Lebens von Mönchen und Nonnen ganz im Dienste Gottes. Diese Bedeutung kommt vielfach in den Klostergebäuden zum Ausdruck: Im Mittelpunkt steht eine Kirche mit einem Kreuzgang, einem Kapitelsaal (Versammlungsraum), dem Refektorium (Speisesaal), dem Dormitorium (Schlafsaal), dem Scriptorium (Schreibraum) und dem Oratorium (Gebetssaal). Der Kreuzgang umschließt einen Garten, in dem sich ein Brunnen befindet. Er ist der Schauplatz feierlicher Prozessionen*.
Zur Klosteranlage gehören oft landwirtschaftliche Gebäude.

*Das Zisterzienser*kloster in Sénanque in Südfrankreich. Noch heute leben hier Mönche.*

1. Was fällt euch zu den Begriffen »ritterlich« und »Ritter« ein? Welche Vorstellungen haben Bernhard und Guido? Informiert euch über das Leben der Ritter im Mittelalter.
2. In der Zeit des Mittelalters gab es in Deutschland viele zehntausend große und kleine Burgen. Gibt es in eurer näheren Umgebung eine Burganlage? Findet etwas über die Geschichte und die Bedeutung dieser Burg heraus.
3. Zeichnet den Grundriss des Klosters Sénanque. Wo könnten sich die verschiedenen Bestandteile des Klosters befinden?
4. Gibt es in eurer Umgebung eine Klosteranlage? Vergleicht die Grundrisse.

Bete und arbeite

Bernhard übernahm und erneuerte die Klosterregeln des Benedikt von Nursia, der 529 n. Chr. in Italien ein Kloster gründete. Nach der Regel des Benedikt musste derjenige, der in ein Kloster eintreten wollte, dreierlei versprechen: arm und ohne Besitz zu leben, ehelos zu bleiben und gehorsam zu sein. Für Bernhard war es klar, dass der Mensch nur in der Einsamkeit und Abgeschiedenheit des klösterlichen Lebens Gott nahekommen kann.

Das Kloster im hellen Tal

Guido und Bernhard gingen schweigend durch den Kreuzgang des Klosters. Guido hatte schon lange sein Ritterleben aufgegeben und war seinem Bruder ins Kloster Cîteaux gefolgt. Die Morgenkühle ließ ihn frösteln, aber die ersten Sonnenstrahlen kündigten einen warmen Tag an. Er passte seinen Schritt dem ruhigen Gang seines Bruders an. »Guido«, begann Bernhard, »ich habe Euch zu mir gebeten, weil ich etwas Wichtiges mitzuteilen habe. Unser ehrwürdiger Abt* hat mich berufen, mit einer Schar von zwölf Mönchen auszuziehen und ein weiteres Kloster unseres Ordens zu gründen.« Dieser Auftrag kam nicht überraschend, in Cîteaux wollten sich immer mehr Männer aufnehmen lassen, auch dachte man mittlerweile an Frauenklöster. »Ich freue mich für Euch«, platzte es endlich aus Guido heraus. »Aber Ihr seid noch so jung.« »Der Abt vertraut mir«, fuhr Bernhard unbeirrt fort. »Uns ist ein Stück Land geschenkt worden, drei bis vier Tagesmärsche nördlich von hier gelegen. Ihr kennt es, es gehörte unserem Cousin Gosbert. Dort wollen wir das Kloster errichten.«

»Ja, ich kenne den Ort«, Guido zögerte, »aber es ist ein Ort der finsteren Einöde. Es gibt dort nur sumpfiges Land, Wälder und wilde Tiere – fernab jeder menschlichen Siedlung!« »Richtig«, sprach Bernhard. »Die Sümpfe werden wir trockenlegen, die Wälder roden und das gewonnene Land bewirtschaften. Das Holz brauchen wir als Baumaterial. Frisches Wasser ist wichtig. Wir brauchen es zum Kochen und zum Waschen, wir brauchen es auch für das Weihwasser. Den Bachlauf können wir zum Antrieb von Mühlen nutzen, und Teiche werden uns mit Fischen versorgen. Unser Kloster soll nicht auf kahlen Bergen, wo man hochmütig auf die Menschen herabschaut, sondern im Tal erbaut werden. Hier liegt die Fruchtbarkeit der Pflanzen und des Glaubens. Clairvaux, helles Tal, so soll unser Kloster heißen.

Von festen Klostermauern werden wir umgeben sein, damit wir nicht die Blicke und Besuche der Weltmenschen erleiden müssen. Auch soll unsere Kirche einfach gebaut und ausgestattet sein, nichts soll uns in unserem stillen Gebet ablenken.

Ich weiß, unser Leben wird beschwerlich und entbehrungsreich sein. Wir werden nur von unserer Hände Arbeit leben, keine Geschenke oder Almosen annehmen, aber dafür wird uns umso reicher die Liebe Gottes geschenkt werden. Aber nun kommt und lasst uns zum Morgengebet gehen.«

Unbekannter Künstler, 1459. Bau des Zisterzienserklosters Maulbronn. Das Kloster liegt in der Nähe von Stuttgart. Es wurde 1147 gegründet. Heute werden hier evangelische Pfarrerinnen und Pfarrer ausgebildet.

1. Bernhard gab seinem Kloster den Namen Clairvaux. Erklärt seine Entscheidung. Wie stellte sich Bernhard das Leben in Clairvaux vor?
2. Obwohl das Leben der Zisterzienser* als sehr streng galt, fühlten sich immer mehr Menschen von diesem Orden angezogen. Welche Gründe könnten sie gehabt haben?
3. In den Schreibstuben der Klöster wurden alte Schriften abgeschrieben und kunstvoll ausgestaltet. Auf der Abbildung links bilden zwei Mönche, die einen Baumstamm spalten, den Anfangsbuchstaben Q. Sucht euch aus der Bibel einen Text aus, der euch gefällt. Schreibt ihn in Schönschrift ab und gestaltet ihn.
4. Beschreibt die handwerklichen Tätigkeiten der Mönche beim Klosterbau.

Im Kloster leben

Katharina von Bora wurde 1499 geboren. Ihre Mutter starb früh, sodass Katharina schon als Kind im Kloster untergebracht wurden musste. Der Vater konnte auch die Aussteuer nicht aufbringen, um Katharina verheiraten zu können. So ließ um 1508 Hans von Bora seine Tochter im Kloster Marienthron bei Nimbschen in der Nähe von Leipzig eintreten. 1523 flüchtete sie aus dem Kloster nach Wittenberg. Zwei Jahre später heiratete sie dort Martin Luther. Sie starb 1552, sechs Jahre nach dem Tod ihres Mannes. Während Martin in Wittenberg beerdigt ist, befindet sich Katharinas Grab in Torgau.

Katharina von Bora erinnert sich

Im Wittenberger Wohnhaus der Luthers herrschte wieder Trubel. Einige Freunde und Studenten, die mit Martin diskutieren wollten, waren eingetroffen. Katharina brachte sie im Gästetrakt unter, dessen Ausbau unter ihrer Aufsicht soeben fertiggestellt worden war. Dann trug sie den Mägden auf, für ein Abendessen zu sorgen und Bier für die langen Gespräche bereitzuhalten. Katharina war nicht nur eine tüchtige Gastgeberin, sie kümmerte sich auch um geschäftliche Angelegenheiten ihrer Familie. So plante sie, weitere Ländereien zu erwerben, um für das Alter vorzusorgen.

Aber manchmal nahm sich Katharina Zeit, setzte sich zu den Gästen an den Tisch, nahm ihre jüngste Tochter auf den Schoß und begann aus ihrem Leben im Kloster zu erzählen:

»Damals habe ich meinen Vater nicht verstanden. Wie kann man nur ein Kind in ein Kloster stecken? Ich habe viel geweint. Aber es gab dort auch andere Kinder, und die Nonnen waren gut zu mir. Viel lieber wäre ich aber zu Hause geblieben.

Als ich dann zehn Jahre alt war, kam ich nach Marienthron – und ich gebe zu, dass ich stolz darauf war. Marienthron war nämlich sehr bekannt und wurde von vielen Menschen besucht. In der Kirche standen zwölf reich geschmückte Altäre. Hier wurden Stücke ausgestellt, die von der Krippe Jesu und ihrem Stroh, von der Dornenkrone, vom Schleier der Jungfrau Maria stammen sollen. Unsere Besucher glaubten, dass ihnen die andächtige Verehrung dieser Reliquien* und eine Spende für die Kirchenkasse den Weg ins Himmelreich sichern würden – sie erhofften, sich damit Ablässe für ihre Sündenstrafen zu erwerben.

Mit fünfzehn Jahren wurde ich Novizin. Ich sollte mir nun gut überlegen, ob ich wirklich bereit sei, ein Leben als Nonne zu führen. Aber was hätte ich anderes tun sollen?

Ein Jahr später war es schließlich so weit. In einem feierlichen Gottesdienst verpflichtete ich mich zu einem Leben in Armut, Ehelosigkeit und Gehorsam gegenüber meinen Oberen. Zum Zeichen für mein Versprechen bekam ich einen Ring. Ich trug ein weißes Ordenskleid und mein kurz geschorenes Haar unter einem schwarzen Schleier. Endlich war ich eine Nonne!

Schon vor Sonnenaufgang begann unser erster Gottesdienst, nach Mitternacht endete der letzte, dazwischen lagen vier weitere. Gegessen haben wir nur zweimal am Tag. Während der Mahlzeiten wurden uns Lebensgeschichten heiliger Menschen vorgelesen. Vor Ostern und Weihnachten und zweimal in der Woche haben wir gefastet. Im Kloster herrschte ein Schweigegebot, das nur zu bestimmten Stunden aufgehoben wurde. Damit hielt es unsere Äbtissin sehr streng. Zwischendurch konnten wir uns aber mit einer Fingersprache verständigen. Wir durften nicht laut lachen und sollten auch ansonsten bedachtsam leben. So mussten wir den Becher mit beiden Händen umfassen, damit wir langsam tranken.

Natürlich erhielten wir auch Unterricht. Ich lernte lesen, schreiben, singen und ein bisschen Latein – mehr als andere Mädchen damals lernen durften! Schwere körperliche Arbeit brauchten wir nicht zu leisten. Ich pflegte den Kräutergarten und half in der Apotheke. Besonders gefreut haben wir uns auf die Ausflüge in die Umgebung oder wenn Besucher ins Kloster kamen.«

Katharina im Kreis ihrer Freunde und ihrer Familie

Aus der Klosterregel des Benedikt

Pflichten für Mönche und Nonnen:

- *Arme bewirten*
- *Kranke besuchen*
- *Bedrängten zu Hilfe kommen*
- *Trauernde trösten*
- *Sich dem Treiben der Welt entziehen*
- *Für die Feinde beten*
- *Nach einem Streit noch vor Sonnenuntergang zum Frieden zurückkehren*
- *Den Oberen Gehorsam leisten*

1. Sucht auf einer Landkarte die wichtigen Stationen im Leben der Katharina auf. Welche Gründe hatte Hans von Bora, seine Tochter Katharina in einem Kloster unterzubringen?
2. Was bedeutete es für Katharina, im Kloster zu leben?
3. Vergleicht euren Tagesablauf mit dem der Nonne Katharina im Kloster Marienthron. Welche Ordnungen und Regeln gelten in eurem Alltag?
4. Auch heute fasten viele Menschen. Stellt fest, warum sie dies tun. Schlagt hierzu auch in einem Lexikon nach. In der Zeit vor Ostern könnt ihr euch über die jährliche Aktion »Sieben Wochen ohne« informieren.

Martin Luther und seine Zeit

Martin Luther wurde am 10. November 1483 geboren. Auf Wunsch seines Vaters begann er das Studium der Rechtswissenschaft. 1505 wurde Luther auf einer Reise kurz vor Erfurt von einem schweren Gewitter überrascht. Ein Blitz schlug so dicht neben ihm ein, dass er vor Schreck ausgerufen haben soll: »Hilf, heilige Anna, ich will ein Mönch werden.« Noch im gleichen Jahr trat Luther in das Erfurter Augustinerkloster ein. Dort wurde er 1507 zum Priester geweiht und bald darauf zum Professor der Universität in Wittenberg ernannt.

Martin Luther schreibt seinem Vater

Seinem Vater Hans Luther wünscht Martin Luther, sein Sohn, Segen in Christus.

Es sind nun fast sechzehn Jahre her, seit ich gegen deinen Willen Mönch geworden bin. In väterlicher Sorge – ich war eben erst zweiundzwanzig Jahre und in glühender Jugendhitze – fürchtetest du für mich, denn an vielen ähnlichen Beispielen hattest du erfahren, dass diese Art zu leben manchem zum Unheil gereicht hatte. Deine Absicht war es sogar, mich durch eine ehrenvolle und reiche Heirat zu binden. Diese Sorge um mich beschäftigte dich. Auch war dein Unwille gegen mich – nach dem Eintritt ins Kloster – eine Zeit lang nicht zu besänftigen. Vergeblich redeten dir die Freunde ein: Du solltest doch, wenn du Gott etwas opfern wolltest, ihm dein Teuerstes und Bestes darbringen. Endlich aber gabst du doch nach und fügtest dich dem Willen Gottes – aber ohne deswegen die Sorge um mich aufzugeben. Denn ich erinnere mich, als wäre es heute: Du sprachst schon wieder besänftigt mit mir. Da versicherte ich dir, dass ich vom Himmel durch Schrecken gerufen, nicht etwa freiwillig oder auf eigenen Wunsch Mönch geworden sei. Noch viel weniger wurde ich es um des Brauches willen, sondern von Schrecken und der Furcht vor einem plötzlichen Tode umgeben, legte ich ein gezwungenes Gelübde ab.

Lebe wohl, liebster Vater, und grüße meine Mutter, deine Margaretha, samt der ganzen Verwandtschaft in Christus.

Aus der Einöde, den 21. November 1521.

Am Ende des Mittelalters spürten viele Menschen, dass ein neues Zeitalter anbrechen würde. Die Angst vor der Pest und Furcht vor Höllenstrafen erfüllte alle Schichten des Volkes. Die Menschen waren sehr fromm, aber die Unruhe betraf auch das kirchliche Leben: Die Gottesdienste wurden nicht mehr ordentlich gefeiert, die Klosterregeln immer weniger beachtet. Die kirchlichen und adligen Landbesitzer drückten die Bauern mit ständig wachsenden Abgaben.

Das Gemälde aus der Zeit um 1515 gehört zu einem großen Altar, der in einem Kloster in Isenheim (Frankreich) stand. In diesem Kloster wurden Menschen gepflegt, die von Seuchen befallen waren. Die Gestalt in der linken Bilddecke ist mit Pestbeulen übersät.

1. Plant ein Streitgespräch zwischen Martin und seinem Vater, als Martin ihm mitteilte, dass er ein Mönch werden will. Lest hierzu den Brief genau durch und überlegt euch, welche Argumente die beiden für und gegen Martins Klostereintritt gebraucht haben könnten.
2. Betrachtet in Ruhe das Bild auf dieser Seite. Welche Empfindungen und Reaktionen weckt es bei euch? Woran erinnern euch die dargestellten Dämonen?

Der Streit um den Ablass

1514 verkündigte die Kirche einen neuen Ablass, um mit den Ablassverkäufen Geld für den Bau des Petersdoms in Rom zu sammeln. Wer einen Ablassbrief erworben hatte, konnte darauf hoffen, den Erlass der Sündenstrafen, vor allem des Fegefeuers, erkauft zu haben. Besonders bekannt wurde der Ablassprediger Johann Tetzel (1456–1519).

»Das lass dir gesagt sein ...«

Es wurde wieder Frühling, und der Klostergarten musste für die Aussaat vorbereitet werden. Als Martin in den Garten kam, waren die Novizen gerade damit beschäftigt, den Boden zu hacken. Nur Jakob hatte sich von den anderen abgesetzt und hockte auf einer Steinbank. Eigentlich hätte Martin ihn zurechtweisen müssen, aber es war ihm schon länger aufgefallen, dass Jakob nur noch mit wenig Appetit aß und beim Gottesdienst kaum hörbar mitsang.

Martin trat zu ihm hin: »Was fehlt dir, mein Junge?« Jakob schwieg. »Fühlst du dich nicht wohl bei uns?« Jakob schüttelte langsam seinen Kopf und flüsterte: »Nein, das ist es nicht.« Martin schwieg nun ebenfalls und wartete. »Ach, nachts ist es am schlimmsten«, begann Jakob, ohne Martin dabei anzuschauen. »Dann jagen mich Teufel mit spitzen Lanzen in Fässer voller kochendem Öl. Ich sehe Menschen, die an Ketten gefesselt in das gefräßige Maul schrecklicher Ungeheuer gezerrt werden. Manchmal schreie ich so laut, dass ich aufwache. Dann bin ich schweißgebadet und habe Angst vor der Nacht.« »Seit wann ergeht es dir so?« Martin hatte sich ebenfalls auf die Bank gesetzt. Jakobs Stimme klang wieder etwas fester: »Ich habe Tetzels Ablasspredigt gehört: ›Für Euch, Eure Eltern, Weib und Kind soll so viel Ablass gewährt sein, so viel Ihr Geld legt ins Kästel ein. Sobald das Geld im Kasten klingt, die Seele sich in den Himmel schwingt.‹ Bruder Martin, Ihr wisst doch selbst, was die Kirche lehrt: ›Nur derjenige findet vor Gott Anerkennung, der ausreichend gute Werke in seinem Leben getan hat. Die Kirche kann aber denjenigen ihre Schuld und Strafe erlassen, die um Ablass begehren.‹« Jakob musste schlucken und sprach dann mit leiser Stimme weiter: »Ich bin nichts, und ich habe nichts. Meine Eltern sind arme Leute. Nie werden wir uns einen Ablassbrief leisten können, wir sind rettungslos verloren.«

Martin legte die Hand auf Jakobs Schulter: »Höre, lass dir nie von anderen Menschen sagen, dass du vor Gott nichts wert bist. Denk an das Gleichnis vom verlorenen Sohn. Sein Vater hat ihn wieder mit Freude aufgenommen, obwohl er sein ganzes Erbe verprasst hat. Jakob, du brauchst keine Angst vor Gott zu haben. Er liebt dich so, wie du bist – da ist es egal, ob du nun ein mächtiger König oder ein armes Mönchlein wirst. Er ist wie ein guter Vater, der seine Kinder liebt, auch wenn sie manchmal ungezogen sind – und bei dem sie Trost suchen können, wenn sie sich schlecht fühlen.« Jakob atmete vernehmbar auf. »Und auch das lass dir gesagt sein, Jakob!« Martin ballte die Faust. »Die Ablassprediger täuschen sich, wenn sie glauben, die Liebe Gottes scheibchenweise verkaufen zu können. Wenn der Papst von den Erpressungsmethoden der Ablassprediger wüsste, sähe er lieber die Peterskirche in Asche sinken, als dass sie mit Haut, Fleisch und Knochen seiner Schafe erbaut würde! Aber nun, steh auf und tue deine Arbeit.«

Schlüsselwissen **Reformation**
Der Beginn der Reformation wird mit Luthers Veröffentlichung der 95 Thesen am 31. Oktober 1517 zeitlich festgelegt. In diesen Thesen wandte er sich gegen das Ablasswesen. Luther kritisierte zahlreiche Missstände der Kirche und erhielt großen Zulauf. Die Buchdruckerei ermöglichte eine Verbreitung seiner Predigten, Schriften und der von ihm ins Deutsche übersetzten Bibel. Thomas Müntzer, Johannes Calvin und Huldreich Zwingli verfolgten ähnliche Reformen wie Luther. Reformation heißt »Veränderung« oder »Erneuerung«.

Aus den 95 Thesen Martin Luthers

5 Der Papst ... kann keine Strafen erlassen, außer solchen, die er ... auferlegt hat.

21 Deshalb irren jene Ablassprediger, die sagen, dass durch solche Ablässe ... der Mensch von jeder Strafe frei und los werde.

27 Menschenlehre verkündigen die, die sagen, dass die Seele aus dem Fegefeuer emporfliege, sobald das Geld im Kasten klingt.

28 Gewiss, sobald das Geld im Kasten klingt, können Gewinn und Habgier wachsen, aber die Fürbitte der Kirche steht allein auf dem Willen Gottes.

33 Nicht genug kann man sich vor denen hüten, die den Ablass des Papstes jene unschätzbare Gabe Gottes nennen, durch die der Mensch mit Gott versöhnt werde.

36 Jeder Christ, der wirklich bereut, hat Anspruch auf völligen Erlass von Strafe und Schuld, auch ohne Ablassbrief.

Johann Tetzel
Flugblatt,
Beginn 16. Jahrhundert

1. Erklärt, warum Jakob so gelitten hat. Überlegt, was dieses Gespräch in Jakob ausgelöst haben könnte. Das Gleichnis vom verlorenen Sohn könnt ihr in Lk 15,11–32 nachlesen ⇢ S. 122f.
2. Luther sprach von den Erpressungsmethoden der Ablassprediger. Was meinte er damit?
3. Begründet, warum Luther den Ablasshandel so scharf ablehnte.

Martin Luthers Ideen breiten sich aus

Luthers Streit mit der Kirche verbreitete sich sehr schnell und ließ ihn weithin bekannt werden. Auf geheimnisvollen Wegen sind Luthers reformatorische Ideen auch in das Kloster Marienthron zu Katharina gelangt. Möglicherweise hat der Torgauer Ratsherr und Händler Leonhard Koppe Schriften Luthers in das Kloster geschmuggelt. Als Fischhändler lieferte Koppe regelmäßig Waren ins Kloster, vor allem Heringe und Stockfische als Fastenspeise. Ob Katharina durch ihn von Martin Luther gehört hat?

Katharina erzählt von Luther

»Ich kann mich noch gut daran erinnern, als ich zum ersten Mal etwas von Martin hörte. Ich war in der Apotheke und sortierte die Tiegel und Mörser, die ich zuvor gebraucht hatte, um getrocknete Blätter zu zerstoßen. Plötzlich hörte ich jemanden den Gang hochkommen. Tatsächlich – Ave von Schönfeld kam herein. Ave war eine gute Freundin von mir und gehörte später mit zu den geflüchteten Nonnen. ›Katharina‹, flüsterte sie, ›ich habe ungewöhnliche Neuigkeiten! Über einen Mann, der früher ein Mönch war und heute in aller Öffentlichkeit erklärt, dass der Ablasshandel Unfug sei.‹ Ave redete immer schneller: ›Er hat die Bibel in die deutsche Sprache übersetzt, damit jeder sie verstehen kann – denn nur der Heiligen Schrift sei zu glauben und nicht, was irgendwelche Päpste und Priester verkünden.‹ ›Wer ist dieser Mann?‹, unterbrach ich sie leise. ›Er ist ein Doktor der Theologie aus Wittenberg und heißt Martin Luther. Und er sagt über das Leben im Kloster, dass die Menschen für die Ehe und nicht für die Einsamkeit geschaffen sind. Und es ist Unrecht, wenn man die Gnade Gottes einfach dadurch erkaufen will, indem man Geld dafür bezahlt oder besondere Versprechen ablegt. Und das heißt ...‹ ›Das heißt‹, unterbrach ich sie, ›dass wir nicht auf dem rechten Weg zu Gott sind.‹ Ich stand starr vor Schrecken. ›Katharina, es geht noch weiter! Der Papst hat ein Verfahren gegen ihn eingeleitet. Ihm ist der Kirchenbann schriftlich angedroht worden, aber Luther soll die Urkunde einfach verbrannt haben. Selbst der Kaiser mischt sich nun ein. Auf dem Reichstag in Worms wollte man ihn zwingen, alles zu widerrufen, aber Luther soll gesagt haben: Hier stehe ich, ich kann nicht anders. Daraufhin ist über ihn die Reichsacht verhängt worden: Jeder hätte ihn töten können. Seine Bücher wurden verbrannt! Aber seine Anhänger hielten ihn versteckt. Immer mehr Pfarrer und Mönche schließen sich seiner Bewegung an, und heute ist er wieder in Wittenberg.‹ Ich war solche gefährlichen Abenteuergeschichten nicht gewohnt und begann, am ganzen Körper zu zittern. ›Und wer beschützt ihn dort?‹ ›Sein Landesherr, der Kurfürst von Sachsen!‹ An dieser Stelle wurde unser Gespräch vom Glockengeläut unterbrochen, das uns zum Gebet rief. Aber diesmal war ich viel zu aufgeregt, um andächtig zu werden, denn ich spürte, dass sich unser Leben völlig ändern würde.«

Auf dem Reichstag in Worms 1521 sollte Martin Luther seine Schriften widerrufen, weil der Papst eine Spaltung der Kirche verhindern wollte und der Kaiser den Verlust seiner Macht über diejenigen Fürsten befürchtete, die sich zur Reformation bekannten. Nach einem Tag Bedenkzeit antwortete Luther: »Wenn ich durch Zeugnisse aus der Schrift [...] widerlegt werde, so bin ich durch die von mir angeführten Worte der Heiligen Schrift überzeugt. [...] Und da mein Gewissen in Gott gefangen ist, kann und will ich nichts widerrufen, weil es gefährlich und unmöglich ist, etwas gegen das Gewissen zu tun. Gott helfe mir, Amen.«

Dieser alte Holzstich stellt die Vernehmung Luthers auf dem Reichstag in Worms dar. Luther wird vom Kaiser aufgefordert, die Bücher, die er widerrufen soll, mit ihrem Titel zu nennen (Intitulentur libri).

1. Was hat Katharina über Luthers Auseinandersetzung mit der Kirche erfahren? Zieht zur Ergänzung ein Lexikon heran.
2. »Das heißt, dass wir nicht auf dem rechten Weg zu Gott sind.« Was meint Katharina mit diesem Satz?
3. Stellt die Szene des Bildes oben nach. In der Raummitte befindet sich der päpstliche Ankläger Alexander, in der rechten Ecke thront Kaiser Karl V., ihm gegenüber steht Luther. An den Wänden sitzt der Gerichtshof, bestehend aus Fürsten, Bischöfen und Abgesandten der Reichsstädte. Bereitet die Anklage- und Verteidigungsreden vor.
4. Luthers Auftritt auf dem Reichstag in Worms erregte große Aufmerksamkeit: ein kleiner Mönch, der sich gegen Papst und Kaiser stellt! Ein Gerichtsreporter schreibt einen Zeitungsartikel über dieses unerhörte Ereignis.

Auf der Suche nach Freiheit

Luthers Lehre blieb nicht ohne Folgen für das Kloster Marienthron. Zwölf Nonnen entschlossen sich, heimlich zu flüchten. Sie wandten sich Hilfe suchend an Luther, der seinen Freund Koppe mit der Flucht beauftragte. In der Nacht zum Ostersonntag im Jahr 1523 fuhr Koppe mit zwei Gehilfen vor und lud die Nonnen auf seinen Planwagen auf. Am nächsten Tag zogen die Flüchtlinge in Wittenberg ein.

Katharina erinnert sich an ihre Flucht

Wieder einmal hockten Ave von Schönfeld und ich nebeneinander auf Aves Pritsche, die Arme so eng wie möglich um den Leib geschlungen, weil wir jämmerlich froren. Es ist kalt in den Zellen, außerdem waren wir sehr aufgeregt. »Ist es recht, was wir vorhaben?« fragte ich. »Ich bin dessen ganz gewiss«, versicherte Ave. »Aber lass uns nachdenken. Was war der Inhalt unseres klösterliches Lebens?« »Wir glaubten, mit unserem Gelübde der Keuschheit ein Gott wohlgefälliges Werk getan zu haben.« »Luther belehrte uns anhand der Heiligen Schrift eines Besseren.« »Wir hofften, uns durch Bußübungen und Kasteiungen ein Anrecht auf einen Platz im Himmel zu erwerben.« »Aber Luther beweist, dass kein Mensch je gute Werke genug ansammeln könnte, um Gottes Gnade zu verdienen – wobei er auch noch betont, dass Kasteiung und Bußübungen gar keine guten Werke sind.« »Und die letzte schöne Sicherheit wurde uns ebenfalls zerschlagen: das Vertrauen auf die Fürbitte der Heiligen und die Ablass spendende Kraft ihrer Reliquien*. Ganz auf uns selbst gestellt, haben wir feste Zuversicht auf Gottes Gnade und den inneren Frieden, erworben in einem frommen und pflichttreuen Leben außerhalb der Klostermauern.« »Ach ja, so lehrt es Doktor Martinus. Kannst du es dir vorstellen?« »Nein«, antwortete ich ehrlich, »dazu kennen wir viel zu wenig von der Welt. Und trotzdem freue ich mich richtig darauf! So unwissend ich auch bin, ich sehne mich danach, die Ärmel aufzukrempeln und zu wirtschaften! Lass alle Zweifel fahren, Ave. Mit Gottes Hilfe wollen wir es anpacken, und es wird uns wohl gelingen.« Ave lächelte.

Und endlich war der Karsamstag da. Ave von Schönfeld öffnete die nur angelehnte Türe und hauchte: »Komm!«

Wie im Traum folgte ich, huschte durch die dunklen Gänge in den Klostergarten hinaus. Knarrte hier eine Stiege, drehte sich dort eine Tür in den Angeln? Bedeutete das Entdeckung oder Gefolgschaft? Flackerte dort nicht ein Licht?

Gegen den Himmel in seinem nachtdunklen Blau sah ich die Dächer des Dormitoriums, die Türme der Kirche. Ich roch die frische Erde, den reinen, herben Duft der Kräuter. Schon waren wir am Türchen. Es tat sich auf, eine Hand streckte sich uns entgegen, um uns über die Stufen zu

Reste des Klosters Marienthron in Nimbschen

1. Zeichnet eine Szenenfolge über die Flucht der Nonnen. Nutzt dazu die Methode »Storyboard schreiben« auf ⇢ S. 97.
2. Stellt euch vor, dass Katharina ihrer Äbtissin einen Brief geschrieben hat, in dem sie die Gründe ihrer Flucht erklärt. Was könnte in dem Brief gestanden haben?
3. Wie stellt sich Katharina ihre neue Freiheit vor? Was wird sich in ihrem Leben verändern? Lest dazu die ⇢ S. 148/149 nochmals durch.

helfen. Meister Koppe empfang uns freundlich: ein großer, starker Mann mit einer sympathischen Stimme. Beide Hände streckte er uns Nonnen entgegen. »Willkommen, willkommen in der Freiheit!« Die Männer halfen uns in den Wagen. Ich spürte starke Hände, die meine Taille umfassten und mich hochhoben. Ich tastete mich vor zwischen den leeren Heringsfässern und hockte mich hinter Koppes breiten Rücken. Er fuhr an. Ich sah nicht zurück.

Da waren die Geräusche der Nacht: ein leichter Wind, knackende Äste, das verschlafene Piepsen eines Vogels, der Schrei eines Käuzchens, dazu das Knirschen des Lederzeugs, das Rattern der Räder, das Klicken von Ketten, Pferdehufe auf dem Weg. Meine Augen gewöhnten sich an die Dunkelheit, und ich nahm den breiten Rücken und den Hut Koppes wahr, das glänzende Fell der Pferde. Ich erinnerte mich: So bin ich mit dem Vater gefahren als kleines Mädchen und wusste nicht, wohin. Wusste ich jetzt mehr? Ja, dachte ich bei mir, jetzt weiß ich, was ich will, und das werde ich tun. Nach meinem eigenen freien Ermessen, niemandem untertan denn Gott und Jesus Christus, und in seiner Liebe werde ich handeln.

Nach Ursula Sachau

Woran du dein Herz hängst

Martin Luther hatte auf seinen Reisen feststellen müssen, dass in den neuen evangelischen Kirchengemeinden die Pfarrer fehlerhaft predigten. Um den Pfarrern, aber auch den Eltern eine Verständnishilfe seiner Lehre zu geben, veröffentlichte Luther in den Jahren 1528 und 1529 den Großen und den Kleinen Katechismus. Der Große Katechismus wandte sich an die Pfarrer. Der Kleine Katechismus diente der religiösen Bildung der jungen Menschen und wird auch heute noch in der Konfirmandenarbeit benutzt.

Johannes war erst kurze Zeit in Wittenberg. Er hatte von Luther und den anderen Reformatoren gehört. Nun hatte er sich in den Kopf gesetzt, Pfarrer zu werden. Den Menschen das Evangelium predigen, Kinder unterrichten und eine Familie gründen; das waren seine Ziele. Seine Eltern hatten ihm davon abgeraten. Er solle doch lieber Jurist oder Mediziner werden; die Zeiten seien viel zu gefährlich, um Pfarrer zu werden. Aber Johannes hatte sich auf den Weg gemacht und sein Theologiestudium an der Universität in Wittenberg begonnen. Nun saß er jeden Tag in der Bibliothek, über die Bücher gebeugt.

»Was liest du?« Johannes zuckte auf. »Du sollst nicht andere Götter haben,« entfuhr es ihm. »Aha, du liest also die Gebote im Alten Testament. Und verstehst du auch, was du da liest?« Johannes war viel zu erschrocken, um gleich zu antworten. Denn der Mann, der neben ihm stand, war Professor Luther! »Was heißt das ›einen Gott haben‹?« Johannes kam sich mit seiner Frage ganz dumm vor. »Das ist eine ebenso leicht gestellte, wie schwer zu beantwortende Frage«, sagte Luther. »Also, ›einen Gott haben‹ bedeutet, einem Gott von Herzen trauen und glauben.« »Aber das heißt doch, dass alles, worauf ich vertraue und woran ich glaube, ›Gott‹ sein kann?« fragte Johannes ungläubig. »Richtig!«, freute sich Luther. »Das Vertrauen und der Glauben des Herzens machen beides: Gott und Abgott. Woran du nun dein Herz hängst und dich verlässt, das ist eigentlich dein Gott.« Johannes nickte mit dem Kopf und sagte: »Das heißt also, die Bibel meint nicht nur Götter anderer Religionen, sondern auch die Götter, die wir uns selbst schaffen. Wenn zum Beispiel jemand viel Geld besitzt und glaubt, dass ihn daher nichts aus der Spur werfen kann, dann hat auch dieser seinen Gott.« Luther erklärte nun Johannes, dass Gott dem Volk die Gebote auf dem Weg aus Ägypten mitgegeben habe: »Gott hat seinem Volk gesagt: Ich habe euch aus der Sklaverei befreit und will euch diese Freiheit erhalten. Lasst euch also nicht von anderen Göttern wieder zum Sklaven machen.« Johannes schaute zu Luther hoch: »Der Reichtum ist heute für viele Menschen ein Abgott, besonders für die Reichen, aber auch für die Armen. Wir vertrauen oft dem Geld; aber wenn es uns schlecht geht, wenn wir schwer krank sind, dann erst merken wir, dass uns das Geld nicht helfen kann.«

»Weißt du«, sprach Luther und wies auf die Bibel, »es ist eigentlich ganz leicht zu verstehen. ›Gott haben‹ heißt, mit deinem ganzen Herzen Gott allein und niemand anderem zu vertrauen. ›Gott haben‹ bedeutet nicht, dass du ihn mit deinen Händen ergreifen und ihn dann in einen Beutel stecken oder in einen Kasten einschließen kannst. Gott können wir nur mit dem Herzen ergreifen; denn mit dem Herzen wissen wir, dass er bei uns ist, er uns schützen will, an guten und an schlechten Tagen. Er liebt uns so, wie wir sind. Dies hat er mit Jesus Christus uns allen deutlich gemacht.«

Schlüsselwissen Katechismus
Neben Bibel und Gesangbuch gehört der Katechismus zu den traditionellen Büchern evangelischer Christen. Katechismen sind Lehrwerke zur Einführung in den christlichen Glauben, die es auch in der katholischen Kirche gibt. In dem Kleinen Katechismus Luthers wird die Bedeutung der Zehn Gebote, des Glaubensbekenntnisses, des Vaterunsers und der beiden Sakramente* Abendmahl und Taufe erklärt. Der Kleine Katechismus befindet sich im Evangelischen Gesangbuch und wird heute noch von manchen Konfirmandengruppen auswendig gelernt.

1. Wie erklärt Luther den Unterschied zwischen Abgott und Gott?
2. Überlegt: Was ist für euch wirkliche Freiheit? Wodurch fühlt ihr euch am stärksten gebunden?
3. Betrachtet die Fotos. Welche Götter und Versprechungen gibt es heute? Was verlangen diese Götter? Sucht weitere Beispiele.

Sich entscheiden

In Deutschland steht jedem Kind ab Vollendung des 14. Lebensjahrs eine uneingeschränkte Religionsmündigkeit zu. D. h. jeder, der 14 Jahre alt geworden ist, kann darüber selbstständig entscheiden, ob er in seiner Religionsgemeinschaft bleibt, dort austritt oder sich einer anderen Religionsgemeinschaft anschließt. Ebenso dürfen sich die Schülerinnen und Schüler vom Religionsunterricht abmelden und dann in vielen Bundesländern einen Ethikunterricht besuchen, wie auch umgekehrt. Bis zum 14. Lebensjahr dürfen die Eltern darüber bestimmen, ob sie z. B. ihre Kinder taufen lassen möchten.

Im Schuljahr 2003/04 wurde in Thüringen eine Befragung unter 1175 Schülerinnen und Schülern durchgeführt, die am evangelischen Religionsunterricht teilnehmen. Hierbei wurde auch danach gefragt, ob sie ihre eigenen Kinder taufen lassen würden.

»Ich habe vor, meine Kinder taufen zu lassen.«						
	sehr richtig	richtig	falsch	ganz falsch	Weiß nicht	Befragte
Gesamt	37,9 %	21,4 %	8,2 %	14,0 %	18,6 %	1175
Getauft	47,7 %	25,5 %	5,2 %	5,0 %	16,6 %	860
Ungetauft	11,1 %	10,5 %	16,2 %	38,4 %	23,8 %	315
Alle Mädchen	41,9 %	21,3 %	8,8 %	9,9 %	18,1 %	635
Getaufte Mädchen	50,5 %	24,6 %	5,3 %	3,3 %	16,2 %	487
Ungetaufte Mädchen	13,5 %	10,1 %	20,3 %	31,8 %	24,3 %	148
Alle Jungen	33,1 %	21,7 %	7,4 %	18,7 %	19,1 %	540
Getaufte Jungen	44,0 %	26,5 %	5,1 %	7,2 %	17,2 %	373
Ungetaufte Jungen	9,0 %	10,8 %	12,6 %	44,3 %	23,4 %	167

1. Fasst die fünf wichtigsten Ergebnisse der Befragung auf dieser Seite zusammen. Achtet hierbei auf die unterschiedlichen Antworten der Mädchen und Jungen sowie der Getauften und Ungetauften.
2. Wie könnt ihr euch diese Ergebnisse erklären? Welche Gründe mögen die ungetauften Jugendlichen haben, ihre Kinder taufen lassen zu wollen?
3. Warum lehnt Sascha die Konfirmation ab? Warum lassen sich Lisa und Julian konfirmieren?
4. Untersucht mithilfe eines Fragebogens, welche Gründe Jugendliche für und gegen die Konfirmation anführen.

Methode **Einen Fragebogen entwickeln**
Zunächst benötigt ihr eine Forschungsfrage. Es könnte z.B. eine Umfrage zum Thema »Konfirmation« sein.

- Vervollständigt die folgenden Argumente zu den Sätzen »Ich möchte mich konfirmieren lassen«/»Ich möchte mich nicht konfirmieren lassen« mit weiteren Argumenten, wie z. B. »...weil ich gerne Pate/Patin werden möchte, bzw. ... weil ich keine Zeit für den Konfirmandenunterricht habe.«
- Gestaltet nun daraus eine Tabelle, in der die Befragten das Zutreffende »trifft sehr zu«, »trifft nicht zu«, »weiß nicht« ankreuzen können.
- Entscheidet, ob ihr in eurem Fragebogen zwischen Mädchen und Jungen oder Getauften und Ungetauften unterscheiden wollt.
- Formuliert eine Überschrift für euren Fragebogen sowie ein paar einleitende Sätze! Vielleicht beginnt ihr mit: »Wir möchten diese Umfrage durchführen, weil ...«
- Führt eure Umfrage nun durch. Ihr könnt dabei eure Mitschülerinnen und Mitschüler befragen – ihr könnt aber auch den Konfirmandenkurs eurer Kirchengemeinde oder Jugendliche in einem Jugendclub usw. befragen.
- Berechnet nun die Durchschnitte eurer Pro- und Contra-Antworten.
- Deutet eure Ergebnisse! Welche Gründe sind z. B. für Jungen und Mädchen besonders wichtig und warum? Sollte sich an der Konfirmandenarbeit etwas ändern? Haltet eure Ergebnisse in einem Artikel für die Schülerzeitung fest!

»Warum lasst ihr euch konfirmieren?«

Die Konfirmation ist die persönliche Bestätigung der Taufe und damit die bewusste Zustimmung zum christlichen Glauben. Durch die Konfirmation findet der Eintritt ins kirchliche Erwachsenenleben statt. Vergleichbar mit der Konfirmation der evangelischen Kirche ist in der katholischen Kirche die Firmung. Die Jugendweihe ist ebenfalls eine Feier beim Übergang vom Jugend- ins Erwachsenenalter; sie ist bewusst nicht religiös.

Julian Musiol, 14 Jahre
Ich gehe zur Konfirmation, weil ich meinen Glauben bekennen und meine Zugehörigkeit zur Gemeinde zeigen möchte. Für mich ist es wichtig, dass ich von der Konfirmation an zum Abendmahl* gehen und bei der Kirchenvorstandswahl wählen darf. Natürlich freue ich mich auch auf die Geschenke und die Feier mit Familie und Verwandten an diesem Tag.

Lisa Rößling, 14 Jahre
Man fühlt sich ja schon in gewisser Weise der Gemeinde verbunden, aber mit der Konfirmation werde ich erst richtig in die Gemeinschaft der Kirche aufgenommen. Manche nehmen mir das vielleicht nicht ab, aber für mich ist das Abendmahl schon sehr bedeutend. Wichtig ist mir, dass die Verbindung mit Jesus bekräftigt wird. Vor einem Jahr hätte ich gesagt, das gehört sich in gewisser Weise so, sich konfirmieren zu lassen.

Sascha Berndt, 14 Jahre
Zur Jugendweihe bin ich durch meine Schwester, gekommen; sie nahm vor zwei Jahren auch an der Jugendweihe teil. Ich bin nicht getauft und habe auch sonst wenig Kontakt zur christlichen Kirche, daher mache ich Jugendweihe. Auch finde ich es besser, über weltliche Dinge und Probleme zu reden, als Gebote auswendig zu lernen usw. Sich selbst seine Meinung zu weltlichen Dingen zu machen, finde ich generell besser als alles kirchlich zu sehen. Außerdem könnte ich mich nie an den Gedanken gewöhnen, dass der christliche Gott allmächtig ist, und überhaupt an diese Macht »Gott«.

Evangelisch – Katholisch erklären

In diesem Kapitel habt ihr euch mit der Frage beschäftigt, wie heute und früher katholische und evangelische Christen versucht haben, in der Nähe Gottes zu leben. Ihr habt Bernhard von Clairvaux und das klösterliche Leben kennengelernt. Ihr habt euch mit Katharina von Bora, Martin Luther und mit den Anfängen der Reformation beschäftigt. Die Nähe zu Gott ergibt sich nicht durch ein besonders frommes Leben oder durch gute Werke, sondern durch den Glauben an Jesus Christus, den Sohn Gottes.

Kirchengebäude sind seit Jahrhunderten Versammlungsorte zur Feier des christlichen Gottesdiensts. Deshalb erzählen sie auch von der Geschichte und der Bedeutung des christlichen Glaubens. Auch die Reformation Martin Luthers lässt sich an der Kirchenarchitektur ablesen.

Eine Kirche besuchen

Kirchen sind zumeist nach Osten ausgerichtet. Sie zeigen in die Richtung, wo die Sonne aufgeht und Jerusalem liegt, der Ort der Auferstehung Christi. Ihr betretet gewissermaßen aus der Dunkelheit kommend die Kirche durch das Hauptportal im Westen und geht in Richtung Altar dem Licht entgegen, das euch durch die bunten Kirchenfenster entgegenscheint. Viele auf Wände und Fenster gemalte, aus Holz geschnitzte oder aus Stein gehauene Bilder und Figuren begleiten euren Weg. Die Höhe des Kirchenraums, die schlanken Säulen und die schmalen, hohen Fenster sollen euch das Gefühl vermitteln, als werdet ihr zu Gott hingezogen. Kirchen, die klein und gedrungen wirken, wollen Schutz und Geborgenheit bieten.

Viele Kirchen haben als Grundriss eine Kreuzform und erinnern damit an das Kreuz Jesu Christi. Nach dem evangelischen Glaubensverständnis wird der Täufling durch die Taufe in die Gemeinde aufgenommen. Daher ist in evangelischen Kirchen das Taufbecken für die versammelte Gemeinde gut sichtbar in die Nähe des Altars gestellt. In den katholischen Kirchen steht das Taufbecken in der Nähe des Eingangsportals in der Kirchenvorhalle und soll die Eintretenden an die errettende und Sünden vergebende Kraft der Taufe erinnern. In den evangelischen Kirchen sind die Seitenschiffe leer. In den katholischen Kirchen stehen dort Altäre, in denen sich früher auch die Schreine der Reliquien* befanden.

Im evangelischen Gottesdienst besitzt die Predigt eine größere Bedeutung, sodass die Kanzel mehr ins Blickfeld der Gemeinde gerückt ist. In katholischen Kirchen gibt es bisweilen nur ein Lesepult, Ambo genannt. Im Mittelpunkt der katholischen wie auch der evangelischen Kirchen steht der Altar oder ein Abendmahlstisch. Hier wird das Wort Gottes verkündet und das Abendmahl* gefeiert. In vielen katholischen Kirchen steht der Altar im Chorraum, der nur für die Geistlichen vorgesehen ist.

1. Erläutert, inwiefern die Kirchenarchitektur die Vorstellungen des christlichen Glaubens versinnbildlicht.
2. Stellt die Gemeinsamkeiten und die Unterschiede zwischen einer katholischen und einer evangelischen Kirche in einer Tabelle dar.
3. Entscheide: Handelt es sich auf dem Foto um einen evangelischen oder katholischen Gottesdienst?
4. Begründet die Besonderheiten in der evangelischen Kirche mithilfe eures Wissens über die Reformation.

Eine Kirche erkunden

In der Nähe eurer Schule gibt es gewiss eine Kirche, die es zu erkunden lohnt.

Organisiert in Absprache mit dem zuständigen Pastor oder der Pastorin einen Besuchstermin. Schon vorher könnt ihr anfangen, die Geschichte der Kirche zu erforschen: Wann wurde sie erbaut? Wer hat sie erbaut? Lassen sich noch alte Dokumente finden? Welche Bedeutung hat der Name der Kirche?

Paul-Gerhardt-Kirche, Berlin, erbaut 1910

- Nicht nur bei alten Kirchen lohnt sich ein Rundgang. Welches Material wurde verbaut? Gibt es zugemauerte Fenster oder Türen? Steinmetzzeichen? Sonnenuhren? Grabplatten?
- In dunklen Kirchen kann man mit Taschenlampen oder Kerzen Gegenstände eingehender betrachten. Details, z. B. Verzierungen an Kirchenbänken oder Steinornamente, die euch gefallen, könntet ihr kopieren, indem ihr dünne Goldfolie auf das Detail legt und vorsichtig andrückt.
- Den Grundriss der Kirche könnt ihr nachzeichnen, indem ihr mit einer langen Leine, in der sich Knoten in Abstand von einem Meter befinden, den Raum ausmesst und die Maße maßstabsgerecht aufzeichnet.
- Wollt ihr wissen, wie hoch die Kirche ist? Kein Problem! Besorgt euch einen mit Gas gefüllten Luftballon und eine Rolle Zwirnsfaden.
- Die Kirche ist ein Ort der Stille und der Andacht. Sucht euch einen Lieblingsplatz in der Kirche und versucht so leise zu sein wie möglich. Was könnt ihr in der Stille hören? Wenn ihr gemeinsam ein Lied singen möchtet, stellt euch hierzu im Halbkreis vor dem Altar auf.
- Spielt Luther: Überlegt euch drei Sätze, die mit der Einleitung beginnen: »Was ich der Kirche sagen möchte ...« Oder sucht euch aus der Bibel eine Geschichte oder einen Psalm* heraus, den ihr von der Kanzel vorlesen wollt.
- Die Kirche ist auch der Ort des gemeinsamen Gebets. Überlegt euch, wo ihr das Gebet sprechen und welche Gebetshaltung ihr dabei einnehmen wollt (stehend, sitzend, im Kreis ...).
- Ihr könntet das Vaterunser beten. Zuvor könnt ihr Gebetskerzen entzünden und ausstellen. Versucht vor und nach dem Gebet einen kurzen Moment zu schweigen. Besprecht im anschließenden Unterricht eure Erfahrungen.

10

Jerusalem wird von Christen, Juden und Muslimen als heilige Stadt angesehen: Hier wurde vor 3000 Jahren der jüdische Tempel errichtet. Es ist der Ort des Leidens, der Kreuzigung und der Auferstehung von Jesus Christus. Im Islam ist Jerusalem nach der Kaaba in Mekka und dem Grab Mohammeds in Medina die drittheiligste Stadt.

Heute ist Jerusalem eine moderne Großstadt mit 770 000 Einwohnern. Sie ist die Hauptstadt Israels und Sitz der israelischen Regierung. Aber auch Muslime beanspruchen Jerusalem als Hauptstadt für den künftigen Staat Palästina. Sie nennen die Stadt auf arabisch Al-Quds, die Heilige.

Jerusalem Yerushalayim Al-Quds

Das Foto zeigt euch die Altstadt Jerusalems. Im folgenden Kapitel findet ihr Abbildungen der Klagemauer, der Grabeskirche und des Felsendoms. Versucht diese Orte auf dem Foto ausfindig zu machen.

Kinder und Jugendliche im Judentum

»Klagemauer« und Felsendom in Jerusalem

Dan Rubinstein, 1977/78

Das Purimfest

Das Lieblingsfest vieler jüdischer Kinder ist das Purimfest. Dieses Fest wird zu Ehren der jüdischen Königin Esther gefeiert, die mit dem mächtigen persischen König Xerxes verheiratet war. Im Auftrag Gottes rettete sie mutig ihr Volk, als der heimtückische Hofbeamte Haman alle jüdischen Frauen, Männer und Kinder umbringen wollte. Beim Purimfest kostümieren sich die Kinder: Die Mädchen verkleiden sich als Esther und die Jungen als Xerxes oder Haman.

SCHLÜSSELWISSEN **Die Westmauer (»Klagemauer«) in Jerusalem**
Für die Juden ist dieser Ort heilig, weil die Mauer ein Rest des jüdischen Tempels ist. Im Tempel stand die Bundeslade* mit den Tafeln der Zehn Gebote und es war der Ort der großen Wallfahrtsfeste. Im Jahr 70 n. Chr. zerstörten die Römer den Tempel und vertrieben die Juden aus Israel. Erst fast 2000 Jahre später, im Jahr 1948, konnten die Juden in Israel erneut einen eigenen Staat gründen; seit 1967 haben sie wieder einen ungehinderten Zugang zur Westmauer.

1. Dan Rubinstein stellt in seinem Bild die Szene dar, in der sich Esther an den König wendet, um ihr Volk zu retten. Außerdem hat er den Untergang des ägyptischen Heeres im Schilfmeer gezeichnet. Deutet diesen Zusammenhang.
2. Überlegt euch, aus welchen Gründen Kinder bei Purimfest im Mittelpunkt stehen.
3. Wie bereitet sich Joshua auf seine Bar Mizwa vor? Vergleicht seinen Unterricht mit dem Konfirmandenunterricht.

Joshua Wendt aus der Jüdischen Gemeinde in Hameln erzählt:

»Hallo, mein Name ist Joshua Wendt und ich werde in diesem Jahr meine Bar Mizwa feiern. Bis dahin ist noch Zeit, aber ich wollte gern einmal erzählen, wie es mir damit geht. Ich lerne Hebräisch, manchmal mit meiner Mama zu Hause, manchmal mit den Experten in unserer jüdischen Gemeinde in Hameln. Das ist ganz schön schwer, aber ich finde es wichtig, um in der Tora lesen zu können. Ich bekomme beim Unterricht in der Gemeinde Informationen zur jüdischen Geschichte. Das ist so interessant, weil ich dann Ereignisse besser verstehe, die heute in Israel so abgehen. Natürlich lerne ich auch die Gebete, Segenssprüche und Wissenswertes über unsere Feste und Bräuche. Mir ist es wichtig, nicht einfach alles so hinzunehmen, sondern ich will genau wissen, warum ich etwas tue. [...] Ich versuche auch, möglichst viel an den Gottesdiensten teilzunehmen. Natürlich möchte ich manchmal gern in der Zeit was anderes machen, aber dann wird mir wieder klar, wie wichtig es ist, im Gottesdienst zu versuchen, die Texte auf hebräisch mitzulesen und zu versuchen, die Texte immer besser zu verstehen. Um meine jüdische Identität zu stärken, nehme ich gern an den Machanot (Freizeiten) teil. Da treffe ich andere jüdische Jugendliche. Bis zu meiner Bar Mizwa dauert es noch, aber bei der Fülle an wichtigem Hintergrundwissen vergeht die Zeit superschnell. Haltet mir die Daumen. Shalom!«

Dieser Junge feiert vor der Westmauer seine Bar Mizwa. Gut zu erkennen sind der weißblaue Gebetsmantel (Tallit), die Kippa und auch die Gebetsriemen (Teffelin) am linken Arm und am Kopf.

Das Relief am Triumphbogen für Kaiser Titus in Rom zeigt den Raub der Menora aus Jerusalem durch die Römer.*

Bar Mizwa und Bat Mizwa

*Im Alter von etwa 13 Jahren werden die jüdischen Mädchen und Jungen mit einer Feier als vollwertige Mitglieder in die jüdische Gemeinde aufgenommen. Bat Mizwa (Tochter des Gebots) bzw. Bar Mizwa (Sohn des Gebots) bezeichnet sowohl die Feier als auch den religionsmündig gewordenen Jugendlichen. Der Bar Mizwa und die Bat Mizwa dürfen von nun an Aufgaben im Synagogen*gottesdienst und in der Gemeinde übernehmen.*

SCHLÜSSELWISSEN Heilig

In dem Wort Heilig steckt »heil«: ganz, gesund, unversehrt. Als heilig wird etwas empfunden, bei dem die Menschen sich Gott besonders nah fühlen: z.B. im Gottesdienstraum, am Feiertag, bei bestimmten Büchern und Menschen.

Simchat Tora – Freude der Tora

Mit der Tora tanzen

Am letzten Tag des Sukkotfests wird in der Synagoge* Simchat Tora gefeiert. Im Gottesdienst wird der letzte Wochenabschnitt aus der Tora vorgelesen. Damit man aber nicht meint, die Tora sei jetzt zu Ende, wird im selben Gottesdienst wieder von vorne angefangen. Simchat Tora ist ein Fest, das in der Synagoge besonders fröhlich gefeiert wird. Die Männer ziehen sieben Mal mit der Torarolle im Arm in der Synagoge herum. Während dieser Prozession* wird gesungen und mit der Torarolle getanzt.*

Shoshannah Brombacher, 2009

Die jüdische Bloggerin Eline Walda schreibt über Simchat Tora:
»Kommst du mit, mit einer Torarolle tanzen? Heute Abend beginnt Simchat Tora. Freude der Tora. Das Gesetz, das Gott dem Mose gab. Heute Abend und morgen feiern wir, dass wir in einem Jahr die gesamte Tora gelesen haben. Wir lesen den letzten Abschnitt aus dem Deuteronomium und den ersten aus der Genesis. Und wir tanzen mit der Tora. Aber noch mehr feiern wir das Gesetz Gottes. Und das ist wirklich seltsam, oder? Warum feiern wir 613 Gebote und Verbote?

Gemäß der Kabbala* ist die Beziehung zwischen Gott und der Menschheit mit einer Ehe vergleichbar. Wie bei einer Hochzeitsfeier feiern wir unsere Gemeinschaft mit Gott. Die Feier schenkt uns Vertrauen für unsere Zukunft, für unser Dasein, für unsere Gemeinschaft mit Gott. Und dann ist die Hochzeit zu Ende. Die Gäste gehen nach Hause. Wir müssen nun ein Leben mit Gott meistern. Und die Gebote und Verbote der Tora geben uns hierfür die Leitlinien. Und das Ziel, dass diesen Gesetzen zugrunde liegt: ein guter Mensch zu sein und die Welt zu verbessern. Dieses Ziel teilen wir mit Christen, Muslimen und auch mit Atheisten*.«

1. Gebt in wikipedia.de oder in www.hagalil.com/lexikon den Begriff »Simchat Tora« ein und ergänzt die Informationen, die ihr von Eline Walda über das jüdische Fest erfahren habt.
2. Das Gemälde von Shoshannah Brombacher zeigt eine Synagoge, wie sie vor hundert Jahren existiert haben könnte. Vergleicht ihr Bild mit dem Foto aus der Synagoge in der Rykestraße. Welche Gegenstände erkennt ihr?

In der Synagoge

Das Foto zeigt die heutige Innenansicht der Synagoge Rykestraße in Berlin. Links seht ihr den Toraschrein, der von einer reich verzierten Decke verhüllt ist. In diesem Schrein befinden sich die Torarollen.*

3. Erklärt, warum es für das Judentum wichtig ist, solche alten Feste wie Purim oder Simchat Tora zu feiern.
4. Welche Traditionen gehören für euch zum Weihnachtsfest?

Schlüsselwissen **Tradition**
In dem Begriff Tradition steckt das lateinische Wort traditum: das Überlieferte. Religionen leben von der Bewahrung und Weitergabe von Traditionen. Die Älteren zeigen den Jüngeren, wie gebetet wird, sie lehren die Glaubensgrundsätze sowie die religiösen Sitten und Gebräuche, wie z. B. Speise- und Kleidungsgebote. Eltern gehen mit ihren Kindern zu Gottesdiensten und feiern gemeinsam religiöse Feste. Häufig sind Traditionen so selbstverständlich, dass sie gar nicht weiter auffallen.

Was Muslime glauben

Der Felsendom steht auf dem Tempelberg (arab. Haram asch-Scharif). Er umschließt den Heiligen Fels, von dem aus Mohammed in den Himmel geritten ist.
Im Fastenmonat Ramadan treffen sich hier bis zu 200 000 Muslime zum Freitagsgebet*.*

Dieses Bild zeigt die muslimischen Gebetshaltungen in einer Moschee.*

Kalligraphie Schahada: Es gibt keinen Gott außer Allah, Mohammed ist sein Prophet.

1. Findet auf dem Bild oben die verschiedenen Gebetshaltungen.
2. Vergleicht die Fatiha mit dem Vaterunser. Welche Unterschiede und Gemeinsamkeiten fallen euch auf?

Der Koran, das heilige Buch der Muslime

Aufstieg des Propheten
Dieses Bild zeigt die Reise des Propheten Mohammed mit seinem Pferd el-Burak (der Blitz) in den Himmel. Das Gesicht des Propheten wird nur verhüllt dargestellt.

Sowohl für die Juden wie für die Muslime ist die christliche Vorstellung, Jesus sei Gottes Sohn, unvorstellbar. Für die Juden ist Jesus ein jüdischer Rabbi. Für die Muslime gehört Jesus neben Adam, Abraham, Mose und anderen Männern zu den Propheten, die den Menschen von Allah erzählt haben. Der wichtigste Prophet ist jedoch Mohammed.

Der Koran hat 114 Kapitel, Suren. Die erste Sure heißt al-Fatiha, die Eröffnung. Sie ist für die Muslime so wichtig wie das Vaterunser für die Christen:

Im Namen Gottes,
des Erbarmers, des Barmherzigen.
Lob sei Gott,
dem Herrn der Welten,
dem Erbarmer, dem Barmherzigen,
der Verfügungsgewalt besitzt
über den Tag des Gerichtes!
Dir dienen wir, und Dich bitten
wir um Hilfe.
Führe uns den geraden Weg,
den Weg derer, die du begnadet hast,
die nicht dem Zorn verfallen,
und nicht irregehen.

SCHLÜSSELWISSEN
Koran
Das heilige Buch des Islam, der Koran, enthält die göttlichen Offenbarungen, die Mohammed von Allah empfing. Gott sprach durch seinen Engel Gabriel zu Mohammed, der den Koran aufschreiben ließ. Der Koran enthält Erzählungen über Gottes Schöpfung und die Propheten. Er enthält auch Vorschriften über Glauben, Gebet und Fasten. Viele Muslime lesen jeden Tag ein Stück aus dem Koran. Muslime, die den Koran auswendig können, heißen Hafiz. In der Koranschule lernen die Kinder den Koran auf arabisch. Es gibt zwar Übersetzungen, aber nach muslimischer Vorstellung kann man den Koran nur richtig verstehen, wenn man ihn auf arabisch liest.

Kampf um Jerusalem: die Kreuzzüge

Fünfzig Jahre nach dem ersten Kreuzzug 1095 versuchten muslimische Heere, Jerusalem zurückzuerobern. Papst Eugen III. forderte Abt Bernhard von Clairvaux auf, für einen neuen Kreuzzug zu werben.*

Bernhard von Clairvaux ruft zum Kreuzzug auf

Abt Bernhard hatte seinen Bruder zu sich in den Kapitelsaal des Klosters Vézelay gerufen. Guido hatte schon lange sein Ritterleben aufgegeben und war seinem Bruder ins Kloster gefolgt. Beide sahen sich jetzt nur selten. Es war kalt und zugig in dem ungeheizten Raum. Draußen regnete es ununterbrochen.

»Mein Abt!« Guido verneigte sich tief vor seinem Bruder. »Erhebt Euch, Bruder Guido.« Die Hände gefaltet, ging Bernhard unruhig auf und ab. »Es gibt schlimme Nachrichten aus dem Heiligen Land. Die Heiden bedrängen die Christen, sie wollen uns Jerusalem, die heilige Stadt Gottes, rauben und das Grab Christi in Beschlag nehmen. Die Ritter sind wieder gefordert, das Kreuz auf sich zu nehmen und in den Kampf zu ziehen. Der Papst hat von mir verlangt, dass ich zum Kreuzzug aufrufe.« »Der Papst will die weltlichen Herrscher nur unter seine Macht zwingen!«, murmelte Guido und fuhr mit erhobener Stimme fort: »Bedenkt doch, Bernhard, der erste Kreuzzug liegt schon ein Menschenalter zurück, aber die grauenvollen Schlachten, der Mord der vielen unschuldigen Frauen und Kinder und der jämmerliche Tod unserer christlichen Brüder sind uns noch frisch in Erinnerung. Unser Gott ist doch ein Gott der Liebe und des Lebens! Ihr dürft dem Papst nicht folgen.« »Schweigt, Guido!« Bernhard blieb abrupt stehen. »Der Papst hat es befohlen, durch sein Wort ist es Gott, der es befiehlt!«
Zum Osterfest 1146 kündigte Bernhard in Vézelay den Feldzug nach Jerusalem feierlich an:

»Die Erde bebt, sie ist erschüttert, denn es besteht die Gefahr, dass Gott seine Heimat verliert, die ihm eigen ist, da er doch mehr als dreißig Jahre unter den Menschen gelebt hat. Seine Wunder haben sie berühmt gemacht, und sein Blut hat sie geheiligt; dort sind die ersten Blumen der Auferstehung erblüht. Jetzt erheben aufgrund unserer Sünde die Feinde des Kreuzes ihr ruchloses Haupt, und ihr Schwert entvölkert dieses gesegnete Stück Erde, das Land der Verheißung. Und wenn niemand Widerstand leistet, dann stürzen sie sich auf die Stadt des lebendigen Gottes, um die Orte zu verwüsten [...], um die heiligen Stätten zu besudeln [...] Sie wollen sich der heiligsten Wallfahrtsstätte des christlichen Glaubens bemächtigen. [...] Welch ein Schmerz! Was unternehmt Ihr, mutige Männer? Was tut Ihr, Diener des Kreuzes? [...] Wollt Ihr den Heiden geben, was am heiligsten ist? [...] Ich aber sage Euch: Gott gibt Euch eine Chance, er blickt auf Euch Menschenkinder, um zu sehen, ob sich unter euch welche befinden, die ihn verstehen, ihn suchen und für ihn leiden. Selbst denjenigen unter Euch, welche die schlimmsten Verfehlungen begangen haben, zeigt er einen Weg zum Heil. Haltet Euch diese unermessliche Güte vor Augen! [...] Er ist so gütig und bittet alle, ihm zu dienen.«

SCHLÜSSELWISSEN

Kreuzzüge

Im Jahr 1095 wandte sich der christliche Kaiser aus Konstantinopel (Byzanz) Hilfe suchend an Papst Urban II. Seit 200 Jahren beherrschten die Araber den südlichen Mittelmeerraum und bedrohten nun das byzantinische Reich. Papst Urban II. rief 1096 zum 1. Kreuzzug auf, um die heiligen Stätten in Jerusalem von den muslimischen »Ungläubigen« zu befreien. Schon ein Jahr später brachen 4500 Ritter und 30 000 Mann Fußvolk auf, die 1099 Jerusalem eroberten. Viele meinten, gegen die Juden ebenfalls vorgehen zu müssen. So kam es auch in deutschen Städten zu Pogromen* gegen die jüdischen Einwohner.
Auch die Muslime führten Glaubenskriege gegen die Christen. So eroberten sie 1493 Konstantinopel, das heutige Istanbul, und belagerten 1529 Wien.

Die Belagerung von Damaskus 1148

Der zweite Kreuzzug war ein Fehlschlag. Die Truppen der Kreuzritter erreichten im Juli 1148 Damaskus. Die Kämpfe waren für beide Seiten sehr verlustreich. Den Christen gelang es zwar, beim ersten Angriff die Obstgärten vor der Stadt einzunehmen und bis zum Fluß Barawa vorzudringen. Jedoch scheiterten sie bei dem Versuch, Damaskus zu erobern. Geschlagen mussten sich die christlichen Heere wieder zurückziehen. Es war auch eine Niederlage für Bernhard, der von vielen für den Misserfolg verantwortlich gemacht wurde.

Der arabische Augenzeuge Ibn al-Qalanisi berichtete vom Kampf vor den Stadtmauern: »Die Muslime stellten sich ihnen zur Schlacht: Rekruten, todesmutige Türken, Männer der Bürgerwehr, Freiwillige und Glaubensstreiter. Der Tod breitete sich unter ihnen aus. Die Ungläubigen behielten die Oberhand über die Muslime, denn sie waren ihnen an Zahl und Waffen überlegen.«

Die Grabeskirche in Jerusalem

1. Mit welchen Argumenten gelang es Bernhard, seine Zuhörer für die Teilnahme am Kreuzzug zu gewinnen?
2. Wie konnte es dazu kommen, dass sich die Christen gegenüber den Muslimen im Recht fühlten?
3. Verfolgt auf einer Landkarte, wie die Kreuzritterheere nach Jerusalem gelangen konnten.
4. Wie stellen sich aus muslimischer Sicht die Kreuzzüge dar?

Das goldene Zeitalter

Christen, Juden und Muslime in Spanien

Im Jahr 716 eroberten die Muslime fast die gesamte spanische Halbinsel und herrschten dort über 700 Jahre. Die Araber nannten das Land al-Andalus, das Land der Vandalen. Von dort aus unternahmen die Sarazenen, die arabischen Krieger, Vorstöße nach Frankreich und Italien.
Die große Mehrheit der Einheimischen akzeptierte die Eroberer rasch. Weder Christen noch Juden wurden gezwungen, sich zum Islam zu bekehren. Christliche Fürsten unternahmen immer wieder Versuche, die Muslime aus Spanien zu verdrängen. Die Reconquista, die Rückeroberung Spaniens, wurde 1492 beendet: Der letzte Sultan (Herrscher) von Granada ergab sich dem spanischen König. Über die spanischen Juden brach im selben Jahr eine große Katastrophe herein: Da man sie beschuldigte, die Muslime unterstützt zu haben, wurden viele von ihnen getötet, der Rest zwangsweise zu Christen bekehrt oder aus dem Land vertrieben.
Trotz der immer wieder aufbrechenden Unruhen und Kriege erblühte in Andalusien unter der Herrschaft der Mauren eine reiche Kultur. Hier lebten und arbeiteten bedeutende muslimische, christliche und jüdische Gelehrte, Dichter, Künstler, Ärzte und Architekten.

Blick in den Löwenhof des Sultanspalasts von Granada, der Alhambra, die vor über 700 Jahren erbaut wurde. Die Wände der Alhambra sind mit Mustern und Inschriften verziert. Sehr häufig ist der Ausspruch zu finden: »Lâ ghâlib ailla-l-lâh«, »Keiner ist Sieger außer Gott«. Es gibt auch Verse, die die Schönheit der Alhambra loben: »Hier fliegen die Vögel der Hoffnung, die Früchte der Lebenslust aufzulesen im Garten der Herrlichkeit.«

In Almeria, einer Stadt in Andalusien, lebte einst der Dichter Abû 'Abd Allâh ibn al-Haddâd. Er liebte Nuwaira, ein christliches Mädchen. In einem Brief gestand er ihr seine großen Liebe:

Vielleicht wirst du durch Jesu Gnaden meinem kranken Herzen Frieden schenken! Die Schönheit hat dir die Macht gegeben, mich leben und sterben zu lassen, sie hat mich dazu gebracht, die Kreuze der Mönche und Asketen leidenschaftlich zu lieben.

Deinetwegen bin ich einer harten Probe ausgesetzt, sehe aber kein erlösendes Ende der mir von dir auferlegten Qualen. Ich kann keine Zerstreuung im Vergessen finden, denn du hältst mich in den Netzen deines Herzens verstrickt. Ich habe schon viele Blutstränen vergossen, aber du fühlst kein Mitleid mit dem Weinenden.

Weißt du etwa, was deine Augen für meine entschieden haben? Kennst du etwa das Feuer, das in meinem Herzen das sanfte Licht entzündet, das aus deinem Antlitz strahlt?

Du hast meinen Augen dein Licht vorenthalten, das stärker als die Sonne scheint. Im zarten Zweige und im sandigen Hügel sehe ich deine Hüften. Im Blumenbeet spür' ich deine Wangen, in seinem Duft den deinen.

Nuwaira, wenn du mich meidest, so werde ich dich trotzdem lieben, ich liebe dich. Deine Augen können es bezeugen, ich bin eines deiner Opfer.

»Diejenigen, die glauben, und diejenigen, die Juden sind, und die Christen [...], all die, die an Gott und den Jüngsten Tag glauben und Gutes tun, erhalten ihren Lohn bei ihrem Herrn, sie haben nichts zu befürchten, und sie werden nicht traurig sein.«
Sure 2,62

Bild eines Sultans in der Alhambra

1. Was verrät euch der Brief über das Verhältnis zwischen dem Dichter und dem Mädchen? Achtet auf die Bedeutung der Augen.
2. Welche Rückschlüsse lässt der Brief über die Beziehung zwischen Christen und Muslimen in Andalusien zu?
3. Welche Absichten mögen die maurischen Herrscher mit ihrem Umgang mit den Juden und Christen verfolgt haben?

Die Judenverfolgung im Nationalsozialismus

Die massenhafte Ermordung der Juden im Nationalsozialismus ist ein historisch einzigartiges Verbrechen. Die deutschen Nationalsozialisten versuchten, die europäischen Juden in Konzentrationslagern vollständig zu vernichten. Sie wurden allein deshalb, weil sie Juden waren oder als Juden galten, ermordet. Etwa 6 Millionen Menschen aus ganz Europa fielen der Judenverfolgung zum Opfer.*

Das Novemberpogrom 1938

In der Nacht vom 9. zum 10. November 1938 steckten die Nationalsozialisten und ihre Anhänger in ganz Deutschland und Österreich die Synagogen* in Brand. Viele Schaufenster jüdischer Geschäfte wurden eingeschlagen und die Ladeneinrichtungen zerstört. Dieses Ereignis wurde noch lange als Reichskristallnacht bezeichnet. Das Novemberpogrom* war ein weiterer entscheidender Schritt auf dem Weg zur Ermordung vieler Juden in Europa.

Auslöser für die Ausschreitungen war ein Attentat des 17-jährigen polnischen Juden Herschel Grünspan auf einen deutschen Diplomaten in Paris. Die Nationalsozialisten hatten die Aktionen schon lange vorbereitet, auch die Verhaftungslisten lagen bereits vor.

In Berlin lebten im Jahr 1933 über 160 000 Juden. Viele von ihnen wohnten im »Scheunenviertel«, unweit der Innenstadt. Sie galten als besonders fromm. In der nahen Oranienburgerstraße steht die Neue Synagoge. Sie wurde in der Pogromnacht nur wenig beschädigt. Während des Krieges brannte sie jedoch aus.

1995 wurde die Synagoge teilweise restauriert. Sie erinnert heute an die Geschichte der Juden in Berlin und gilt als Zeichen für das wieder erstehende jüdische Leben in Deutschland.

Bild linke Seite:
Hartmut R. Berlinicke, 1982
Das Bild heißt Haschoah und zeigt die Synagoge in Osnabrück, die 1938 verbrannte. Der Schienenstrang führt zum Eingangstor des Konzentrationslagers Auschwitz. Auf den Schienen liegt der »Judenpass« des aus Osnabrück stammenden jüdischen Künstlers Felix Nussbaum, der 1944 in Auschwitz vergast wurde.*

Die Neue Synagoge in Berlin

Eine Augenzeugin berichtet
Ruth Gross wurde 1931 geboren und lebt heute in Berlin. Ihr Vater überlebte die Judenverfolgung als Zwangsarbeiter. Zunächst wohnte die Familie im Norden Berlins. Dort wurde ihr gekündigt, weil die Hausverwaltung, wie es hieß, ihren Mietern nicht mehr zumuten konnte, mit Juden in einem Haus zu wohnen. Daher zog ihre Familie in die Oranienburger Straße. Über den Morgen des 10. Novembers erzählt Ruth Gross:

»Am Morgen nach der Kristallnacht ging mein Vater mit mir an der Synagoge vorbei, auf dem Bürgersteig lagen Berge von zusammengekehrten Scherben, Bibeln und Gebetbüchern. Ich wollte eines davon aufheben, weil es eine Sünde ist, solche Bücher in den Dreck zu werfen, aber mein Vater zog mich erschrocken zurück. Ich konnte es nicht fassen – ich war damals sieben Jahre alt. In der Schule hatte man uns beigebracht, dass man ein heiliges Buch, wenn es versehentlich vom Pult gefallen war, küssen musste, gleichsam um das Buch, in dem Gott wohnt, um Verzeihung zu bitten. Hier lagen sie im Dreck, und mein Vater selbst hinderte mich daran, etwas zu ihrer Rettung zu tun. Er kannte die Gefahr, die um uns herum lauerte, während ich erst langsam zu begreifen begann. Mein Vater wollte bei diesem Gang Augenzeuge sein, nicht nur der Verwüstungen, sondern vor allem der Reaktionen der nichtjüdischen Bevölkerung.«

1. Stellt die wichtigsten Daten über das Leben und das Werk von Felix Nussbaum zusammen. Informationen findet ihr in Lexika und im Internet (www.felix-nussbaum.de).
2. Überlegt euch, welche Fragen Ruth ihrem Vater gestellt haben mag. Welche Antworten wird er ihr gegeben haben?
3. Gab es früher oder gibt es heute in eurer Nähe eine Synagoge? Erkundigt euch nach ihrer Geschichte.

Fundamentalismus und Religion

Was ist religiöser Fundamentalismus?

Der Begriff »Fundamentalismus« taucht erstmalig Anfang des 20. Jahrhunderts bei frommen evangelischen Christen in den USA auf. Diese Christen verstehen die Bibel wortwörtlich und lehnen christliche wie nicht-christliche Auffassungen ab, wenn sie nicht mit ihren Glaubensüberzeugungen übereinstimmen.

Können Fundamentalisten über sich lachen

Auf dem Weg in die Klinik macht David Gunn an einer Tankstelle Pause, er liest Zeitung und trinkt einen Becher Kaffee. Michael Griffin hat ihn nur zufällig entdeckt. Man kennt Gunn in der kleinen Stadt in Florida, er ist der ›Abtreibungsarzt‹. Griffin spricht ihn an: »David Gunn, der Herr hat mir gesagt: Sie haben noch eine Chance.« Fünf Tage später, am 10. März 1993, schießt Griffin Gunn in den Rücken. Es war der erste Mord eines Abtreibungsgegners an einem Arzt in den USA. Seine Tat begründete Griffin mit einem Bibelzitat: »Wer Menschenblut vergießt, dessen Blut soll auch durch Menschen vergossen werden« (Genesis 9,6). Griffins Beharren auf einen einzelnen Bibelvers ließ ihn jeden anderen Gedanken ausblenden, sein Fanatismus* schürte seinen Zorn. Einen wie ihn nennt man landläufig einen Fundamentalisten.

Schlüsselwissen **Fundamentalismus**
In dem Wort Fundamentalismus steckt »Fundament« – Grundlage. Fundamentalisten lassen es nicht zu, dass die Grundüberzeugungen ihrer Religion oder Weltanschauung hinterfragt oder gar kritisiert werden: Sie befürchten ein Aufweichen ihrer Fundamente. Heutige Fundamentalisten sehen sich durch Einflüsse der modernen Kultur und Wissenschaft bedroht. Um ihre Grundüberzeugungen zu schützen, lehnen sie daher z. B. bestimmte naturwissenschaftliche Erkenntnisse, die Demokratie oder die Gleichberechtigung von Mann und Frau ab.

Fundamentalismus im Islam

Der islamische Fundamentalismus, häufig auch Islamismus genannt, hat mehrere Ursachen. Der Islamismus fordert, dass alle Bereiche des Lebens – Religion, Politik, Wirtschaft, Recht, Umgang zwischen Mann und Frau, Bildung und Erziehung – durch den Islam zu regeln sind. Der Islamismus erhält in Ländern Afrikas und Asiens Zulauf, weil sich viele Muslime in ihren Glaubensvorstellungen durch die westliche Welt bedroht sehen. Manche fanatischen Fundamentalisten glauben, sich nur mit Gewalt dieser Bedrohung widersetzen zu können.*

»Burkas« gegen »Bikinis«*

1. Ist Michael Griffin zu Recht als ein religiöser Fundamentalist zu bezeichnen?
2. Deutet den Titel des Fotos auf dieser Seite. Versetzt euch in die verschiedenen Personen. Was mögen sie übereinander denken?
3. Worin unterscheidet sich ein Fundamentalist von einem Traditionalisten?

METHODE

Thesen formulieren und diskutieren

Eine These ist eine Behauptung bzw. eine Aussage, die mit der sich anschließenden Argumentation bewiesen werden soll. Sie kann als Tatsachenbehauptung, Vorschlag oder Forderung formuliert sein. Gründe, die eine These stützen, werden Argumente genannt.

- Thesen geben nicht unbedingt die eigene Meinung wieder, deswegen sind sie sachlich, allgemein und distanziert zu formulieren.
- Thesen werden nicht in der Ich-Form geschrieben.
- Trifft folgende These eurer Meinung nach zu? Sucht Argumente, die für oder gegen die These sprechen: »Eine europäische Touristin soll sich in einem arabischen Land wie eine Araberin kleiden.«

Jerusalem – Stadt des Friedens?

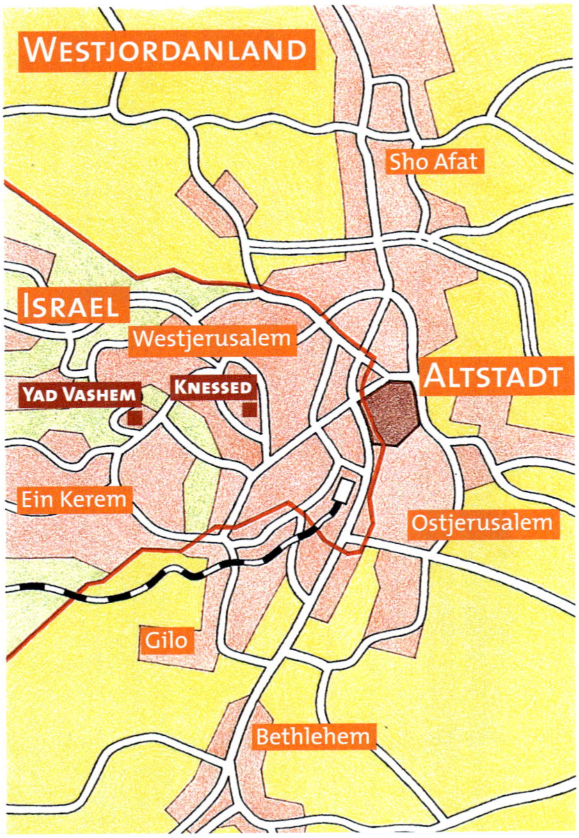

Das geteilte Jerusalem zwischen 1948 und 1967

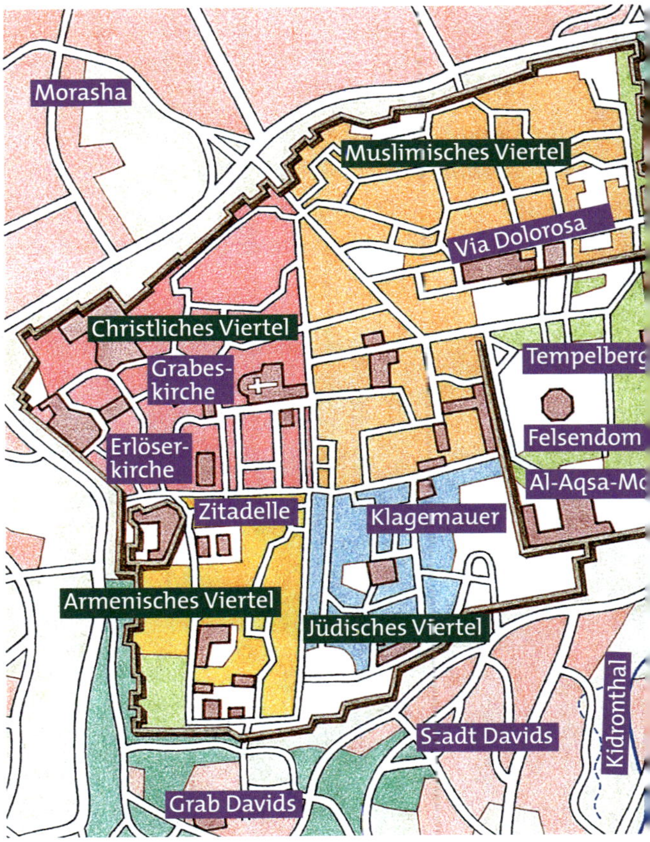

Die heute wiedervereinte Altstadt Jerusalems

Infolge des ersten israelisch-arabischen Krieges in den Jahren 1948/49 war Jerusalem bis Anfang Juni 1967 geteilt. Weil die Altstadt vom westlichen Jerusalem getrennt war, verwehrten die Araber den Juden den Zutritt zur Westmauer (»Klagemauer«). Doch im Sechstagekrieg 1967 zwischen Israel und seinen arabischen Nachbarländern eroberte die israelische Armee auch die Altstadt Jerusalems.
Durch den Krieg gerieten Hunderttausende Palästinenser unter israelische Besatzung; andere flüchteten oder wurden aus ihrer Heimat vertrieben. Das so genannte Palästina-Problem besteht bis heute. Während des Krieges entstand das Lied: Yerushalayim schel sahaw (Jerusalem aus Gold). Dieses Lied ist in Israel sehr beliebt.

Jerusalem aus Gold
Die Luft der Berge ist klar wie Wein,
Und der Duft der Pinien
schwebt auf dem Abendhauch.
und mit ihm, der Klang der Glocken.

Und im Schlummer von Baum und Stein,
gefangen in ihrem Traum;
liegt die vereinsamte Stadt
und in ihrem Herzen eine Mauer.

Jerusalem aus Gold
und aus Kupfer und aus Licht,
lass mich doch, für all deine Lieder, die Geige sein.
[...]
Ja, wir sind zurückgekehrt,
zu den Brunnen, zum Markt und Deinen Plätzen.
Der Klang des Schofars hallt über dem Berg,
dort in der Altstadt.
[...]
Übersetzung aus dem Hebräischen: David Gall (2006)

Der Junikrieg von 1967 führte zur israelischen Besatzung u. a. Ost-Jerusalems, des Gazastreifens und des Westjordanlands. Diese Gebiete stehen teilweise bis heute unter israelischer Militärverwaltung. Viele der dort lebenden arabisch sprechenden Palästinenser fordern einen eigenen Staat. Bis heute ist aber unter ihnen umstritten, ob ein palästinensischer Staat an der Seite Israels oder aber an seiner Stelle errichtet werden soll. Israel befürwortet inzwischen ebenfalls die Gründung eines palästinensischen Staates in seiner Nachbarschaft, sieht aber vor allem in den kompromisslosen Forderungen der radikalislamischen Hamas eine Bedrohung seiner Existenz. Zaghafte Versuche, Friedensverhandlungen aufzunehmen, wurden und werden immer wieder durch Terroranschläge, unrechtmäßige Siedlungen und kriegerische Auseinandersetzungen zunichte gemacht.
Der Kampf um Jerusalem geht unvermindert weiter. In dem biblischen Buch der Offenbarung erzählt Johannes einen Traum vom Reich Gottes, in dem alle Menschen friedlich zusammenleben.

1 Und ich sah einen neuen Himmel und eine neue Erde; denn der erste Himmel und die erste Erde sind vergangen, und das Meer ist nicht mehr.
2 Und ich sah die heilige Stadt, das neue Jerusalem, von Gott aus dem Himmel herabkommen, bereitet wie eine geschmückte Braut für ihren Mann.
3 Und ich hörte eine große Stimme von dem Thron her, die sprach: Siehe da, die Hütte Gottes bei den Menschen! Und er wird bei ihnen wohnen, und sie werden sein Volk sein und er selbst, Gott mit ihnen, wird ihr Gott sein;
4 und Gott wird abwischen alle Tränen von ihren Augen, und der Tod wird nicht mehr sein, noch Leid noch Geschrei noch Schmerz wird mehr sein; denn das Erste ist vergangen.
Offenbarung 21,1–4

Das himmlische Jerusalem auf dem Mahnmal für die zerstörte Synagoge in Hildesheim

1. Überlege, warum die »Befreiung« der Altstadt von Jerusalem ein so wichtiges Ereignis für Israel und für alle Juden ist.
2. Diskutiert, was die »Eroberung« Jerusalems durch die Israelis aus muslimischer Sicht bedeutet.
3. Was gefällt euch an dem Traum des Johannes besonders gut? Wie stellt ihr euch die Stadt des Friedens vor?

Religiöse Konflikte hinterfragen

In diesem Kapitel habt ihr erfahren, warum Jerusalem so bedeutungsvoll für die Juden, Christen und Muslime ist. Die heilige Stadt steht immer wieder im Mittelpunkt der Auseinandersetzungen zwischen den drei Religionen. Ihr habt aber auch Phasen in der Geschichte kennengelernt, in der das Judentum, das Christentum und der Islam respektvoller miteinander umgegangen sind. Gründe für die heutigen Konflikte reichen zum Teil bis in biblische Zeiten zurück, manche Ursachen sind aber auch sehr jung. In diesem Zusammenhang habt ihr zwischen fanatisch, fundamentalistisch und traditionell unterscheiden gelernt.
Und ihr habt gelernt, mit Thesen und Argumenten umzugehen.

1. Überprüft folgende Thesen. Mit welchen Argumenten könnt ihr sie stützen oder widerlegen?
   - »Jeder Mensch, der eine Überzeugung hat, ist ein Fundamentalist.«
   - »Die Kreuzzüge spielen für das heutige Verhältnis von Juden, Christen und Muslimen keine Rolle mehr.«
   - »Ohne einen Frieden um die Stadt Jerusalem wird es keinen Frieden zwischen den Religionen geben.«

»Wir wollen beide hier leben« – ein Problem beschreiben

Amal Rifa'i und Odelia Ainbinder wurden beide in Jerusalem geboren: die eine im arabischen, die andere im jüdischen Teil der Stadt. Das, was in Jerusalem nicht möglich war, hat sich tausende Kilometer entfernt bei einem Schüleraustausch in der Schweiz ereignet: Sie haben sich kennengelernt und sind Brieffreundinnen geworden.
Mit eurem Wissen könnt ihr am Beispiel dieser Freundschaft den Konflikt um Jerusalem genauer beschreiben.

Liebe Amal,
wenn man in Jerusalem geboren wurde, kann man nicht anderes als diese Stadt lieben. Hier gibt es einfach alles: coole Leute, nette Kneipen, religiöse Fanatiker, Moslems. Christen. Der Gedanke, dass wir viele Probleme Jerusalem zu verdanken haben, ist komisch. Ich verstehe, warum mehrere Religionen Jerusalem für sich beanspruchen. Aber ich fühle mich Jerusalem nicht wegen der Geschichte verbunden. Ich habe eine tiefe Beziehung zu dieser Stadt, weil ich dort geboren wurde und weil ich den größten Teil meines Lebens dort verbracht habe.

Liebe Odelia,
auch ich mag die Altstadt von Al-Quds [...]. Ich liebe es, auf den Stadtmauern herumzulaufen und zum Freitagsgebet* auf den Haram Al-Scharif zu gehen. Das ist wirklich aufregend. Ganz besonders während des Ramadan*, wenn sich alle nach Sonnenuntergang dort unter freiem Himmel versammeln. Wenn man in einer solchen sternenklaren Nacht unter dem Himmel von Al-Quds betet, dann fühlt man sich Gott wirkliche nahe.

Liebe Amal,
manchmal höre ich die Fanatiker von der Hamas* im Fernsehen sagen: ›Wir wollen keine Juden in diesem Land, wir sollten sie rausschmeißen, sie sollen gefälligst dahin verschwinden, wo sie hergekommen sind.‹ Wie bitte? Ich komme aus Jerusalem. Warum soll ich da etwas erklären oder mich rechtfertigen? Das ist meine Heimat. Punkt.

Liebe Odelia,
ich könnte verrückt werden bei dem Gedanken daran, dass den Arabern, bevor die Juden kamen, fast alles Land hier gehörte und es heute andersherum ist. Ich habe das Gefühl, dass ich alles, was ich mir erträume, tief in mir begraben muss. Dass ich niemals das machen kann, was ich mir für mein Leben wünsche.

Liebe Amal,
bestimmt sind vor 60 Jahren Dinge geschehen, die nicht richtig waren. Aber wir können die Geschichte nicht rückgängig machen. Ich wurde, wie du, [...] hier geboren. Und deshalb müssen wir lernen, miteinander zu leben. Ich liebe diese Stadt, mögen mich die Europäer deswegen verrückt halten. Aber sie ist unser Zuhause.

DAS KANNST DU

2. Beschreibt die Bedeutung, die Jerusalem für Amal und Odelia hat.
3. Welche Schwierigkeiten haben die beiden Mädchen mit dieser Stadt?

Mit der Bibel die Sprache des Glaubens entdecken

1. Beschreibt alle Einzelheiten, die auf dem Bild zu sehen sind.
2. Deutet das Bild im Zusammenhang mit dem Thema des Kapitels: Was könnte es zu »entdecken« geben?

»Sie werden lachen – die Bibel!«

Was die Bibel Menschen bedeuten kann

Als der Dichter Bertolt Brecht (1898–1956), der sich als Kommunist und Atheist* verstand, gefragt wurde, welches Buch der Weltgeschichte ihn am meisten beeinflusst habe, gab er zur Antwort: »Sie werden lachen – die Bibel.« Tatsächlich hat die Bibel viele Menschen angesprochen, bewegt und beeinflusst – gerade auch solche, die, wie Brecht, von sich selbst sagten, dass sie gar nicht an Gott glaubten.

»Die Bibel ist Sprengstoff für unser Leben.«
Karl Lehmann, Kardinal und katholischer Bischof, geb. 1936

»Die Bibel ist das menschlichste, das vielfältigste, das tiefste und höchste Erzählwerk der Welt.«
Rudolf Augstein, Publizist, 1923–2002

»Die Bibel ist eine Sammlung von aufregenden Geschichten, Generationskonflikten, Mord und Totschlag, gipfelnd im Hohelied der Liebe.«
Bertholt Brecht, Dichter, 1898–1956

»Die Bibel ist das aufregendste Buch, weil es die Menschen so schildert, wie sie sind, und weil es gleichzeitig deutlich macht: Sie brauchen nicht so zu bleiben.«
Johannes Rau, ehem. Bundespräsident, 1931–2006

Der Schauspieler Ben Becker liest vor tausenden Zuschauern in ganz Deutschland aus der Bibel vor.

»Ich lese oft in der Bibel. Da höre ich was von Gott und Jesus, und wie man als Mensch leben soll. Und vor allem: es ist mal was ganz anderes, als was man sonst so macht – man kommt auf ganz andere Gedanken. Oft denke ich, man müsste viel mehr darüber wissen, wie die ganzen Geschichten entstanden sind.«
Melanie, 15 Jahre

»Mir sagt die Bibel nicht viel. Ein paar Geschichten sind zwar richtig cool, das mit Pilatus und der Kreuzigung und so – aber vieles kann man gar nicht richtig verstehen und auch nicht glauben – zum Beispiel die Wunder und das mit der Auferstehung.«
Sven, 16 Jahre

»Mir ist die Bibel viel zu dick und zu langweilig – wer kauft sich heute noch so ein Buch? Wenn ich zu meiner Konfirmation keine Bibel geschenkt bekommen hätte, würde ich keine besitzen.«
Christian, 14 Jahre

»Wenn ich anfangs auch sehr skeptisch war, bin ich […] sehr neugierig geworden, was es denn mit diesem Jesus auf sich hat. Bis zu diesem Moment hatte ich mit Gott nie etwas am Hut gehabt. Also fing ich dann eines Tages einfach damit an, in der Bibel zu lesen – ich hätte vorher nie gedacht, wie spannend das war! Ich habe darin entdeckt, dass Gott nicht nur unser Vater sein will – der Vater, den ich nie hatte, sondern dass er etwas Besonderes mit meinem Leben vorhat.«
José Roberto da Silva, Fussballprofi »Zé Roberto«, geb. 1974

1. Überlegt: Wo und wie ist euch die Bibel bisher begegnet? Was hat das für euch bedeutet?
2. Suche dir das Zitat aus, das deine Meinung am besten trifft. Suche dir dann einen Partner/eine Partnerin in der Klasse, diskutiert und begründet eure Wahl.
3. Stellt zusammen, was die ausgewählten Zitate über die Bibel und ihre Bedeutung aussagen.

Wie aus alten Erzählungen das Buch der Bücher wurde

Ganz unterschiedliche Texte sind in der Bibel gesammelt: Legenden und Erzählungen, wie z. B. die Vätergeschichten von Abraham, Isaak und Jakob; Hymnen, wie die erste Schöpfungserzählung; Gedichte, Gebete und Lieder, z. B. die Psalmen; Gebote und kultische Regeln, Lebensweisheiten und prophetische Worte. Eines ist ihnen gemeinsam: Sie wollen nicht nur erzählen, wie es einmal war, sondern stellen alles in den Dienst des Glaubens. Was können wir aus der Geschichte über Gott lernen? Worauf dürfen wir vertrauen und hoffen?*

Begonnen hat diese Sammlung mit einem langen Zeitraum der mündlichen Überlieferung. Menschen erzählten sich am Lagerfeuer die alten Ge-

Erzählungen einzelner Stämme und Sippen: Vätergeschichte
Überlieferungen anderer Völker: Menschheitsüberlieferungen
Schöpfung, Sünde, Sintflut: Urgeschichte

Wichtige Inhalte des Glaubens Israels
Exodus: Gott führt Israel aus der Sklaverei in die Freiheit
Tora: Gott zeigt, wie Israel leben soll
Land: Gott verspricht Israel eine Heimat
Ewiger Bund: Gott ist treu und verlässlich

Weitere Überlieferungen
Geschichte Israels: Gott leitet durch die Geschichte
Propheten: Gott ruft zu Umkehr, Frieden und Gerechtigkeit
Psalmen und Weisheit: Menschen danken, suchen und fragen nach Gott

Überlieferung des Ersten Testaments (AT) ca. 1000–200 v. Chr.

1. Ordne den einzelnen Abschnitten der Grafik Bücher der Bibel zu, von denen du schon gehört hast.
2. Im Verlauf dieser Entstehungsgeschichte haben biblische Autoren versucht, das wichtigste in kurzen Bekenntnissen zusammenzufassen. Lest Dt 6,20–25 und Hebr 1,1–4 und vergleicht beide Texte.

schichten. Später formten religiöse Schriftsteller, aber auch Schriftgelehrte und Priester daraus zusammenhängende Erzählungen, in denen wichtige Glaubensinhalte des Volkes Israel dargestellt wurden: der Bund Gottes mit den Menschen, die Befreiung Israels aus der Sklaverei (»Exodus«), die Gebote vom Sinai (Weisung/Tora), die Verheißung des Landes und die Schöpfung der Welt durch Gott.

Während die Geschichte Israels die Grundlage des Alten Testaments ist, ist Grundlage des Neuen Testaments die Geschichte einer Person: Jesus von Nazareth. Jesus ist Jude, er kennt die Tradition seines Volkes. Und er lebt diese Tradition so überzeugend, dass seine Anhänger glauben: Gott selbst ist durch ihn der Welt ganz nahegekommen, er ist »Sohn Gottes«. In diesem Glauben stellen die Evangelisten Matthäus, Markus, Lukas und Johannes die Geschichte Jesu dar.

Jesus: verkündet und praktiziert die Nähe des »Reiches Gottes«

Paulus: verkündet das Evangelium von Jesus Christus in aller Welt

Die Evangelisten: gestalten die Jesus-Geschichte als Botschaft des Heils für die gesamte Menschheit. Symbole der vier Evangelien von oben nach unten:
Engel – Matthäus; Adler – Johannes; Stier – Lukas; Löwe – Markus

Überlieferung des Zweiten Testaments (NT) ca. 50–120 n. Chr.

3. Lest Hebr 1,1–4 unter der Fragestellung: Welche Rolle erhält Jesus im Text? Wie kommt diese Rolle in der Grafik zum Ausdruck?

Die Bibel: Bilder und Symbole des Glaubens

Gleichnisse vom Reich Gottes

Wenn wir heute Texte lesen, achten wir vor allem darauf, ob das stimmt, was da berichtet wird. In der Bibel gibt es viele Texte, bei denen man mit dieser Frage erst einmal nicht weiterkommt. Denn sie möchten eine Wahrheit des Glaubens deutlich machen, die man nicht als Fakten darstellen kann, sondern nur in Form von Bildern und Symbolen, die »entschlüsselt« werden müssen. Dies zeigt sich vor allem in den Gleichnissen, die Jesus erzählt. Scheinbar alltägliche Dinge werden darin zu Hinweisen auf einen verborgenen Sinn. Das Sichtbare wird zum Zeichen für etwas Unsichtbares – zum Beispiel das Reich Gottes.

SCHLÜSSELWISSEN **Reich Gottes**
Der Begriff »Reich Gottes« oder »Reich der Himmel«, wie es im Matthäusevangelium genannt wird, kommt in der Verkündigung Jesu oft vor. Dazu formuliert Jesus viele Gleichnisse. Sie erzählen von Vorgängen im damaligen Alltag, z. B. dem Säen, dem Brotbacken, der Weinlese. Diese Vorgänge werden zu Sinnbildern dafür, wie Gott in der Welt wirkt, wie sich seine Nähe den Menschen zeigt – und wie sie darauf vertrauen können, dass sich Gottes Kraft auch gegen Widerstände durchsetzt.

Mit dem Reich Gottes ist es so:
Ein Mensch wirft Samen
auf das Land
und schläft und steht auf;
Nacht und Tag,
und der Same geht auf,
und wächst
wie – ?
er weiß es nicht ...
Nach Markus 4,26–29

wirft	**Nacht**	**der Same**
Samen	**aufs Land**	**Reich**
Gott	**schläft**	**Menschen**
steht auf	**wie?**	**er weiß es nicht**
geht auf	**wächst**	

1. Deutet das Foto: In welcher Weise kann es auch »Hinweis« oder »Sinnbild« sein?
2. Sucht euch in Gruppen einige der oben stehenden Worte aus und überlegt, welche Empfindungen und Erfahrungen damit verbunden sind.
3. Wählt euch in Gruppen je eine Zeile des Gleichnisses aus; einigt euch auf Gesten, die das Gesagte ausdrücken, und spielt so den Text.
4. Überlegt, womit das Reich Gottes im Text verglichen wird. Was bedeutet es, dass sich der Mensch schlafen legt?
5. Wie kommt es, dass manche Dinge im Leben »wie von selbst« gehen?

Der Mensch lebt nicht vom Brot allein ...

Worte der Bibel verstehen

Beim Verstehen der Bibel kommt es besonders auf eine genaue, aber auch verständliche Übersetzung an. Auf dieser Seite findest du zwei Arten von Bibelausgaben: Links die übliche Luther-Übersetzung, daneben die sehr genaue Elberfelder Bibel; rechts davon die für Jugendliche übersetzte Volxbibel und ganz rechts die Fussballbibel, die sich auch an Jugendliche wendet. Außerdem muss man sich klarmachen, dass manche Aussagen und Worte der Bibel einen übertragenen oder symbolischen Sinn haben können. So habt ihr es z. B. schon im Kapitel 6 ⇢ S. 95ff. bei den Wundererzählungen kennengelernt.
Ein wichtiges Symbolwort in der Bibel ist »Brot«. Die Textbeispiele aus Matthäus 4,4 zeigen die Bedeutungsvielfalt. Bei der Speisungserzählung kommt noch die Symbolik der Zahlen hinzu. Wenn ihr sie entschlüsselt, entdeckt ihr noch eine zusätzliche Botschaft ...

Luther
»Der Mensch lebt nicht vom Brot allein, sondern von einem jeden Wort, das aus dem Mund Gottes geht.«

Elberfelder
»Nicht vom Brot allein soll der Mensch leben, sondern von jedem Wort, das durch den Mund Gottes ausgeht.«

Volxbibel
»Der Mensch braucht nicht nur Essen, um zu leben. Er braucht auch einen Wegweiser durch das, was Gott ihm sagt.«

Fußballbibel
»Der Mensch lebt nicht allein vom Brot, sondern von allem, was Gott ihm zusagt.«

SCHLÜSSELWISSEN **Symbolsprache der Bibel**
Viele Aussagen in der Bibel haben einen mehrfachen Sinn, der sich auf die gesamte biblische Überlieferung bezieht.
Wenn z. B. von »Brot« die Rede ist, geht es nicht nur um ein Nahrungsmittel, sondern auch darum, welche Bedeutungen Brot in der biblischen Geschichte hatte: bei der wunderbaren Speisung der Israeliten in der Wüste, als Bestandteil des Passah*- und des Abendmahls*, die heiligen zwölf Schaubrote* im Tempel.
Die Zahl 12 ist nicht zufällig. Sie weist auf die 12 Stämme Israels hin. Das zeigt, dass auch Zahlenangaben oft symbolische Bedeutung haben:
Die Zahl 1 kann den einen Gott symbolisieren; 2 steht oft für die zwei Tafeln der Tora; 3 deutet auf die Tage zwischen Tod und Auferstehung Jesu; 4 bezeichnet die ganze Erde (vier Himmelsrichtungen); 5 deutet auf die fünf Bücher Mose, die Tora; 7 ist die Zahl der Schöpfung. Die Zahlensymbolik zu beachten ist wichtig, um Missverständnisse zu vermeiden.

35 Als nun der Tag fast vorüber war, traten seine
Jünger zu ihm und sprachen: Es ist öde hier, und
der Tag ist fast vorüber;
36 lass sie gehen, damit sie in die Höfe und
Dörfer ringsum gehen und sich Brot kaufen.
37 Er aber antwortete und sprach zu ihnen: Gebt
ihr ihnen zu essen! Und sie sprachen zu ihm:
Sollen wir denn hingehen und für zweihundert
Silbergroschen Brot kaufen und ihnen zu essen
geben?
38 Er aber sprach zu ihnen: Wie viel Brote habt
ihr? Geht hin und seht! Und als sie es erkundet
hatten, sprachen sie: Fünf und zwei Fische.
39 Und er gebot ihnen, dass sie sich alle lager-
ten, tischweise, auf das grüne Gras.
40 Und sie setzten sich, in Gruppen zu hundert
und zu fünfzig.
41 Und er nahm die fünf Brote und zwei Fische
und sah auf zum Himmel, dankte und brach die
Brote und gab sie den Jüngern, damit sie unter
ihnen austeilen, und die zwei Fische teilte er
unter sie alle.
42 Und sie aßen alle und wurden satt.
43 Und sie sammelten die Brocken auf, zwölf
Körbe voll, und von den Fischen.
44 Und die die Brote gegessen hatten, waren
fünftausend Mann.
Markus 6,35–44

Ich bin das Brot des Lebens:
Wer zu mir kommt, den wird nicht hungern.
Joh. 6,35a

So wollten z. B. die Verfasser der Schöpfungserzählung keinesfalls ausdrücken, die Entstehung der Welt habe sieben Tage gedauert. Vielmehr ordneten sie die Schöpfung nach den Tagen der Woche, um den Sabbat als Ruhetag für die ganze Schöpfung zu verdeutlichen. Genauso weisen die Zahlen auf die umfassende Bedeutung der Speisung aller Menschen durch Jesus hin.
Vgl. Symbol ⇢ S. 110.

1. Welche Übertragung des Brot-Worts aus Mt 4,4 findest du am verständlichsten? Wie verändert sich der Sinn in den vier Übersetzungen?
2. Wie würdest du den Vers in deine Sprache übertragen?
3. Schreibt die Zahlenangaben der Speisungserzählung untereinander auf die Tafel. Schreibt daneben, welche Bedeutung der Zahlen ihr vermutet. Nutzt dann das Schlüsselwissen und ergänzt entsprechend. Versucht herauszufinden, worauf die Zahlen hindeuten.
4. Welchen Sinn gibt der Vers Joh 6,35a der Erzählung?.

Die Jesus-Geschichten – Teil der ganzen Bibel

Ein Blick auf den »Schreibtisch« des Markus

Viele Erzählungen der Evangelien sind aus der Erinnerung an tatsächliche, geschichtliche Ereignisse hervorgegangen. Aber manche entstanden erst später in der Absicht, neu auftretende Probleme im Sinne Jesu zu lösen. Man zog Bibelstellen heran, um ein Problem zu beleuchten, und suchte eine Lösung, indem man dazu eine neue Geschichte erzählte. So könnte Markus die Geschichte vom »Ährenessen am Sabbat« zusammengestellt haben, um zu begründen, dass die Christen den Sabbat nicht mehr so streng eingehalten haben wie die Juden.

23 Und es begab sich, dass er am Sabbat durch ein Kornfeld ging, und
seine Jünger fingen an, während sie gingen, Ähren auszuraufen. 24 Und
die Pharisäer* sprachen zu ihm: Sieh doch! Warum tun deine Jünger am
Sabbat, was nicht erlaubt ist? 25 Und er sprach zu ihnen: Habt ihr nie
gelesen, was David tat, als er in Not war und ihn hungerte, ihn und die bei
ihm waren: 26 wie er ging in das Haus Gottes zur Zeit Abjatars, des
Hohenpriesters, und aß die Schaubrote, die niemand essen darf als die
Priester, und gab sie auch denen, die bei ihm waren? 27 Und er sprach zu
ihnen: Der Sabbat ist um des Menschen willen gemacht und nicht der
Mensch um des Sabbats willen. 28 So ist der Menschensohn ein Herr auch
über den Sabbat.
Markus 2,23–28

12 Und der HERR redete mit Mose und sprach: 13 Sage den Israeliten:
Haltet meinen Sabbat; denn er ist ein Zeichen zwischen mir und euch von
Geschlecht zu Geschlecht, damit ihr erkennt, dass ich der HERR bin, der
euch heiligt. 14 Darum haltet meinen Sabbat, denn er soll euch heilig sein.
Wer ihn entheiligt, der soll des Todes sterben. Denn wer eine Arbeit am
Sabbat tut, der soll ausgerottet werden aus seinem Volk.
Exodus 31,12–14

9 Wenn du dein Land aberntest, sollst du nicht alles bis an die Ecken
deines Feldes abschneiden, auch nicht Nachlese halten. Für den Armen
und Fremden sollst du es liegen lassen.
Nach Leviticus 19,9f.

2 Und als David nach Nob kam zum Priester Ahimelech sprach er zu ihm:
4 Hast du nun etwas bei der Hand, etwa fünf Brote, oder was sonst
vorhanden ist, das gib mir in meine Hand. 5 Der Priester antwortete
David: Ich habe kein gewöhnliches Brot bei der Hand, sondern nur heiliges
Brot. 7 Da gab ihm der Priester von dem heiligen Brot, weil kein anderes
da war als die Schaubrote*, die man vor dem HERRN nur hinwegnimmt,
um frisches Brot aufzulegen.
Nach 1 Samuel 21,2–4.5.7

Evangeliar Aachen, um 800: Markus bei der Arbeit an seinem Evangelium*

1. Kopiert die Texte auf dem »Schreibtisch des Markus« und markiert die Textstellen aus dem Alten Testament, die Markus verwendet haben könnte.
2. Aus welchen Aussagen der alttestamentlichen Texte könnte man die Antwort Jesu: »der Sabbat ist für den Menschen da ...« (Mk 2,27) herleiten?
3. Diskutiert in Gruppen: Wie sollte heute der Sonntag als Ruhetag gestaltet werden, wenn man die Geschichte vom »Ährenessen« dabei berücksichtigt?

Markus, Matthäus und Lukas erzählen

Johannes der Täufer kündigt den Messias an

Mt 8,11f	Mk 1,7f	Lk 8,15–18
	7Und er predigte also:	15Während aber das Volk in gespannter Erwartung war und alle sich in ihrem Herzen Gedanken machten über Johannes, ob er nicht etwa selbst der Messias sei, 16gab Johannes ihnen allen die Antwort: Ich taufe euch mit Wasser.
11Ich taufe euch mit Wasser zur Umkehr; der aber nach mir kommt,	Nach mir kommt,	Es kommt aber der,
ist stärker als ich, dem bin ich nicht wert, die Schuhe zu tragen;	der stärker ist als ich, dessen Schuhriemen, gebückt zu lösen ich nicht wert bin. 8Ich taufte euch mit Wasser, er aber	der stärker ist als ich, dessen Schuhriemen zu lösen ich nicht wert bin;
er wird euch mit heiligem Geist und mit Feuer taufen.	wird euch mit heiligem Geist taufen.	er wird euch mit heiligem Geist und mit Feuer taufen.
12Er hat die Wurfschaufel (schon) in seiner Hand und wird seine Tenne säubern und er wird seinen Weizen in die Scheune sammeln. Die Spreu aber wird er mit unauslöschlichem Feuer verbrennen.		17Er hat die Wurfschaufel (schon) in seiner Hand um seine Tenne zu säubern und den Weizen in seine Scheune zu sammeln. Die Spreu aber wird er mit unauslöschlichem Feuer verbrennen. 18Und mit noch vielen anderen Ermahnungen predigte er dem Volk.

Wie man sich die Überlieferung der synoptischen Evangelien vorstellt:

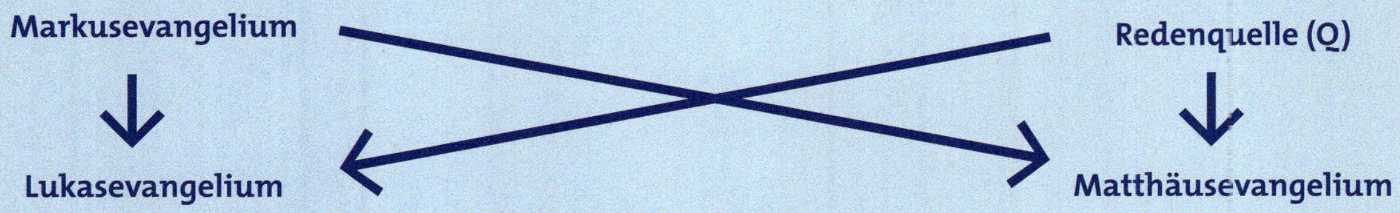

1. Kopiert den Text aus der Synopse* und markiert mit unterschiedlichen Farben:
   - Übereinstimmungen (bis in den Wortlaut hinein)
   - Unterschiede (ähnlicher Inhalt, abweichender Wortlaut)
   - Unterschiede (Text vollständig abweichend, auch Auslassungen oder Einfügungen).
2. Welche Sätze haben Matthäus und Lukas aus der Redenquelle Q übernommen?
3. Welche Worte bei Mt und Lk könnten redaktionelle Zusätze sein?

Evangeliar Aachen, um 800: Die vier Evangelisten mit ihren Symbolen: Mensch/Engel, Adler, Löwe und Stier* S. 189

Schlüsselwissen

Die Überlieferung der vier Evangelien

Fast alle Jesus-Geschichten, die Markus erzählt, kommen bei Matthäus und Lukas auch vor. Aber es gibt Reden und Worte Jesu, z. B. die Bergpredigt* und das Vaterunser, die Matthäus und Lukas gemeinsam haben, in Markus aber fehlen. Viele Forscher gehen deshalb davon aus, dass neben dem Markusevangelium eine weitere Schrift, die hauptsächlich Reden von Jesus enthielt, Lukas und Matthäus als Vorlage diente. Diese Schrift wird »Reden- oder Spruchquelle (Q)« genannt. Alle Texte von Matthäus, Markus, Lukas werden zwischen 65 bis 85/90 n. Chr. datiert. Weil diese Evangelien viele Texte gemeinsam haben, werden sie als Synopse* bezeichnet. Daneben gibt es noch Texte, die nur bei einem Evangelisten vorkommen, (»das Sondergut«), und schließlich einige kleinere Veränderungen, die man als »redaktionelle Zusätze« bezeichnet. Das Johannesevangelium hat überwiegend andere Quellen genutzt und weicht von den Synoptikern ab.

DAS WEISST DU

Bibelworte entschlüsseln

In diesem Kapitel habt ihr erfahren, wie die Bibel im Lauf der Jahrhunderte entstanden ist und wie die Erzähler die geschichtlichen Erinnerungen durch ihren Glauben gestaltet haben. Außerdem habt ihr einige Methoden kennengelernt, wie man die biblischen Texte vergleicht und ihre Ausdrucksformen erforscht, um sie besser zu verstehen. Und schließlich ist euch deutlich geworden, dass alle verschiedenartigen Überlieferungen Teile eines Ganzen sind – nämlich der großen Erzählung von Gott und den Menschen.
Am folgenden Text – die zweite Erzählung einer wunderbaren Speisung durch Jesus aus dem Markusevangelium – könnt ihr euer Wissen noch einmal überprüfen.

Verborgene Botschaften entschlüsseln
1 Zu der Zeit, als wieder eine große Menge da
war und sie nichts zu essen hatten, rief Jesus die
Jünger zu sich und sprach zu ihnen: 2 Mich
jammert das Volk, denn sie haben nun drei Tage
bei mir ausgeharrt und haben nichts zu essen.
3 Und wenn ich sie hungrig heimgehen ließe,
würden sie auf dem Wege verschmachten; denn
einige sind von ferne gekommen. 4 Seine Jünger
antworteten ihm: Wie kann sie jemand hier in
der Wüste mit Brot sättigen? 5 Und er fragte sie:
Wie viel Brote habt ihr? Sie sprachen: Sieben.
6 Und er gebot dem Volk, sich auf die Erde zu
lagern. Und er nahm die sieben Brote, dankte
und brach sie und gab sie seinen Jüngern, damit
sie sie austeilten, und sie teilten sie unter das
Volk aus. 7 Und sie hatten auch einige Fische,
und er dankte und ließ auch diese austeilen.
8 Sie saßen aber und wurden satt und sammel-
ten die übrigen Brocken auf, sieben Körbe voll.
9 Und es waren etwa viertausend; und er ließ
sie gehen.
Markus 8,1–9

Fisch und Brot – eine christliche Wandmalerei aus dem 2. Jahrhundert n. Chr.

1. Stellt in einer Tabelle die Zahlen zusammen, die in der Erzählung vorkommen.
2. Deutet die Zahlen in ihrer symbolischen Bedeutung ··› Schlüsselwissen S. 193. An wen richtet sich die Speisung?
3. Vergleicht diese Erzählung mit der, die ihr auf ··› S. 193 schon bearbeitet habt.
4. Formuliert eine Botschaft aus den beiden Speisungswundern im Hinblick auf die Bedeutung Jesu.

METHODE **Einen Text-Raum erkunden**
Stellt euch vor: Alle Schülerinnen und Schüler eurer Gruppe haben den Wunsch, als Schauspieler eines Theaters engagiert zu werden. Der Schauspieldirektor (eure Lehrerin/euer Lehrer) möchte die Auswahl für das Engagement daran ausrichten, wie lebendig und beeindruckend ein Bibeltext vorgetragen wird. Für alle Bewerberinnen und Bewerber wird derselbe Text vorgegeben. Es kann ein bekannter Text aus diesem Kapitel oder auch ein anderer sein. Doch der Direktor möchte nicht allein entscheiden, wer diese Erzählung am besten und eindrucksvollsten vorgetragen hat. Er möchte alle Bewerberinnen und Bewerber an der Entscheidung beteiligen.

Die Bibel zur Sprache bringen

Die Texte, die wir heute in der Bibel lesen, sind früher meist durch Vorlesen in der Gemeindeversammlung wahrgenommen worden. Es sind also mehr Vortrags- als Lesetexte. Um nachzuempfinden, was es bedeutet, diese Texte vor allem zu hören, könnt ihr folgende Methode anwenden:

Darum legt er folgende Regeln fest:
- Alle Teilnehmerinnen und Teilnehmer tragen zunächst die Geschichte vor, indem sie den Bibeltext laut vorlesen.
- Die Bewerbergruppe teilt sich in Dreiergruppen auf und gibt ein Votum ab, welcher Vortrag den Text am besten wiedergegeben hat.
- Der Direktor befragt die, die als beste gewählt wurden, danach, was ihnen beim Vortrag wichtig war und was sie als besonders bedeutungsvoll herausheben wollten. Danach äußern sich auch die anderen dazu.

5. Wie hat der Text beim Zuhören gewirkt?
6. Welche Unterschiede in der Wirkung gibt es beim Hören und Lesen?
7. Die biblischen Erzählungen sind meist sehr knapp. Bildet Gruppen und formuliert Sätze, die ihr einfügen könnt: Orts- oder Zeitangaben, zusätzliche Personen, Gedanken und Worte, die die Beteiligten haben bzw. sagen könnten. Tragt dann diese »ergänzten« Texte im Plenum vor und sprecht darüber, was diese Ergänzungen bewirken.

Glossar

Das **Abendmahl** ist nach Markus 14,12ff. das letzte Mahl Jesu mit seinen Jüngern vor seiner Verhaftung und Kreuzigung. Zeitlich und inhaltlich ist es verbunden mit dem Passah. Nach Lukas 22 wird dieses Mahl als Gedächtnismahl an Jesus in den Kirchen regelmäßig gefeiert.
→ S. 27, 30, 159, 161, 192.

Ein **Abt** bzw. eine Äbtissin stehen einem Kloster vor.
→ S. 144, 146, 172.

Apostel sind Männer und Frauen, die der auferstandene Christus durch ein in der Geschichte einmaliges Ereignis zur Verkündigung des Evangeliums erwählt und ausgesandt hat. Insbesondere gehören hierzu die Jünger Jesu, die nach seiner Auferstehung die Botschaft des Evangeliums in alle Welt tragen sollen und dadurch zu Aposteln werden. Auch Paulus, der sich von Gott bzw. dem Auferstandenen zu diesem Dienst berufen fühlte, gehört zu den Aposteln. Die Verbindung zu ihrer Lehre ist grundlegend für die christliche Kirche.
→ S. 32, 37f.

Das **Apostolische Glaubensbekenntnis** ist das wichtigste Bekenntnis, das Christen aller Kirchen vereint. Es ist in drei Teile (Artikel) gegliedert und vermutlich schon im 2. Jahrhundert n. Chr. entstanden.
→ S. 38, 92f., 159.

Astrologie geht von einer Wirkung der Gestirne auf das menschliche Leben aus. Dabei spielen Sonne, Mond und Planeten sowie die Sternbilder (Tierkreiszeichen) eine Rolle.
→ S. 130.

Atheisten sind der Überzeugung, dass Gott nicht existiert.
→ S. 168, 186.

Die **Bergpredigt** ist die in Matthäus 5–7 zusammengestellte Rede Jesu, die er auf einem Berg vor seinen Jüngern und dem Volk gehalten haben soll. In ihr legt er den Willen Gottes, wie er in der Tora steht, neu aus. Berühmte Teile sind die Seligpreisungen, das Vaterunser oder die Aufforderung zur Feindesliebe.
→ S. 103, 197.

Die **Bundeslade** enthielt die Steintafeln mit den 10 Geboten, die Mose auf dem Berg Sinai von Gott bei der Auswanderung Israels aus Ägypten erhielt. Sie ist ein Symbol für die Gegenwart Gottes inmitten seines Volkes. Seit der Zerstörung des salomonischen Tempels durch die Babylonier um 590 v. Chr. ist die Bundeslade verschollen.
→ S. 167.

Die **Burka** ist ein Kleidungsstück, das manche muslimische Frauen aus traditionellen und religiösen Gründen zur vollständigen Verschleierung ihres Körpers tragen. In einigen europäischen Ländern ist das Tragen der Burka verboten.
→ S. 179.

Cannabis (lat.) ist der wissenschaftliche Name der Hanfpflanze. Umgangssprachlich wird Cannabis als Sammelbegriff für die aus Hanf hergestellten Rauschmittel verwendet, wie z. B. Marihuana und Haschisch. In den meisten Ländern ist der Umgang mit Cannabis illegal, in Deutschland fällt er unter das Betäubungsmittelgesetz. Der Wirkstoff THC ist giftig und schadet besonders dem Gehirn.
→ S. 118.

Charisma (Plural Charismen) ist ein griechisches Wort, womit die besondere Ausstrahlunggemeint ist, die ein Mensch hat. Im theologischen Verständnis wird hervorgehoben, dass es sich bei den verschiedenen Charismen jeweils um eine Gabe Gottes handelt, mit der bestimmte Fähigkeiten verbunden sind.
→ S. 71.

Ein **Evangeliar** ist eine mittelalterliche Handschrift, die ein oder mehrere Evangelien umfasst. Der Text ist kunstvoll verziert und oft mit Bildern geschmückt.
⇢ S. 195, 197.

Evangelikal bedeutet, dass Aussagen der Bibel eine unbedingte Bedeutung haben und meist wortgetreu und häufig ohne Berücksichtigung ihrer historischen und sozialen Entstehensumstände ausgelegt werden.
⇢ S. 68.

Fanatismus beschreibt ein unduldsames und rücksichtsloses Eintreten für eine bestimmte Sache.
⇢ S. 178.

Zum **Freitagsgebet** treffen sich die Muslime in der Moschee zum wöchentlichen Hauptgottesdienst. Der Freitag ist im Islam ein Feiertag.
⇢ S. 170, 182.

Mit **Homophobie** (griech.) ist die Abneigung und Feindseligkeit gegenüber homosexuellen Menschen gemeint.
⇢ S. 70f.

Ikone ist griechisch und bedeutet Bild. Ikonen stellen in der orthodoxen Kirche in Ost- und Südosteuropa Bilder heiliger Personen dar. Die Menschen glauben, dass diese durch ihr Bild im Gottesdienst selbst anwesend sind.
⇢ S. 27, 67.

Iwrith ist die neuhebräische Sprache, die Ende des 19. Jahrhunderts geschaffen wurde. Sie ist die Amtssprache in dem 1948 gegründeten Staat Israel.
⇢ S. 54.

Jom haShoah ist hebräisch und bedeutet »Tag der Katastrophe«. Es ist das jüdische Wort für die Ermordung von 6 Millionen Juden während der Zeit des Nationalsozialismus. Ein anderes Wort hierfür ist das griechische Wort für Opfer, Holocaust.
⇢ S. 176.

Kabbala ist eine jüdische mystische, d. h. religiös geheimnisvolle Lehre.
⇢ S. 168.

Der **Kodex** (oder Codex) sind die zu einem Buch zusammengefassten alten Handschriften, die im Mittelalter oft mit wertvollen Buchmalereien geschmückt wurden.
⇢ S. 136.

Märtyrer sind Menschen, die verfolgt und getötet werden, weil sie standhaft an ihrem Glauben festhalten. Bis in unsere Zeit hinein erleiden z. B. immer wieder Christinnen und Christen ein solches Schicksal.
⇢ S. 22, 100.

Mahatma Gandhi (1869–1948) war Rechtsanwalt und Führer der indischen Unabhängigkeitsbewegung, die 1947 das Ende der britischen Kolonialherrschaft über Indien erreichte. Möglich wurde dies durch das von ihm entwickelte Konzept des gewaltlosen Widerstands. Jesus war für ihn dabei ein wichtiges Vorbild, obwohl Gandhi gläubiger Hindu war.
⇢ S. 102.

Die **Maya** sind verschiedene Indianerstämme in Südost-Mexiko, die sich etwa seit dem 4. bis zum 12. Jahrhundert n. Chr. zu einer mächtigen Kultur entwickelten.
⇢ S. 128.

Die **Menora** ist der Name für den siebenarmigen Leuchter, der einst im jüdischen Tempel in Jerusalem stand. Als Beute der römischen Truppen bei der Zerstörung des Tempels in Jerusalem (70 n. Chr.) wurde sie nach Rom gebracht und dort in einem Triumphzug öffentlich gezeigt.
Seither ist sie verschollen. Die Menora ist heute im Wappen des Staates Israel enthalten.
⇢ S. 167.

Die **Moschee** ist der Ort des muslimischen Gemeinschaftsgebets. Sie dient für den Unterricht und für Gespräche sowie für Feiern. Zu einer Moschee gehören traditionell das Mina-

rett, von dem aus der Muezzin zum Gebet ruft, die Minbar, auf der der Imam die Gebete führt und Ansprachen hält, sowie die Mihrab, die die Gebetsrichtung nach Mekka anzeigt.
···› S. 170.

Nationalsozialisten sind Anhänger einer menschenverachtenden Weltanschauung, des Nationalsozialismus. Sie sind von der Überlegenheit der »weißen Rasse« gegenüber Menschen anderer Herkünfte, Überzeugungen und Veranlagungen überzeugt. So fordern sie die Vertreibung oder gar Vernichtung von Juden, Schwarzen, Homosexuellen, Demokraten usw. Die Jahre zwischen 1933 und 1945 in Deutschland werden als die Zeit des Nationalsozialismus bezeichnet.
···› S. 46f., 176.

Optische Täuschungen entstehen häufig dadurch, dass unser Gehirn versucht, auch in Zeichnungen nicht nur die Dimensionen Höhe und Breite, sondern auch die Tiefe zu sehen. Wir können nun unser Gehirn überlisten, indem wir etwas, was im Vordergrund steht, dunkler, und etwas, was sich im Hintergrund befindet, heller darstellen: Schon »kippt« das Gehirn unsere gewohnte Sehweise um.
···› S. 9.

Das **Passah** (Pessach) wurde nach Exodus 12 am Vorabend des Auszugs aus Ägypten erstmals eingerichtet und wird jährlich zur Erinnerung an diese Befreiung gefeiert. Mit dem Blut eines Lammes sollten die Türpfosten der Israeliten bestrichen werden, damit diese von der Tötung der Erstgeburt verschont blieben. Jesus wird im Neuen Testament mit dem Passahlamm verglichen in dem Sinn, dass sein Blut ebenso Menschen rettet.
···› S. 22, 192.

Die **Passionszeit** beginnt am Aschermittwoch und dauert etwa sieben Wochen bis Ostern. Sie erinnert an den Weg Jesu zum Kreuz und an seine Leiden.
···› S. 19.

Pharisäer (hebr.) sind die »Abgesonderten«. Sie traten seit dem 1. Jahrhundert v. Chr. als Gruppe innerhalb des Judentums auf. Die Pharisäer hielten sich mit großem Ernst an die Tora, das jüdische Gesetz und seine Ausführungsregeln.
···› S. 24, 194.

Ein **Pogrom** ist eine gewalttätige Ausschreitung gegenüber Minderheiten. In Deutschland hatten vor allem die Juden unter Pogromen zu leiden.
···› S. 46, 172, 176.

Die **Prozession** (lat. procedere – voranschreiten) ist ein gemeinsamer, feierlich begangener Weg. Heute gibt es sie vor allem im katholischen Bereich zu besonderen Feiertagen (z. B. Fronleichnam, Karfreitag, Ostern).
···› S. 140, 144, 168.

Psalmen sind biblische Lieder, in denen Menschen ihren Dank, ihre Klage und ihre Bitten Gott vortragen. Im Psalter der Bibel finden sich 150 Psalmen.
···› S. 12, 50, 57, 110, 163.

Der **Ramadan** ist der islamische Fastenmonat, der mit dem Fest des Fastenbrechens beendet wird.
···› S. 170, 183.

Rassentrennung ist die gezielte Ausgrenzung und Benachteiligung von Menschen wegen ihrer Zugehörigkeit zu einer bestimmten Menschengruppe, deren wichtigstes Merkmal oft die Hautfarbe ist. In den USA versuchte die herrschende weiße Schicht bis in die 1960er, in Südafrika bis in die 1990er Jahre durch Rassentrennung z. B. in öffentlichen Einrichtungen (Verkehrsmitteln, Schulen, Gaststätten), ihre Macht über die schwarze Bevölkerung zu sichern.
···› S. 102f.

Eine **Reliquie** (lat. für Überbleibsel) ist ein Gegenstand, der an einen Heiligen erinnert. Es kann sich um ein Körperteil des Heiligen, um ein Teil seines persönlichen Besitzes oder um etwas, das der Heilige berührt hat, handeln.
···› S. 148, 156, 162.

Ein **Sakrament** ist eine symbolische Handlung in den Kirchen, die auf Jesus selbst zurückgeführt wird. Durch Zeichen und Symbole sollen die Menschen erfahren, dass Gott sie liebt. Taufe und Abendmahl sind die beiden Sakramente der evangelischen Kirche; die katholische Kirche kennt sieben Sakramente: die Taufe, die Firmung, das Abendmahl, die Buße, die Krankensalbung, die Priesterweihe und die Ehe.
→ S. 159.

Die **Schaubrote** sind 12 Brote, die im Tempel in Jerusalem auf einem besonderen Tisch aufgebaut waren, symbolisch für die 12 Stämme Israels. An jedem 7. Tag (Sabbat) wurden sie ausgewechselt. Zugang zu ihnen hatten nur die Priester (vgl. Leviticus 24,6f.).
→ S. 192, 194.

Im **Spiritismus** nimmt man an, dass Geister verstorbener Menschen auf unsere Wirklichkeit einwirken. Durch besondere Verfahren, besonders durch ein »Medium«, d. h. einen Menschen, der dafür empfänglich ist bzw. empfänglich gemacht wird, können sie angerufen werden und dann Auskünfte und Ratschläge für die Lebenden erteilen.
→ S. 130.

Sukkot (Laubhüttenfest) ist ursprünglich ein Wallfahrtsfest gewesen, zu dem die Juden zum Tempel nach Jerusalem gepilgert sind. Das Sukkot ist ein fröhliches Erntedankfest und erinnert auch an den Auszug aus Ägypten.
→ S. 168.

Synagogen gab es bereits zu Jesu Zeiten. Der religiöse Mittelpunkt war damals jedoch der Tempel in Jerusalem. Dort, wo sich Juden niederließen, bauten sie aber Synagogen, um gemeinsam Gottesdienste feiern zu können. Die Synagoge dient auch heute als Ort der Zusammenkunft und des Studiums der heiligen Schriften. Wichtigster Ort in der Synagoge ist der Schrein (Schrank), in dem die Torarollen aufbewahrt werden.
→ S. 44, 166, 176.

Die **Synopse** (griech. synopsis = Zusammenschau) ist eine Zusammenstellung der synoptischen Evangelien (Mt, Mk, Lk). Dabei werden die Texte parallel nebeneinander wiedergegeben, sodass sie leichter verglichen werden können. Oft enthalten diese Synopsen auch Texte des Johannesevangeliums, die den Synoptikern ähnlich sind.
→ S 196f.

Taizé ist ein Ort in Burgund. Seit 1945 gibt es hier eine Mönchsgemeinschaft, die Menschen aus aller Welt einlädt. Sie sollen dort zur Ruhe kommen und miteinander den Glauben feiern können. Lieder aus Taizé werden in vielen christlichen Gottesdiensten gesungen.
→ S. 37.

Visionen begegnen uns vor allem in den Prophetenbüchern der Bibel, aber auch in der Geschichte der Kirche bis heute.
→ S. 44, 89, 92, 126ff., 137.

Die **Zisterzienser** sind ein Orden, der 1098 in Cîteaux (Burgund/Frankreich) gegründet wurde. Er steht in der Tradition des Benediktinerordens und befolgt ein strenges und einfaches Glaubensleben. Heute gibt es weltweit schätzungsweise 2300 Zisterzienserinnen und Zisterzienser, die in etwa 160 Klöstern leben. Eine weitere wichtige Klostergemeinschaft ist der Augustinerorden.
→ S. 144f., 147.

Text- und Bildquellenverzeichnis

Textquellen

Die nicht namentlich gezeichneten Texte stammen von den Verfassern des Bandes. Soweit nicht anders vermerkt, sind die zitierten Bibeltexte aus der 1984 revidierten Lutherbibel entnommen: Ev. Kirche in Deutschland (Hrsg.): Bibeltext in der revidierten Fassung von 1984, Stuttgart: Deutsche Bibelgesellschaft 2006.

19 Schweitzer, A.: Aus meiner Kindheit und Jugendzeit. München: Beck 1924, S. 23.

35 Manz, H.: Kopfstehen macht stark. Weinheim: Beltz & Gerlberg 1978.

39 Rahner, K.: »Ich glaube an den Heiligen Geist«. Aus: Fermor, G., Schmidt-Rost, R. (Hrsg.): Amen. Beten als Projekt. Rheinbach: CMZ 2004, S. 37.

40 Kaléko, M.: »Gesucht: Ein Irgendwo von dazumal ...« Aus: Dies.: Verse für Zeitgenossen. Reinbek: Rowohlt 1958, S. 98f. (© 1975 Gisela Zoch-Westphal).

42 Kaléko, M.: »Jetzt bin ich groß ...« Aus: Dies.: Das lyrische Stenogrammheft. Reinbek: Rowohlt 1992, S. 119 (© 1975 Gisela Zoch-Westphal).

43 Kaléko, M.: »Interview mit mir selbst«. Aus: Dies.: Das lyrische Stenogrammheft. Reinbek: Rowohlt 1992, S. 8 (© 1975 Gisela Zoch-Westphal).

45 Hildebrandt, G. (T), Janssens, P. (M): »Wir träumen ...« Aus: Leben wird es geben. Telgte: Janssens 1975.

46 Kaléko, M.: »Tagebuch der Mascha Kaléko«. Aus: Zoch-Westphal, G.: Aus den sechs Leben der Mascha Kaléko. Berlin: Arani ^{5}1991, S. 73 u. 98.

47 Kaléko, M.: »Überfahrt«. Aus: Dies.: Verse für Zeitgenossen. Reinbek: Rowohlt 1958. (© 1975 Gisela Zoch-Westphal).

48 Kaléko, M.: »Pihi«. Aus: Dies.: Verse für Zeitgenossen. Reinbek: Rowohlt 1958. (© 1975 Gisela Zoch-Westphal).

49 Kaléko, M.: »Frühlingslied für Zugereiste«. Aus: Dies.: Hat alles seine zwei Schattenseiten. Berlin: Arani ^{5}1987, S. 8.

50 Ps 25. Aus: Buber, M.: Hundert chassidische Geschichten. Zürich: Manesse 1996, S. 25.

52 Kaléko, M.: »Im Volkston«. Aus: Dies.: In meinen Träumen läutet es Sturm. München: Deutscher Taschenbuch Verlag 1977.

53 Kaléko, M.: »Ich träume nicht mehr«. Aus: Dies.: In meinen Träumen läutet es Sturm. München: Deutscher Taschenbuch Verlag 1977, S. 130.

53 Schlaudt, B.: »Du verwandelst ...« © beim Autor.

54 o. Kaléko, M.: »Gebet«. Aus: Dies.: Verse für Zeitgenossen. Reinbek: Rowohlt 1993 (© 1975 Gisela Zoch-Westphal).

54 u. Zoch-Westphal, G.: Aus den sechs Leben der Mascha Kaléko. Berlin: Arani ^{5}1991, S. 204f.

55 Kaléko, M.: »Sozusagen grundlos vergnügt«. Aus: Dies.: In meinen Träumen läutet es Sturm. München: Deutscher Taschenbuch Verlag 1977, S. 66f.

57 Hüsch, H. D.: »Ich stehe unter Gottes Schutz«. Aus: Hüsch, H. D., Seidel, U.: Ich stehe unter Gottes Schutz. Düsseldorf: tvd 1996, S. 9.

59 Fried, E.: »Was es ist«. Aus: Ders.: Als ich mich nach dir verzehrte. Berlin: Wagenbach 1990, S. 32.

60 Lages, S.: »'nen Kerl wie den«. Aus: Ackermann, L. (Hrsg.): Warmer Regen auf meiner Haut. Hamburg: Hanseatische Edition 1987.

60 Pötter, I.: »Sofortlieferungen«. Aus: ... zu spüren, dass es mich gibt. Projekt »Schüler schreiben«. Frankfurt/M. 1984, S. 157.

60 Nicole: »Tief im Herzen«. Aus: Musenalp. In: Hurschler, K., Odermatt, A.: Schritte ins Leben. Zug ^{6}1997, S. 149.

61 Klaffs, H.: »Spruch«. Aus: Schmid, A. (Hrsg.): Primaner Lyrik Prosa. Reinbek: Rowohlt 1965, S. 141.

62–65 »Klaus' Story«. Aus: ... zu spüren, dass es mich gibt. Projekt »Schüler schreiben«. Frankfurt/M. 1984, S. 118–128 (gekürzt).

66 Auszüge aus Gen 1 und 2. Aus: Bail, U., Crüsemann, F., Crüsemann, M. u. a. (Hrsg.): Die Bibel in gerechter Sprache. Gütersloh: Gütersloher Verlagshaus ^{3}2006.

68 Rollinger, C.: »Kein Sex vor der Ehe«. http://www.bym.de/liebe-sex/sex/wahre-liebe-wartet.html?p=1. 28. 02. 2010.

69 Kommission der EKD: »Denkschrift zu Fragen der Sexualethik«. Aus: Evangelische Kirche in Deutschland (Hrsg.): Die Denkschriften der Evangelischen Kirche in Deutschland Bd. 3/1. Ehe, Familie, Frauen und Männer. Gütersloh: Gütersloher Verlagshaus ^{3}1993, S. 147.

72 Saint-Exupéry, A. de: Der kleine Prinz. Düsseldorf: Karl-Rauch 1956, S. 70–72.

76 Mühring, F.: »Brief«. Aus: Bremer Kirchenzeitung, 3/1999.

77 Jung, R.: Kleine Hände – Kleine Fäuste. Wien: Jungbrunnen 1983.

79 Brot für die Welt, Luth. Weltbund (Hrsg.): Krieg ist kein Kinderspiel. Übers. v. Dilschneider, D. Stuttgart 1997, S. 28f.

80 Wolfgang Niedecken: »Nach Gulu«. Hamburg: EMI Music 2008.

82/83 Terre des Hommes: »Kinderrechte«. http://admin.fr.ch/de/data/pdf/sej/10_kinderrechte_tdh.pdf. 08. 01. 2010.

94 Nena (T), Dehmel, J. (M): »Wunder gescheh'n«. Hamburg: EMI Music 2002.

95 Mk 10,46-52. Aus: Deissler, A., Vögtle, A. in Verbindung mit Nützel, J. M. im Auftrag der Bischöfe Deutschlands, Österreichs und der Schweiz, des Bischofs von Luxemburg, des Bischofs von Lüttich und des Bischofs von Bozen-Brixen; für die Psalmen und das NT auch im Auftrag des Rates der EKD und des Ev. Bibelwerks in Deutschland: Neue Jerusalemer Bibel. Einheitsübersetzung mit dem Kommentar der Jerusalemer Bibel. Freiburg: Herder 1995, S. 1447.

98 Mt 20,1–13. Aus: Dreyer, M.: Die Volxbibel Neues Testament. Holzgerlingen: Volxbibel ^{3}2006, S. 56.

104 Hebr 4,14–16; 5,4–7. Aus: Deutsche Bibelgesellschaft und Kath. Bibelwerk in Deutschland: Gute Nachricht Bibel. Revidierte Fassung, durchges. Ausgabe in neuer RS. Stuttgart: Deutsche Bibelgesellschaft 2000.

106 Mt 17,14–20.Aus: Deutsche Bibelgesellschaft und Kath. Bibelwerk in Deutschland: Gute Nachricht Bibel. Revidierte Fassung, durchges. Ausgabe in neuer RS. Stuttgart: Deutsche Bibelgesellschaft 2000.

113 »Unser Vater, der ...« Aus: Vanden, S.: Bitte, lieber Gott. Neue Kindergebete. Stuttgart: Kreuz 1994, S. 28f.

112 »Our father in heaven«: Aus: New International Version. Neue Übersetzung aus den Grundsprachen im Auftrag evangelikaler Kirchen und Denominationen in englischsprachigen Ländern. Herausgegeben von der New York International Bible Society. Erschienen 1973/78, revidiert 1984. London: Hodder Christians Books 2007.

112 »Notre Père, toi qui es dans les cieux«: Aus: La Bible du Semeur. Edition Excelsis 2006.

113 Busta, C.: »Sorg dich nicht um den Himmel«. Aus: Dies.: Wenn du das Wappen der Liebe malst. Salzburg: Otto Müller [3]1983, S. 91.

116 Domin, H.: »Unaufhaltsam«. Aus: Dies.: Rückkehr der Schiffe. Gedichte. Frankfurt am Main: Fischer Taschenbuch [4]2000, S. 19.

117 Werth, J.: »Wie ein Fest nach langer Trauer«. Aus: Ders.: So ist Versöhnung. Wesel: Kawohl 2008.

118 ap: »Zwölf- und 13-jährige sturzbetrunken im Wald«. Aus: Bonner General Anzeiger. 30. 12. 2009, S. 27.

118 Polizeipräsidium München bzw. Thomasius. Aus: Gemeinnütziger Förderverein e.V. (Hrsg.): Keine Macht den Drogen. München, S. 4.

120 Klein, R.: »Ein Geständnis hinter geschlossenen Türen«. Aus: Bonner General Anzeiger. 28. 10. 2009, S. 3.

121 Bonhoeffer, D.: »Von guten Mächten«. Aus: Dudzus, O. (Hrsg.): Dietrich Bonhoeffer. Lesebuch. Gütersloh: Kaiser Taschenbücher [4]1996, S. 178.

121 Bonhoeffer, D.: »Ich glaube«. Aus: Christiansen, A. (Hrsg.): Es ist dir gesagt, Mensch, was gut ist. 26. Deutscher Evangelischer Kirchentag 1995 in Hamburg. Gütersloh: Gütersloher Verlagshaus 1994, S. 39.

122 Kaléko, M.: »Sehnsucht nach dem Anderswo«. Aus: Dies.: In meinen Träumen läutet es Sturm. München: Deutscher Taschenbuch Verlag 1977.

122 »Von einem, der umkehrte«. Aus: Bärend, H., Cherdon, E., Eltzner, E. u. a.: Woher? Wozu? Wohin? Orientierung für junge Leute. Gütersloh: GTB Siebenstern [3]1990, S. 27.

123 Lehmann, C.: »Da berühren sich Himmel und Erde«. http://www.wjt2008.de/befluegelt/download/e7/m7matlied6.pdf. 20. 10. 2010.

124 Hüsch, H. D.: »Segen für Allezeit«. Aus: Dies.: Das kleine Buch zum Segen. Düsseldorf: TVD [2]1998, S. 4.

137 Bingen, H. v.: Scivias – Wisse die Wege. II,7. Übers. a. d. Lat. v. Böttge, B.

148–157 Die Erzählung Katharina von Boras basiert auf: Sachau, U.: Das letzte Geheimnis. Das Leben und die Zeit der Katharina von Bora. München: Ehrenwirth 1991. Der Text S. 156/157 ist gegenüber dem Original (dort S. 66–68) nur leicht verändert.

150 Luther, M.: »Brief an Hans Luther (21. November 1521)«. Aus: WA 8, Stuttgart: Metzler, S. 573–576 (gekürzt).

153 Luther, M.: »Aus den 95 Thesen Luthers«. Hrsg. v. Kirchenamt der EKD, Herrenhäuser Str. 12, 30419 Hannover. http://www.ekd.de/glauben/95_thesen.html. 10. 05. 2010.

161 Zitate Musiol, J., Rößling, L.: http://www.sonntagsblatt-bayern.de/archiv01/13/woche2-anhang.htm. 10. 05. 2010.

161 Zitat Berndt, S.: http://www.freier-blick.de/fb2002/geschichte.pdf, S. 123. 10. 05. 2010. Mit Genehmigung der Stiftung »Geistesfreiheit«, Herausgeber des Jugendmagazins »Freier Blick«.

167 Zitat Wendt, J.: http://www.jghreform.org/news/NL-02-09-de.htm. 10. 05. 2010.

168 Zitat Walda, E.: http://www.vkblog.nl/bericht/80558/Vreugde_der_Wet. Übers. u. gekürzt v. Wermke, M. 10. 05. 2010.

171/175 1. u. 2. Sure. Aus: Der Koran. Übers. v. A. Th. Khoury. Gütersloh: Gütersloher Verlagshaus [2]1992, S. 1.

172 Bernhard: »Die Erde bebt ...« Aus: Leclerq, J.: Bernhard von Clairvaux. Ein Mann prägt seine Zeit. München/Zürich/Wien: Neue Stadt [2]1997, S. 98f.

173 al-Qalanisi, I.: »Die Muslime ...« Aus: Milger, P.: Die Kreuzritter. München: C. Bertelsmann [5]1988, S. 191.

175 »Nuweira«. Aus: Crespi, G.: Die Araber in Europa. Stuttgart/Zürich: Belser 1992, S. 196.

177 Groß, R.: »Am Morgen ...« Aus: Knobloch, H.: Der beherzte Reviervorsteher. Berlin: Morgenbuch 1990, S. 69.

180 Jerusalem aus Gold. Übersetzung aus dem Hebräischen von David Gall (2006). http://www.hagalil.com/iwrith/jerusalem.htm, 13. 12. 2010 (Auszüge).

183 Rifa'i, A., Ainbinder, O. (mit Tempel, S.): Wir wollen beide hier leben. Eine schwierige Freundschaft in Jerusalem, Hamburg: Reinbek 2004 S. 99ff.

186 Alle Zitate aus: http://www.eo-bamberg.de/eob/dcms/sites/bistum/glauben/jahr_der_bibel/spirituelles/prominente/index.html. 18. 08. 2010.

187 Zitat Zé Roberto aus: Kadel, D. (Hrsg.): Fußballbibel. Zé Roberto – der Zauberer. Asslar, Gerth Medien 2004, S. 34.

192 Mt 4,4. Aus: Dreyer, M.: Die Volxbibel Neues Testament. Holzgerlingen: Volxbibel [3]2006, S. 13; Elberfelder Bibel. Wuppertal/Dillenburg: Brockhaus/Chr. Verlagsgesellschaft [2]2008, S. 8; Kadel, D. (Hrsg.): Fußballbibel. Asslar: Gerth Medien 2004.

196 Zitiert nach: »Messianische Verkündigung des Täufers«. Aus: Schmid, J. (Hrsg.): Synopse der drei ersten Evangelien. Regensburg: Friedrich Pustet [10]1992, S. 24.

Bildquellen

Titelbild	l.: Foto: Kerstin Zillmer, Berlin; M.: »Ikone«. Foto: Martin Bertel, Wörgl; r.: Foto: Dorothea Schmidt/Bilderberg; Fond: getty images;
8/9	M. C. Escher »Suggestion«. © Yvonne Szallies »Bewegung auf Mosaikboden«;
10	Timm Ulrichs, 1970. Mit freundlicher Genehmigung des Künstlers/© VG Bild-Kunst, Bonn 2010;
11	»Europa auf dem Stier«, Mosaik Ende 2. Jh., Musée departemental Arles antiques. Cl. M. Lacanaud;
13	Relief um 1323 v. Chr., Kairo, Ägyptisches Museum;
15	Eva Degenhardt »Ohne Titel!, 1987. aus: H.-G. Beutler u.a., Ökumenische Jugendbibel. Die vier Evangelien, Patmos/Burckhardthaus-Laetare 1987, Düsseldorf/Offenbach;
16	Willem van de Velde II »Sturm auf See«. The Bridgeman Art Library;
17	aus: J. Trobitzsch, Die deutschen Nordseeinseln, Süddeutscher Verlag, München;
18	Richard Engels »Die Parabel von den Blinden und dem Elefanten«. Kristina Nauditt, Gerd Wermerskirch, ARGO-Team/Rechte bei Stadtverwaltung Bonn;
19	Deutsche Lepra- und Tuberkulosehilfe e. V., Würzburg/Foto: Dr. med. Ary van Wijnen, 1965;
20/21	getty images/Foto: Martin Gray;
23	Lovis Corinth »Der Apostel Paulus«, 1911. Kunsthalle Mannheim, Foto: M. Wickenhäuser;
24	Foto: Martin Bertel, Wörgl;
25	Thomas Zacharias, 1993. Deutsche Bibelgesellschaft/© VG Bild-Kunst, Bonn 2010;
27	»Ikone«. Foto: Martin Bertel, Wörgl;
28	Steiger/CCC,www.c5.net;
29	Foto l.: Martin Bertel, Wörgl; r. picture-alliance/Herve Champollion/akg-images;
30	aus: Dietrich Steinwede, Paulus aus Tarsus, Kaufmann/Patmos, Lahr/Düsseldorf;
31	Paul Klee »Hat Kopf, Hand, Fuß und Herz«, 1930. Kunstsammlung Nordrhein-Westfalen, Düsseldorf, Foto: W. Klein/© VG Bild-Kunst, Bonn 2010;
32	picture-alliance/dpa/© dpa-Report;
33	picture-alliance/akg-images/Erich Lessing;
34	bpk/Scala;
35	picture-alliance/chromorange;
36	aus: E. Pucci, Ganz Rom, Bonechi, Florenz 1968, Foto: G. Barone;
37	Foto: Neuwirth;
40/41	picture-alliance/dpa/© dpa-Report;
43	Foto: J. Neumann, Berlin;
45	August Macke »Hutladen an der Promenade«, 1914. Museum Ludwig/Rheinisches Bildarchiv, Köln;
47	aus: J. C. E. Bilinfante u.a., Charlotte Salomon. Leben oder Theater, Joods Historisch Museum, Amsterdam 1992;
48	Fotos: Deutsches Literatur-Archiv, Marbach;
49	Foto: U. Bernhart, Langen;
50	o.: Amerika Gedenkbibliothek, Berlin; u.: Deutsches Literatur-Archiv, Marbach;
51	Landesbildstelle Berlin;
52	Foto: H. Schmitz, Köln;
53	© Maria Austria, Amsterdam;
55	Joan Miró, Buchillustration zu Henry Miller »Das Lächeln am Fuße der Leiter, Rowohlt, Reinbek, 1989/© VG Bild-Kunst, Bonn 2010;
56/57	Foto: Horst Jewanski, Köln;
58/59	Thomas Trutschel/photothek.net;
59	vario images;
67	Edvard Munch »Der Kuß«, 1897. akg-images/© VG Bild-Kunst, Bonn 2010;
68	Jan Mammey/STOCK4B;
70	Anne Schönharting/OSTKREUZ;
73	picture-alliance/ZB/© dpa;
74/75	Kinderprojekt Arche, Foto: Paul Höltge;
76	picture-alliance/akg-images;
77	Foto: R. Jung/tdh, Berlin;
78	picture-alliance/dpa;
81	WORLD VISION Deutschland e. V.;
85	Mike Schmidt/Intro;
86/87	Brot für die Welt, Stuttgart 1982;
89	Foto: Claudia und Dirk Haarmann;
90/91	»Rätsel Jesus«. FOCUS 51/1993 vom 20. Dezember 1993;
93	Christus Pantokrator in der Kathedrale Cefalu/Sizilien, Gun Powder Ma;
94	Mit freundlicher Genehmigung der Warner Music Group Germany Holding GmbH – A Warner Music Group Company und für den Fotografen Mathias Bothor;
100	o.: Foto: Ralf Wehrle/Uwe Frank, Agentur Black & White Mönchweiler/dpa-Report; u. l.: © Capsor Baldev/Sygma/CORBIS; u. M.: picture-alliance/dpa/© dpa-Report; u. r.: picture-alliance/dpa/dpaweb/© epa-Bildfunk;
102	l.: picture-alliance/dpa; r.: Gesellschaft Agora;
105	Rembrandt Harmensz van Rijn »Christus am Kreuz«. The Bridgeman Art Library; Schriftzug: media.photobucket.com;
107	Arnulf Rainer »Christusbild«, 1981/83. © Arnulf Rainer, Oldenbourg Schulbuchverlag;
108/109	picture-alliance/dpa/© dpa-Report;
110	»Manasija – Hand Gottes«. akg-images/Erich Lessing;
111	M.: »Der Schmerzensmann« aus dem Misereor-Hungertuch »Hoffnung der Ausgegrenzten« von Sieger Köder, © MVG Medienproduktion, 1996; l. 1., l. 2., r. 1., r. 4.: Dieter Wendland, Berlin; l. 3.: picture-alliance/dpa/© dpa; r. 2.: picture-alliance/Photoshot; r. 3.: picture-alliance/chromorange;
112	»Segnender Jesus«. aus: Das äthiopische Hungertuch, Misereor, Aachen 1984; 113 picture-alliance/dpa/© dpa;
114	l.: Brot für die Welt/Gestaltung Friedrich Don; r. o.: picture-alliance/dpa/© dpa-Report;
115	Sonja Piechota, Grafik, Mainz;
116	picture-alliance/dpa/© dpa;
117	picture-alliance/© Willi Rolfes/OKAPIA;
118	picture-alliance/dpa/© dpa-Fotoreport;
119	picture-alliance/chromorange;
120	picture-alliance/dpa/© dpa;
121	bpk/Rotraut Forberg;
122	aus: Der Spiegel, 42/1998;

123 Seatops.com;
126/127 Werner Tübke »Sommerwiese« (Ausschnitt). Panorama Museum, Bad Frankenhausen;
128 »2012«. © 2009 Columbia Pictures Industries. Inc. All Rights Reserves Courtesy of Columbia Pictures/© VG Bild-Kunst, Bonn 2010;
129 o. l.: picture-alliance/dpa/© dpa-Report; o. r.: picture-alliance/dpa/© dpa-Bildarchiv; u. l.: picture-alliance/dpa/dpaqweb/© dpa-Fotoreport;
130 picture-alliance/ZB/© dpa;
132/133 Foto: Dorothea Schmid/Bilderberg;
134 o.: picture-alliance/dpa/© dpa; u.: Porsche AG, Öffentlichkeitsarbeit;
136 Hildegard von Bingen »Die sechs Schöpfungstage und die Erschaffung des Menschen«, Buchmalerei. picture-alliance/akg-images/Erich Lessing;
137 Karlheinz Oswald »Hildegard von Bingen«, 1998. Foto: Bernhard Böttge;
138 o. l.: picture-alliance/Pressefoto ULMER; o. r.: picture-alliance/dpa/© dpa-Fotoreport; u. l.: RG Images/STOCK4B;
139 o. r.: picture-alliance/Image Source/HBSS; u. l.: picture-alliance/landov; u. r.: speedpool.com;
140 Wilhelm Groß »Der Hörer göttlicher Rede«, 1947, Holzschnitt. aus: J. Kluge, Entdeckungen machen 7/8, Cornelsen, Berlin 1993;
142/143 Lucas Cranach d. Ä. »Reformationsaltar Wittenberg«. akg-images;
143 Foto: J. Schulze, Hannover;
145 ullstein bild – united archives;
146 »Mönche spalten einen Baum«, Buchmalerei. Bibliothèque Municipale,Dijon;
147 »Bau des Klosters Maulbronn«, 1459, Tafelbild. Evangelisches Seminar, aus: Kinder, Terryl N.;
149 Lucas Cranach »Reformationsaltar« (Ausschnitt der Predella), 1547. Schlosskirche, Wittenberg;
150 l.: Lucas Cranach d. Ä. »Hans Luther«, 1527. Wartburg Eisenach. akg-images; r.: Lucas Cranach d. Ä. »Luther als Augustinermönch«, Kupferstich, 1520. akg-images;
151 Mathias Grünewald »Der Isenheimer Altar« (Teilansicht), um 1515. Colmar Museum Unterlinden;
153 Zeitgenössisches Flugblatt zu Tetzels Ablasshandel. Lutherhalle Wittenberg;
155 »Luther vor dem Reichstag zu Worms«, Holzschnitt, 1557. akg-images;
156/157 aus: G. Jost, Katharina von Bora, Evangelische Zentralbildkammer, Bielefeld, Diaserie, Dia 4;
159 l. o.: Foto: Stadtbildstelle Essen; l. M.: Aspect Images/Helge Strauss; l. u.: picture-alliance/dpa/© dpa-Fotoreport; r.: Thorsten Tschirner, Christine Wolters »Das Bauchmuskelbuch«, © 2001 by Rowohlt Taschenbuch Verlag GmbH, Hamburg;
162 Foto: Knut-M. Leimann;
163 Dieter Wendland, Berlin;
164/165 Robert Kah/imagetrust;
166 l. o.: akg-images; l. u.: picture-alliance/dpa/© dpa-Fotoreport; r.: aus: Dan Rubinstein, Das Buch Esther, Dia 12, Ev. AV-Mediendienst, Zürich 1977/78;
167 Foto: H. Schäfer, Abensberg;
168 Dr. Glenn Goldblum, Melrose Arch, Südafrika;
169 picture-alliance/dpa/© dpa;
170 l. o.: Jan Greune/LOOK-foto; r. o.: Foto: B. Huber, CIBEDO, Frankfurt am Main;
171 aus: Israel-Jahrbuch 1996, NAI, Jerusalem 1995;
173 o. o.: »Die Belagerung von Damaskus. Die Schlacht am Fluss«, Miniatur, um 1499. Cliché Bibliothèque nationale de France, Paris; u.: picture-alliance/© E. Bergmann/Helga Lade;
174/175 Fotos: Oronoz, Madrid;
176 © Hartmut R. Berlinicke »Haschoah«, 1982. © beim Künstler;
177 Dieter Wendland, Berlin;
181 J. Schmidt-Lohmann, Hannover;
182 o.: diepresse.com; u.: Rowohlt, Berlin;
184/185 M. C. Escher »Puddle«. © 2010 The M. C. Escher Company Holland. All rights reserved;
186 vario images;
187 o.: © Friedrich Stark; u.: © Gerhard Blank;
190 aus. Der Sonne Glanz, Fatzer/Suisse;
192 1.: Deutsche Bibelgesellschaft, 2004; 3.: R. Brockhaus-Verlag Wuppertal, Christliche Verlagsgesellschaft Dillenburg; 4.: Schulte & Gerth/IBS;
195 Reichs – Evangeliar Aachen, um 800. Kunsthistorisches Museum;
197 aus: Schatzkammer Evangeliar, um 800, Aachen, Domschatzkammer;
198 aus: G. Stemberger, 2000 Jahre Christentum, Herrsching »Pawlak«, 1983

Nicht in allen Fällen war es uns möglich, die Rechteinhaber der Abbildungen ausfindig zu machen. Für eventuell entstandene Fehler oder Auslassungen bitten wir um Verständnis. Berechtigte Ansprüche werden selbstverständlich im Rahmen der üblichen Vereinbarungen abgegolten.

Redaktion: Dr. Sabine Schröder
in Verbindung mit der Verlagsredaktion
Bildbeschaffung: Marina Friese, Dagmar Schmidt

Illustrationen: Roland Beier (60/61, 63–65, 82/83, 95–97, 99, 178, 199); Hans Wunderlich (38, 88, 125, 141, 149, 180, 188/189, U3)

Umschlag: Ellen Meister
unter Verwendung dreier Fotos von Kerstin Zillmer (li.), Martin Bertel (Mi.) und Dorothea Schmidt (re.)

Konzept, Layout und technische Umsetzung:
Dieter Wendland

Die Links zu externen Webseiten Dritter, die in diesem Lehrwerk angegeben sind, wurden vor Drucklegung sorgfältig auf ihre Aktualität geprüft. Der Verlag übernimmt keine Gewähr für die Aktualität und den Inhalt dieser Seiten oder solcher, die mit ihnen verlinkt sind.

Dieses Werk berücksichtigt die Regeln der reformierten Rechtschreibung und Zeichensetzung. Bei den mit [R] gekennzeichneten Texten haben die Rechteinhaber einer Anpassung widersprochen.

1. Auflage, 2. Druck 2011

Alle Drucke dieser Auflage sind inhaltlich unverändert und können im Unterricht nebeneinander verwendet werden.

Druck: CS-Druck CornelsenStürtz, Berlin

ISBN 978-3-06-120148-7

Inhalt gedruckt auf säurefreiem Papier aus nachhaltiger Forstwirtschaft.